효율적 개발로 이끄는
파이썬 실천 기술

KB139712

Python JISSEN NYUMON: GENGO NO CHIKARA WO HIKIDASHI, KAIHATSUKORITSU WO TAKAMERU by Rei Suyama

Copyright © 2020 Rei Suyama
All rights reserved.
Original Japanese edition published by Gijutsu-Hyoron Co., Ltd., Tokyo
This Korean language edition published by arrangement with Gijutsu-Hyoron Co., Ltd., Tokyo
in care of Tuttle-Mori Agency, Inc., Tokyo through Danny Hong Agency, Seoul.

이 책의 한국어판 저작권은 대니홍 에이전시를 통한 저작권사와의 독점 계약으로 제이펍에 있습니다.
저작권법에 의해 한국 내에서 보호를 받는 저작물이므로 무단전재와 복제를 금합니다.

효율적 개발로 이끄는 **파이썬 실천 기술**

1쇄 발행 2021년 4월 19일

지은이 스야마 레이
옮긴이 김연수
펴낸이 장성두
펴낸곳 주식회사 제이펍

출판신고 2009년 11월 10일 제406-2009-000087호
주소 경기도 파주시 회동길 159 3층 3-B호 / **전화** 070-8201-9010 / **팩스** 02-6280-0405
홈페이지 www.jpub.kr / **원고투고** submit@jpub.kr / **독자문의** help@jpub.kr / **교재문의** textbook@jpub.kr

편집부 김정준, 이민숙, 최병찬, 이주원 / **소통기획부** 송찬수, 강민철 / **소통지원부** 민지환, 김유미, 김수연
진행 김정준 / **교정·교열** 김은미 / **내지디자인** 이민숙 / **내지편집** 성은경 / **표지디자인** 미디어픽스
용지 신승지류유통 / **인쇄** 해외정판사 / **제본** 장항피앤비

ISBN 979-11-90665-87-2 (93000)
값 22,000원

※ 이 책은 저작권법에 따라 보호를 받는 저작물이므로 무단 전재와 무단 복제를 금지하며,
   이 책 내용의 전부 또는 일부를 이용하려면 반드시 저작권자와 제이펍의 서면동의를 받아야 합니다.
※ 잘못된 책은 구입하신 서점에서 바꾸어 드립니다.

제이펍은 독자 여러분의 아이디어와 원고 투고를 기다리고 있습니다. 책으로 펴내고자 하는 아이디어나 원고가 있는
분께서는 책의 간단한 개요와 차례, 구성과 저(역)자 약력 등을 메일(submit@jpub.kr)로 보내 주세요.

효율적 개발로 이끄는
파이썬 실천 기술

파이썬에 숨겨진 힘을 이용해 개발 효율을 높이자!

스야마 레이 지음 / 김연수 옮김

제이펍

※ 드리는 말씀

· 이 책에 기재된 내용을 기반으로 한 운용 결과에 대해 저자, 역자, 소프트웨어 개발자 및 제공자, 제이펍 출판사는 일체의 책임을 지지 않으므로 양해 바랍니다.

· 이 책에 등장하는 각 회사명, 제품명은 일반적으로 각 회사의 등록 상표 또는 상표입니다. 본문 중에는 ™, ©, ® 마크 등이 표시되어 있지 않습니다.

· 이 책에서 소개한 URL 등은 시간이 지나면 변경될 수 있습니다.

· 책의 내용과 관련된 문의 사항은 옮긴이나 출판사로 연락해 주시기 바랍니다.

  - 옮긴이: yeonsoo.kim.wt@gmail.com

  - 출판사: help@jpub.kr

"자바 코드를 C 코드처럼 짰네?", "파이썬 코드를 자바처럼 짰네?"

혹시, 여러분은 이런 말 들어보신 경험이 있으신가요?

먼저 이 책을 선택해 주셔서 감사합니다.

1989년, 귀도 반 로섬은 크리스마스 휴가 기간을 이용하여 ABC 인터프리터의 단점을 보완한 새로운 인터프리터를 만들기 위한 프로젝트에 돌입했습니다. 그것이 파이썬의 시작이었습니다. 1994년에 파이썬 1.0, 2000년에 파이썬 2.0, 2008년에 파이썬 3.0을 발표했습니다. 2000년대 중후반부터 관심을 끌기 시작한 파이썬은 2010년대 초중반 이후에는 반드시 배워야 할 프로그래밍 언어 TOP 10과 같은 순위 투표에서 항상 상위를 차지하고 있습니다. 또한 그 특유의 간결한 규칙, 플랫폼에 구애받지 않는 동작, 강력한 커뮤니티의 지원을 받아 급격히 성장했으며, 파이썬을 이용하면 머신러닝이나 딥러닝 등으로 대변되는 수학 계산 및 대규모 데이터 처리, 자동화 등의 분야에서 비교적 손쉬운 구현이 가능하여 활발히 사용되고 있습니다.

프로그래밍은 컴퓨터를 이용해 현실 세계의 문제를 해결해 나가는 여러 방법 중 하나입니다. 동일한 문제라도 해결 방법은 여러 가지입니다. 그 방법이 다른 프로그래밍 언어를 사용하는 것일 수도 있고, 한 프로그래밍 언어를 다른 방식으로 사용하는 것일 수도 있습니다. 그렇다면 프로그래밍 언어를 선택하는 방법과 이를 적절히 사용하는 요령은 어떻게 배울 수 있을까요?

모든 프로그래밍 언어의 탄생에는 배경과 이유가 있습니다. 그리고 이 배경과 이유는 프로그래밍 언어의 설계에 반영되게 마련입니다. 그로 인해 특정한 문제에 적합하거나 적합하지 않은 프로그래밍 언어가 있고, 같은 상황이라도 처리하는 방식이 다른 것입니다. 그리고 그 설계를 이해하고 프로그래밍 언어를 이용해야만 보다 수준 높고 효율적인 프로그램을 작성할 수 있으며 그 언어의 힘을 100% 이끌어내 활용할 수 있습니다.

이 책을 통해 파이썬을 이용해서 특정한 분야의 문제를 즉시 해결하는 데 도움이 되는 구체적인 아이디어를 얻기는 어려울 수도 있습니다. 그러나 파이썬의 개발 배경에서 시작해 파이썬을 구성하는 요소, 언어의 설계 방식, 구현상의 특징, 단순한 알고리즘뿐만 이 아닌 프로그램 작성과 배포의 흐름을 짚어가다 보면 어느새 파이썬을 지금보다 효과적으로 사용할 수 있는 아이디어를 얻을 수 있을 것입니다. 그리고 여러분이 가진 프로그래밍 능력이 한층 강해질 것입니다.

좋은 책을 번역할 수 있는 기회를 주신 제이펍 장성두 대표님과 예쁜 책을 만들어 주신 편집자 및 디자이너분을 포함해 번역하는 동안 도움을 주신 모든 분께 감사드립니다. 무엇보다 언제나 한결같은 사랑으로 곁을 지켜준 아내와 세 아이에게도 사랑과 감사를 전합니다.

고맙습니다. 덕분에 삽니다.

김연수 드림

이 책은 이제부터 파이썬을 시작하고자 하는 프로그래밍 경험자들에게 가장 적합한 파이썬 입문서입니다. 평소 파이썬을 사용하고 있는 분들도 더욱 자신감을 갖고 파이썬을 쓸 수 있도록 실력을 한 단계 업그레이드하는 데 활용할 수 있습니다.

파이썬은 분야와 영역과 관계없이 전 세계적으로 널리 사용하고 있는 프로그래밍 언어입니다. 파이썬은 매우 풍부한 라이브러리를 제공하고 있으며, 영역 및 분야별로 유명한 라이브러리도 많습니다. 하지만 그 힘을 최대한으로 살리기 위해서는 무엇보다 파이썬이라는 언어 자체가 가지고 있는 특징이나 기능을 잘 알고 사용해야 합니다. 이 책에서는 글자 그대로 파이썬을 잘 사용하기 위해 필요한 지식을 다룹니다. 분야와 영역 그리고 이용하는 라이브러리와 관계없이 파이썬을 사용할 때 늘 이용할 수 있는 지식을 가득 담았습니다.

초반에는 설치 방법과 문법, 함수, 클래스와 같은 기초 지식을 다루며, 중반에는 특수 메서드나 데커레이터, 콘텍스트 관리자와 같은 파이썬의 독특한 응용 기능을 소개합니다. 또한, 후반에는 동시 처리나 패키징, 단위 테스트 등 개발 전반과 관련한 주제에 대해 파이썬을 이용한 실제 사례를 소개합니다.

파이썬을 본격적으로 처음 다루는 분들이나 자신감이 없는 분들은 처음부터 순서대로 읽기 바랍니다. 평소 파이썬에 익숙한 분들은 원하는 주제를 설명한 장부터 읽어도 문제는 없지만, 각 장의 내용은 처음부터 읽기 바랍니다.

이 책에서 다루는 파이썬 버전은 집필 시점 기준 최신 버전인 파이썬 3.8입니다.[1] 동작 운영체제는 Windows(윈도우), macOS(맥오에스), Ubuntu(우분투)를 대상으로 했습니다. 주요한 동작 확인은 macOS에서 했으며, OS의 차이에 따라 실행 명령어나 출력 결과에 차이가 있을 때는 별도로 설명을 추가했습니다.

파이썬은 초기부터 커뮤니티에 의해 지탱되었고, 사용자가 늘어나면서 함께 발전해 온

---

[1] 번역서는 파이썬 3.9 기준으로 테스트를 완료하였습니다. 옮긴이

언어입니다. 앞으로도 그 점은 변함이 없을 것입니다. 이 책을 계기로 파이썬 사용자가 한 명이라도 늘어난다면 더할 나위 없이 좋겠습니다.

감사의 글

이 책을 집필하면서 정말 많은 분께 도움을 받았습니다. 지면을 빌려 감사의 말씀을 전합니다.

오랜 기간 몇 차례나 끈기 있게 리뷰해 주신 아라이 마사타카(新井正貴) 님, 이와이 히로미(岩井裕海) 님, 시미즈카와 타카유키(清水川貴之) 님, 스기야마 츠요시(杉山剛) 님, 스즈키 타카노리(鈴木たかのり) 님, 츠다 쿄헤이(津田恭平) 님, 테라타 마나부(寺田学) 님, 니시모토 타쿠야(西本卓也) 님, 후루키 토모코(古木友子) 님, 미츠다 료(満田遼) 님께 감사를 전합니다. 여러분들 중 어느 한 분이라도 계시지 않았다면 이 책을 완성하지 못했을 것입니다. 기술적인 측면은 물론 구성, 문체를 포함해 여러 관점에서 리뷰를 해주신 덕분에 이 책의 내용에 자신을 가질 수 있었습니다.

또한, 이 책의 집필 기회를 주시고 좀처럼 진전이 되지 않는 상황에서도 항상 친절하게 말씀해 주신 이나오 나오노리(稲尾尚徳) 님, 서툰 문장들을 섬세하게 빠짐없이 교정해 주신 와타나베 겐타(渡邉健多) 님, 두 분의 손에서 이 책이 점점 다듬어지는 모습을 보며 교정의 어려움과 즐거움을 같이 느끼면서 마지막까지 쓸 수 있었습니다.

미처 이름을 적지 못한 분들은 물론, 이 책 집필 과정에서 함께해 주신 모든 분께 깊은 감사의 마음을 전합니다. 정말로 감사합니다.

스야마 레이(陶山 嶺)

김진영(야놀자)

파이썬의 기본적인 문법 외에도 venv, 단위 테스트, CI, 패키지 관리 등을 전체적으로 다루고 있습니다. 문법 자체의 내용은 전체 비중에서 그리 많은 분량을 차지하지는 않습니다. 문법 자체보다는 해당 언어로 구현할 작업들을 큰 그림으로 살펴보는 데 도움이 되는 책입니다. 특히 마지막에 파이썬 애플리케이션 개발 실전 부분을 직접 따라 해보는 장에서는 파이썬이라는 언어에 상당한 매력을 느꼈습니다.

 송헌(규슈대학교 대학원)

파이썬 사용 여부와는 상관없이 파이썬에 관심 있는 모든 프로그래머들에게 추천할 만한 책입니다. 파이썬을 처음 접한 분들에게는 굉장히 탄탄하게 기초를 다질 수 있는 길을 제시해 주며, 파이썬을 다뤄보신 분들에게도 파이썬만의 특징을 활용하여 파이써닉하게 코드를 작성하는 방법을 알려줍니다. 저는 비록 전문적인 프로그래머는 아니지만, 연구를 위해 3년 동안 파이썬을 사용했음에도 배울 것이 정말 많았습니다. 책의 퀄리티도 정말 좋았고, 실제로 저도 책을 읽으면서 많은 것들을 배웠습니다. 무엇보다 번역서라는 게 믿기지 않을 만큼 번역이 매끄럽고 깔끔했습니다.

 신진규

파이썬 소개, 자료형 등 아주 기초적인 주제로 시작하는 입문서 같지만, 중후반부로 갈수록 다른 입문서에서는 보기 힘든, 깊이 있는 주제를 다루고 있는 독특한 구성의 책이었습니다. 이 책을 한 문장으로 소개한다면 '다른 언어에 익숙하지만 파이써닉한 개발자로 거듭나고 싶은 분께 추천하는 파이썬 심화 과정'이라고 하겠습니다.

 이석곤(엔컴 프로젝트팀)

이 책은 정말 파이썬을 실전에서 다루기 전에 봐야 할 비기너 같은 안내서라고 생각합니다. 파이썬이 쉽다고 하지만 실전에 사용할 때 꼭 알아야 할 문법이 많습니다. 이 책에서는 기초 부분과 응용 고급 부분을 적절하게 잘 배분하여 설명하고 있습니다. 파이썬으로 웹 개발, 혹은 인공지능, 빅데이터 분야로 가기 전에 기본 실력을 기르는 활용서로 사용할 것을 추천합니다.

 이용진(삼성SDS ACT)

전체적으로 초보자들이 보기에 정말 좋은 책입니다. 프로그램을 처음 공부하는 사람들은 설치하는 것부터 어려워하는데, 이 책에서는 설치 방법부터 자세하게 소개하여 프로그램을 처음 접하는 사람들에게 큰 도움이 될 것 같습니다. 파이썬의 기본 문법부터 간단한 프로그램을 완성하는 방법을 잘 설명해 주고 있습니다. 파이썬 기초를 공부하고 싶다면 이 책으로 시작하는 것을 추천하고 싶습니다.

 이지현

설치부터 패키징까지 파이썬 개발의 전 과정을 담아낸 책입니다. 입문하시는 분뿐만 아니라 다시 한번 개념을 정리하고 싶으신 분들에게도 유용할 것 같습니다. 실수하기 쉬운 부분들을 예제 코드로 소개한 것이 많아서 완전히 초보자가 보기에는 다소 까다롭게 느껴질 수도 있을 법합니다.

 조원양(스마트사운드)

파이썬을 파이썬답게 사용할 수 있는 내용으로 가득합니다. 초급에서 중상급으로 올라가고 싶은 분들에게 추천합니다. 정말 유용한 책입니다.

제이펍은 책에 대한 애정과 기술에 대한 열정이 뜨거운 베타리더의 도움으로
출간되는 모든 IT 전문서에 사전 검증을 시행하고 있습니다

1

파이썬이란
어떤 언어인가?

파이썬*은 다양한 분야에서 널리 사용되고 있는 범용 프로그래밍 언어입니다. 파이썬의 지명도는 최근 수년 사이에 비약적으로 높아졌습니다. 하지만 파이썬은 이미 탄생한 지 30년이나 되는 역사를 가진 언어로, 오래전부터 공개해 온 개발자 커뮤니티에 의해 지탱되고 있습니다.

이번 장에서는 파이썬의 프로그래밍 언어로서의 특징, 파이썬의 역사와 현황 그리고 파이썬 커뮤니티에 관해 설명합니다.

_____

* 파이썬에는 C 언어로 구현한 표준 CPython 이외에도 자바로 구현한 Jython, 파이썬으로 구현한 PyPy 등 여러 형태가 존재합니다. 이 책에서 가리키는 파이썬은 특별한 설명이 없는 한 CPython을 의미합니다.

1.1 프로그래밍 언어로서의 특징

여러분은 파이썬에 대해 어떤 인상을 가지고 있습니까? 들여쓰기가 특징인 동적 타입 언어, 가독성이 뛰어난 언어, 데이터 분석이나 머신러닝에서 자주 사용하는 언어, 2계열 과 3계열이 공존하여 다소 혼란스러운 언어, 실행 속도가 느린 언어 등과 같은 선입견을 가지고 있을 것입니다. 이는 여러분이 파이썬을 접한 계기나 시점, 기존에 사용하던 언어 나 분야와 같은 배경에 따라 다양할 것입니다. 그중에는 올바른 것이 있는가 하면, 실제 파이썬을 사용하기 시작하면서 그 생각이 달라진 것들도 있을 것입니다. 이번 절에서는 우선 파이썬이 가진 프로그래밍 언어로서의 특징에 관해 소개합니다.

1.1.1 간단하고 읽기 쉬운 동적 타입 언어

파이썬은 동적 타입 언어라는 분류에 속하는 프로그래밍 언어입니다. 변수나 함수의 반 환값 타입을 지정할 필요가 없는 동적 타입 언어는 C 언어나 자바처럼 타입을 지정해야 하는 정적 타입 언어에 비해 코드 분량이 적다는 특징을 갖습니다.

예를 들어, 정수끼리 더하는 함수를 C 언어에서 작성하면 다음과 같습니다.

```
int add (int a, int b) {
    return a + b;
}
```

같은 함수를 파이썬으로 작성하면 다음과 같습니다.

```
def add(a, b):
    return a + b
```

C 언어에서는 int를 지정해 인수와 반환값의 타입이 정수인 것을 명시합니다. 그러나 파 이썬에서는 그와 같은 타입 지정 없이 깔끔한 형태로 코드를 구현할 수 있습니다.

그렇다고 해서 파이썬에 타입이 존재하지 않는 것은 아닙니다. 예를 들어, 파이썬에서 는 정수 타입은 int 클래스, 문자열 타입은 str 클래스로 표현합니다. 따라서 위 코드의 add() 함수의 인수 a에 정수, b에 문자열을 입력해서 실행하면 다음처럼 불일치를 의미하는 TypeError 예외가 발생합니다.[1] 이처럼 파이썬은 타입을 자동으로 변환하지 않으므로 코드를 작성할 때는 이런 에러가 발생하지 않도록 타입에 주의해야 합니다.

```
>>> def add(a, b):
...     return a + b
...
>>> add(1, '2')
Traceback (most recent call last):
  File "<stdin>", line 1, in <module>
  File "<stdin>", line 2, in add
TypeError: unsupported operand type(s) for +: 'int' and 'str'
```

📖 들여쓰기를 이용한 블록 표현

앞 절의 예시를 살펴보면 타입 선언 이외에도 한 가지 더 큰 차이를 발견할 수 있습니다. 그것은 파이썬 코드에는 처리 블록을 결정하기 위한 중괄호({})가 없다는 점입니다. 파이썬에서는 중괄호 대신 들여쓰기indent, 인덴트로 블록을 표현합니다.

예를 들어, if 문을 사용한 코드는 다음과 같습니다.

```
def even_or_odd(n):
    if n % 2 == 0:
        print('짝수입니다')
    else:
        print('홀수입니다')
```

중괄호를 사용하지 않고 줄바꿈을 하는 위치가 결정되어 있기 때문에 블록 작성 방법이 자연스럽습니다. 또한, 많은 프로젝트에서 들여쓰기 폭은 스페이스 네 칸을 적용하고 있습니다. 그래서 코드를 작성한 사람과 관계없이 동일한 처리를 하는 코드는 그 형태가 비슷합니다. 파이썬이 간단하며 읽기 쉬운 언어라고 불리는 이유는 타입 선언이 필요 없어 코드 분량이 적고, 들여쓰기로 블록을 표현하는 특징을 가지고 있기 때문입니다.

---

1 여기에서는 2.2절에서 소개할 대화형 모드에서 파이썬을 실행했습니다. 또한, 이 책에서 대화형 모드를 사용할 때는 들여쓰기 폭을 스페이스 두 칸으로 표시했습니다.

■ 교육용 프로그래밍 언어 ABC의 영향

들여쓰기를 사용한 파이썬의 블록 표현은 교육용 프로그래밍 언어인 ABC[2]에게 그 뿌리를 두고 있습니다. 파이썬의 설계는 들여쓰기 이외에도 ABC에서 많은 영향을 받았습니다. 파이썬의 창시자인 귀도 반 로섬Guido van Rossum이 ABC 개발에 참여했기 때문입니다. 귀도가 'ABC 개발 시 느꼈던 불만을 해소하는 새로운 언어의 인터프리터'를 개발하고자 심심풀이로 진행한 프로젝트가 파이썬의 시작이었습니다.[3] 인터프리터interpreter란, 프로그래밍 언어를 읽어 들이면서 컴퓨터가 해석할 수 있는 형식으로 변환해 실행하는 소프트웨어를 의미합니다. 이 인터프리터가 읽어 들이는 새로운 언어가 바로 파이썬이었습니다.

ABC의 영향을 받아 탄생한 파이썬은 교육용 프로그래밍과 프로토타이핑에도 적합합니다. 그래서 초보자도 쉽게 다루고 배울 수 있도록 간단하게 설계되어 있습니다.

1.1.2 하위 호환성 중시

과거 버전과의 하위 호환성을 중시하는 점 또한 파이썬의 특징입니다. 공식 문서인 '기존의 파이썬과 호환 가능하지 않은 변경안을 제시해도 괜찮습니까?[4]에서도 '일반적으로는 아니요. 현재 전 세계에……(이하 생략)'라고 답하고 있습니다. 실제로 2008년에 공개된 파이썬 3.0에서 동작하는 코드 대부분은 파이썬 3.8[5]에서도 그대로 동작합니다.

또한, 파이썬 자체의 개발 가이드라인 'PEP 5 -- Guidelines for Language Evolution'[6]에는 하위 호환성이 없는 변경을 수행할 때의 절차도 제시하고 있습니다. 파이썬 언어 사양에 하위 호환이 가능하지 않은 변경을 포함할 때는 1년 이상의 마이그레이션migration 기간을 설정합니다.

---

2   URL https://homepages.cwi.nl/~steven/abc/

3   Python이라는 이름은 귀도가 좋아했던 영국의 코미디 프로그램인 'Monty Python's Flying Circus(공중 묘기를 선보이는 몬티 파이썬)'에서 유래했습니다. URL https://www.python.org/doc/essays/foreword/

4   URL https://docs.python.org/ko/3/faq/general.html#is-it-reasonable-to-propose-incompatible-changes-to-python

5   이 책 집필 시점 기준 최신 버전이고, 번역서는 파이썬 3.9 기준으로 테스트를 완료하였습니다. 옮긴이

6   URL https://www.python.org/dev/peps/pep-0005/

1.1.3 풍부한 표준 라이브러리

표준 라이브러리standard library란, 파이썬을 설치하면 즉시 이용할 수 있는 라이브러리를 의미합니다. 파이썬은 'Batteries Included(배터리를 포함합니다)'[7] 원칙에 따라 풍부한 표준 라이브러리들을 제공합니다. 표준 라이브러리 또한 파이썬이 간단하며 읽기 쉬운 언어라 불리는 이유 중 하나입니다. 다른 언어에서는 서드파티 라이브러리를 통해 제공하는 복잡한 처리도 파이썬에서는 표준 라이브러리로 제공하는 경우가 많습니다.

예를 들면, 파일 읽기와 쓰기 관련 내용만 봐도 다양한 파일 포맷에 대응하는 라이브러리를 다음과 같이 제공합니다.

- json

  JSON 인코더 및 디코더
- csv

  CSVComma-Separated Value, 콤마 구분 파일 읽기 및 쓰기
- zipfile

  ZIP 압축 처리
- sqlite3

  SQLite 데이터베이스 인터페이스
- configparser

  ini 파일 형식 설정 파일 파서parser
- pickle

  파이썬 객체 직렬화serialize[8]

앞에서 소개한 라이브러리는 표준 라이브러리 중 극히 일부에 지나지 않습니다. 표준 라이브러리 목록은 공식 문서 '파이썬 표준 라이브러리'[9]에서 확인할 수 있습니다.

1.1.4 다양한 용도로 이용

파이썬의 이용 용도는 매우 다양합니다. 주로 웹 애플리케이션, 프로그래밍 교육, 과학

---

7 URL https://docs.python.org/ko/3/tutorial/stdlib.html#batteries-included

8 **pickle** 모듈을 사용하면 파이썬 객체를 바이트 스트림으로 직렬화(serialization)할 수 있으며, 이를 피클화라고 부릅니다. 피클화한 데이터는 바이너리 파일로 익스포트하거나 파이썬 객체로 복원할 수 있습니다(deserialization).

9 URL https://docs.python.org/ko/3/library/

기술 계산, OS나 인프라 등의 시스템 관리 도구, 사이버 보안 등의 분야에서 이용하고 있습니다.

그중에서도 과학기술 계산 분야나 학술 분야에서의 이용이 많은 것 또한 파이썬의 특징 중 하나입니다. 그러한 특성 덕분에 최근 몇 년 사이에 데이터 분석, 머신러닝 등이 각광을 받으면서 파이썬도 덩달아 전 세계적으로 주목을 받았습니다.

1.2 파이썬의 역사와 현황

구글 검색 데이터 기반의 트렌드 추이를 확인할 수 있는 구글 트렌드를 보면 파이썬에 대한 관심은 2013년경부터 높아지고 있습니다(그림 1.1).

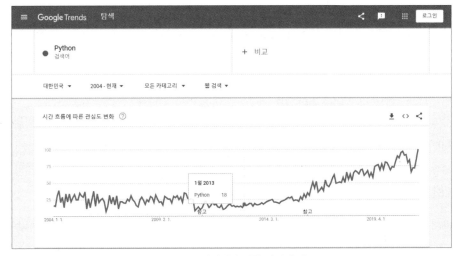

그림 1.1 **파이썬에 대한 관심 추이**

※ 데이터 소스: Google Trends URL https://trends.google.com/trends/explore?date=all&geo=KR&q=Python

데이터를 보면 알 수 있듯, 수년 사이에 파이썬의 지명도나 기업에서의 채택이 크게 높아졌습니다. 앞에서 설명했던 최근의 세계적인 데이터 분석이나 머신러닝 등의 인기에 큰 영향을 받은 것입니다. 이번 절에서는 이 데이터와 그 배경을 바탕으로 파이썬 자체의 진화 그리고 파이썬을 둘러싼 환경의 변화에 관해 소개합니다.

1.2.1 파이썬 자체의 진화

파이썬 개발 당시부터 현재까지 수많은 개선이 이루어졌습니다. 먼저, 파이썬의 탄생부터 현재에 이르기까지의 역사를 간단하게 소개합니다.

■ 파이썬의 탄생

파이썬은 1989년 귀도가 크리스마스 휴가를 보내면서 개발하기 시작하여 1994년 1월 파이썬 1.0을 릴리스하였습니다. 파이썬의 특징이기도 한 들여쓰기를 이용한 블록 표현, 다음 장 이후에 설명할 클래스와 상속, 대표적인 데이터 타입(list, dict, str 등)은 초기부터 구현했습니다.[10]

또한, 비슷한 시기에 많은 프로그래밍 언어들이 탄생해 현재 메이저 언어로 자리 잡았습니다. 1987년 12월에는 펄Perl 1.0, 1995년 12월에는 루비Ruby를 공개 출시하였습니다. 1996년 1월에는 자바 개발 도구JDK, Java Development Kit 1.0을 발표하였습니다.

■ 파이썬 2계열에서 메이저 언어로

파이썬은 2.0 버전 출시 이후 메이저 언어로 자리 잡았습니다. 2000년 10월에는 파이썬 2.0, 2010년 7월에는 2계열의 최신 버전인 파이썬 2.7을 선보였습니다.[11] 여기에서는 자세히 다루지 않지만, 파이썬 2계열에서는 순환 참조 가비지 컬렉션이나 유니코드 그리고 4.8절에서 소개할 컴프리헨션 등 많은 기능을 도입하였습니다.

파이썬 2계열 이후의 버전은 세계적으로 유명한 기업은 물론 여러 서비스에서 채택했습니다. 구글, 드롭박스, 인스타그램 등은 실제로 파이썬을 이용하고 있습니다.[12]

■ 파이썬 3계열로의 이동

---

10 과거 릴리스 메시지는 'Misc/HISTORY'에 보관되어 있습니다.
    URL https://raw.githubusercontent.com/python/cpython/master/Misc/HISTORY
11 파이썬 2.0 이후의 메이저 버전의 주요 변경 사항은 '파이썬의 새로운 기능(What's New in Python)'에 정리되어 있습니다.
    URL https://docs.python.org/ko/3.8/whatsnew/
12 파이썬의 저자인 귀도 반 로섬은 2005년부터 2012년까지 구글에서, 2013년부터 드롭박스에서 일했으며, 2020년부터 마이크로소프트에 합류했습니다. 귀도의 업적은 드롭박스 블로그 아티클 'Thanks you, Guido'에 소개되어 있습니다.
    URL https://blog.dropbox.com/topics/company/thank-you--guido

2008년에는 최신 메이저 버전 파이썬 3계열의 첫 번째 정식 버전인 파이썬 3.0을 출시하였습니다. 파이썬 3.0은 유니코드를 전면적으로 채용해 print 문을 print() 함수로 변경하는 등 하위 호환 불가능한 변경을 다수 포함하고 있습니다. 때문에 의존 라이브러리도 호환되지 않아 2계열에서 3계열로의 이전은 당초 예상처럼 순조롭지 않았습니다. 그 결과, 호환성이 없는 두 메이저 버전을 번갈아 가며 사용해야 하는 큰 문제가 발생하고 말았습니다.

■ 파이썬의 최근 상황

2020년 1월 1일, 파이썬 2계열 최신 버전인 파이썬 2.7에 대한 공식 지원을 종료하였습니다. 그로 인해 향후에는 파이썬 2계열에서 치명적인 버그나 취약성이 발견되더라도 공식 패치를 제공하지 않습니다.

파이썬 3계열에서 주요 라이브러리를 문제없이 사용하기까지는 상당한 시간이 걸릴 것이라고 예상했지만, 향후 지속적으로 사용될 주요 라이브러리는 이미 대부분 파이썬 3계열을 지원합니다. 기능이나 성능 측면에서도 3계열이 2계열보다 뛰어납니다. 따라서 레거시 코드인 2계열을 꼭 이용할 이유가 없는 한 3계열을 이용하는 것이 좋습니다. 부득이 2계열 코드를 이용해야 할 때는 영향을 받을 만한 새로운 취약성이 없는지 꼭 확인하시기 바랍니다.

1.2.2 파이썬을 둘러싼 환경의 변화

필자는 2008년쯤 파이썬을 처음 접했습니다. 당시 일본에서는 파이썬보다 그 비교 대상으로 꼽혔던 루비를 추천하는 경향이 높았습니다. 루비는 일본인 마츠모토 유키히로 Matsumoto Yukihiro가 개발한 언어로, 당시에도 관련 서적들이 많았습니다. 그에 비해 파이썬에 관한 서적은 충분하다고 할 수 없었습니다.

그러나 최근 수년 사이 상황은 크게 바뀌었고 파이썬에 관한 서적들도 많이 늘어났습니다. 현재는 프로그래밍 입문서 이외에도 데이터 분석이나 머신러닝에서 사용하는 도구로서의 설명에 관한 서적, 웹 애플리케이션 관련 서적은 물론 파이썬 자체를 더 잘 사용하기 위한 상급자용 서적 등도 출간되어 있습니다. 누구나 자신의 스킬이나 흥미, 관심에 따라 파이썬을 학습할 수 있는 환경이 조성된 것입니다. 바야흐로 파이썬을 시작하기에 가장 좋은 때라고 할 수 있을 것입니다.

1.3 파이썬 커뮤니티의 특징

파이썬 개발은 특정한 기업이나 개인이 아니라 커뮤니티가 지탱해 오고 있습니다. 여기에서는 파이썬 커뮤니티의 특징과 파이썬 개발을 지탱하고 있는 PEP Python Enhancement Proposals라 불리는 확장 제안의 구조에 관해 소개합니다.

1.3.1 커뮤니티 주체 오픈소스 소프트웨어

파이썬은 커뮤니티가 주체가 되어 개발하고 있는 자유 오픈소스 소프트웨어 Free Open Source Software입니다. 라이선스나 상표는 비영리재단인 파이썬 소프트웨어 재단 Python Software Foundation[13]에서 관리합니다. 파이썬 소스 코드는 깃허브 GitHub의 python/cpython 저장소[14]에 있으며, 누구나 소스 코드를 읽고 개발에 참여할 수 있습니다. 파이썬 라이선스는 GPL GNU General Public License과 호환되는 PSFL Python Software Foundation License[15]이고, 소스 코드 이용 및 수정이나 배포 또한 누구나 할 수 있습니다.

소스 코드는 물론 공식 문서도 오픈소스 소프트웨어로 유지보수를 진행하고 있습니다. 앞에서 설명한 것처럼 필자가 파이썬 학습을 시작했을 당시에는 일본어 서적이 많지 않았지만, 열의를 가진 사용자들이 공식 문서를 번역해 제공했습니다.[16] 언어의 성장과 특징, 커뮤니티를 포함한 생태계 전체가 처음 파이썬을 배우고자 하는 사람들에게 무척 친절했던 기억이 아직도 생생합니다.

■ **파이콘** — 파이썬 사용자들이 모이는 컨퍼런스

파이콘 PyCon은 파이썬 개발자 및 사용자가 모이는 컨퍼런스입니다. 미국에서 개최된 파이콘 US PyCon US를 시작으로 전 세계적으로 활발한 활동이 이루어지고 있습니다.[17]

---

13 URL https://www.python.org/psf/
14 URL https://github.com/python/cpython
15 URL https://docs.python.org/ko/3/license.html
16 한국어 공식 문서는 현재 URL https://docs.python.org/ko/3/에서 배포하고 있습니다.
   URL https://atsuoishimoto.hatenablog.com/entry/2019/02/27/190304
17 국가별로 개최되는 파이콘 정보는 URL https://pycon.org/에서 확인할 수 있습니다.

일본에서도 매년 파이콘 JP~PyCon JP~[18]가 개최되고 있으며, 최근에는 참가자 수가 1,000명 가까이 늘어났습니다. 또한, 파이콘 미니 삿포로~PyCon mini Sapporo~나 파이콘 미니 오사카 ~PyCon mini Osaka~, 파이콘 미니 히로시마~PyCon mini Hiroshima~, 파이콘 규슈~PyCon Kyusyu~ 등 지역별 이 벤트도 활발하게 벌이고 있습니다. 이 이벤트는 대부분 일반 사단법인인 파이콘 JP~PyCon JP~가 지원하고 있으며, 과거 열린 이벤트 목록은 'Python 관련 커뮤니티에 대한 지원'에 서 찾아볼 수 있습니다. 여러분도 꼭 PyCon JP나 그 외 파이썬 관련 이벤트에 참가해 파이썬 커뮤니티의 분위기를 느껴보기 바랍니다.[19]

1.3.2 PEP의 존재

커뮤니티가 주체가 되어 개발을 하기 위해서는 커뮤니티 안에서의 방침, 의견, 확인 등 을 조율해야만 합니다. 이를 위해 파이썬에는 PEP라 불리는 확장 제안 구조를 채용 하고 있습니다. PEP의 목적이나 가이드라인을 기록한 'PEP 1 -- PEP Purpose and Guidelines'의 'What is a PEP'에서는 PEP[20]에 관해 다음과 같이 설명하고 있습니다.

> PEP stands for Python Enhancement Proposal. A PEP is a design document providing information to the Python community, or describing a new feature for Python or its processes or environment. The PEP should provide a concise technical specification of the feature and a rationale for the feature.
>
> — 'PEP 1 -- PEP Purpose and Guidelines' 'python.org'
> URL https://www.python.org/dev/peps/pep-0001/

위 내용을 번역하면 다음과 같습니다.

> PEP는 파이썬 확장 제안~Python Enhancement Proposal~을 의미합니다. PEP는 파이썬 커뮤 니티에 대한 정보를 제공하거나, 파이썬의 새로운 기능 및 프로세스, 환경 등에 관해 설명하는 설계 문서입니다. PEP는 기술적인 사양 그리고 그 기능이 필요한 논리적인 이유를 제공해야만 합니다.

---

18 URL https://www.pycon.jp/(한국 파이콘 관련 정보는 URL https://www.pycon.kr/2020/about/coc/를 참조하기 바랍니다 (옮긴이))
19 URL https://www.pycon.jp/support/community.html#id3(지난 한국 파이콘 정보는 URL https://www.pycon.kr/2020/about/previous-pyconkr/를 참조하기 바랍니다 (옮긴이))
20 URL https://www.python.org/dev/peps/pep-0001/#what-is-a-pep

위 설명처럼 PEP는 파이썬에 관한 다양한 정보를 문서로 정리하고 종합하여 제공하고 있습니다. 여기에는 코딩 규약, 파이썬 출시 일정, 인터페이스 정의, 현재까지 제안된 기능에 관한 논의 결과 등을 포함하고 있습니다.

PEP의 워크플로는 PEP 1 'PEP Workflow'에서 설명하고 있으며, 적절한 워크플로를 이용해 누구나 새로운 기능을 제안할 수 있습니다. 또한, 상세한 논의는 메일링 리스트를 통해 진행하기 때문에 메일링 리스트를 구독하는 것도 좋습니다.[21]

현재 승인된 PEP 목록은 공식 사이트의 'PEP 0 -- Index of Python Enhancement Proposals(PEPs)'[22]에서 확인할 수 있습니다.

다음으로 파이썬을 시작할 때 반드시 알아두어야 할 PEP를 소개합니다.

■ PEP 8: Style Guide for Python Code — 파이썬 표준 스타일 가이드

'PEP 8 -- Style Guide for Python Code'[23]는 파이썬 표준 라이브러리 코딩 규약입니다. PEP 8은 표준 라이브러리를 위한 코딩 규약이지만, 현재는 수많은 파이썬 프로젝트가 PEP 8을 준수하고 있습니다. 그러므로 파이썬으로 애플리케이션을 작성할 때는 PEP 8을 따르는 것을 권장합니다.

PEP 8은 가독성과 일관성을 중시하는지라 이를 준수하면 가독성 높은 코드를 작성할 수 있습니다. 구체적인 몇 가지 항목을 소개합니다.

- 이름 규칙
- 들여쓰기, 스페이스 네 칸
- 괄호 앞뒤, 스페이스 불필요
- 연산자 앞뒤, 스페이스 한 칸

이외에도 많은 항목이 PEP 8에 기재되어 있으므로 한번 정도는 반드시 확인하기 바랍니다.

---

21 메일링 리스트 목록은 URL https://www.python.org/community/lists/에서 확인할 수 있습니다.

22 URL https://www.python.org/dev/peps/

23 URL https://www.python.org/dev/peps/pep-0008/(한국어 버전은 URL https://python-guide-kr.readthedocs.io/ko/latest/writing/style.html#pep-8을 참고하기 바랍니다 옮긴이)

실제 코드를 작성할 때는 Flake8[24], pycodestyle[25], Black[26] 등과 같은 PEP 8 기반 체커나 코드 자동 정렬 도구를 활용하는 것을 권장합니다.

■ PEP 20: The Zen of Python — 파이썬 설계 가이드라인

'PEP 20 -- The Zen of Python'[27]은 파이썬 설계 방침이라 할 만한 격언을 모아둔 것입니다. 파이썬으로 코드를 작성할 때 항상 마음에 새겨둬야 할 좋은 내용으로 구성되어 있습니다.

파이썬을 대화형 모드로 실행한 뒤에 import this를 실행하면 The Zen of Python 전문을 확인할 수 있습니다.[28] 가장 먼저 나타나는 격언인 'Beautiful is better than ugly.'는 '못생긴 것보다는 아름다운 것이 낫다'라는 의미로, 여기에서도 읽기 쉬움을 중시하는 파이썬의 철학이 나타납니다.

```
# 실행 메시지를 제거한 상태에서 파이썬을 실행
(venv) % python -q
>>> import this
The Zen of Python, by Tim Peters

Beautiful is better than ugly.
Explicit is better than implicit.
Simple is better than complex.
Complex is better than complicated.
Flat is better than nested.
Sparse is better than dense.
Readability counts.
Special cases aren't special enough to break the rules.
Although practicality beats purity.
Errors should never pass silently.
Unless explicitly silenced.
In the face of ambiguity, refuse the temptation to guess.
There should be one-- and preferably only one --obvious way to do it.
Although that way may not be obvious at first unless you're Dutch.
```

---

24 (URL) https://flake8.pycqa.org/en/latest/

25 (URL) https://pycodestyle.pycqa.org/en/latest/

26 (URL) https://black.readthedocs.io/en/stable/

27 (URL) https://www.python.org/dev/peps/pep-0020/

28 The Zen of Python의 각 항목에 관해서는 아츠오이시모토(atsuoishimoto)의'The Zen of Python 해설 – 전편[(URL) https://atsuoishimoto.hatenablog.com/entry/20100920/1284986066(일본어)]'과'The Zen of Python 해설 – 후편[(URL) https://atsuoishimoto.hatenablog.com/entry/20100926/1285508015(일본어)]'을 참조하십시오.

```
Now is better than never.
Although never is often better than *right* now.
If the implementation is hard to explain, it's a bad idea.
If the implementation is easy to explain, it may be a good idea.
Namespaces are one honking great idea -- let's do more of those!
```

■ PEP 257: Docstring Conventions — 문서 작성 방법

파이썬은 독스트링Docstring이라 불리는 문서를 소스 코드 안에 삽입합니다. 독스트링은 일반적인 주석과 같은 형태를 가지고 있으며, 소스 코드를 읽을 때 도움이 되는 것은 물론 2.2절에서 설명할 내장 함수 help() 등 프로그램에서도 참조해서 활용할 수 있습니다. 독스트링을 작성할 때는 다음과 같이 세 개의 따옴표(" " " 또는 ' ' ')로 감싸서 기술합니다.

```
def increment(n):
    """인수에 1을 더해 반환하는 함수

    :param n: 숫잣값
    """
    return n + 1
```

독스트링을 이용해 다음 장 이후 소개할 함수, 클래스, 메서드, 모듈 등에 문서를 기술할 수 있습니다.[29] 독스트링 사용법에 관해서는 'PEP 257 -- Docstring Conventions'[30] 에서 설명하고 있습니다. PEP 257의 설명에 따라 1행의 독스트링을 기술하면 다음과 같습니다.

```
dep nop(n):
    """1행으로 완료하는 Docstring"""
    return n
```

마찬가지로, 여러 행으로 전달하는 독스트링은 다음과 같이 작성합니다.

---

29 함수에 관해서는 5장, 클래스와 메서드에 관해서는 6장, 모듈에 관해서는 7장에서 설명합니다.

30 URL https://www.python.org/dev/peps/pep—0257/

```
def nop(n):
    """적절한 설명을 붙인 1행

    빈 줄을 1행 넣은 뒤 상세한 내용을 입력

    :param n: 인수별로 설명 입력
    """
    return n
```

PEP 257에서는 이외에도 여러 주의 사항에 관해 설명하고 있으므로 꼭 한 번 살펴보기 바랍니다. 그러나 PEP 257이 문법을 규정하는 것은 아닙니다. 가령 '인수나 반환값의 타입 정보를 어떻게 쓸 것인가'와 같은 규칙은 프로젝트를 시작하면서 팀에서 결정할 사항입니다. 이를 결정할 때는 통합 개발 환경Integrated Development Environment, IDE이나 사용하는 라이브러리에 적합한 기법인지 확인하고 동시에 독스트링을 최대한 활용합니다. reStructuredText를 사용한 기법[31], numpydoc 기법[32], Google Python Style Guide 기법[33] 등을 많이 사용합니다.

1.4 정리

이번 장에서는 파이썬의 프로그래밍 언어로서의 특징, 파이썬의 역사와 현황 그리고 파이썬 커뮤니티에 관해 소개했습니다.

파이썬은 초보자도 다루기 쉬운 언어입니다. 하지만 그것을 지탱하고 있는 것이 그저 문법만은 아닙니다. 커뮤니티가 만들어 온 다양한 문화가 큰 영향을 미칩니다. 다음 장부터는 파이썬을 더 실전적으로 잘 사용하기 위한 내용을 중심으로 설명합니다. 그 배경에 있는 파이썬의 문화와 커뮤니티의 사고방식도 가능한 함께 소개합니다.

---

31 URL https://www.sphinx-doc.org/en/master/usage/restructuredtext/index.html
32 URL https://numpydoc.readthedocs.io/en/latest/format.html#docstring-standard
33 URL https://google.github.io/styleguide/pyguide.html#38-comments-and-docstrings

2

파이썬 설치와 개발자를 위한
편리한 기능

파이썬 프로그램을 실행하기 위해서는 여러분이 사용하는 머신에
파이썬을 설치해야 합니다.

이번 장에서는 파이썬 설치 및 실행 방법에 관해 설명합니다. 설치할 파이썬의 버
전은 3.8이며 대상 운영체제는 macOS, Windows 및 Ubuntu입니다. 이 책의 소
스 코드는 필자가 사용하는 운영체제인 macOS에서 동작을 확인했으나, 파이썬은
다중 플랫폼을 지원하는 언어이므로 대부분의 코드는 Windows와 Ubuntu에서도
문제없이 동작합니다.

2.1 파이썬 설치

파이썬은 다중 플랫폼 프로그래밍 언어로 다양한 환경에서 동작합니다. 파이썬 공식 사이트에서는 소스 코드뿐만 아니라 Windows용 인스톨러, macOS용 인스톨러도 제공하고 있습니다. 이번 절에서는 macOS와 Windows의 공식 인스톨러를 사용한 설치 방법 및 Ubuntu의 패키지 관리 도구를 이용한 설치 방법에 관해 설명합니다.

2.1.1 OS에 미리 설치되어 있는 파이썬

macOS나 Linux 운영체제에는 파이썬이 이미 설치되어 있는 경우도 있습니다. 이는 파이썬을 시스템 관리 도구로서 사용하기 때문입니다.

하지만 운영체제에 설치되어 있는 파이썬은 오래된 버전일 경우가 많습니다. 또한, 미리 설치된 파이썬을 업데이트하면 그 파이썬에 의존하고 있던 시스템 관리 도구들이 동작하지 않을 가능성도 있습니다. 그런고로 여러분이 준비한 프로그램을 동작시킬 때는 앞으로 설명하는 순서에 따라 별도로 설치한 파이썬을 이용하길 권장합니다.

2.1.2 macOS에서의 이용

macOS에서는 파이썬 공식 사이트의 macOS용 인스톨러나 홈브루Homebrew 등의 패키지 관리 도구, 또는 소스 코드를 직접 빌드해서 파이썬을 설치할 수 있습니다. 여기에서는 공식 사이트에서 제공하는 인스톨러 이용 방법을 소개합니다.

■ 공식 인스톨러를 이용한 설치

macOS용 인스톨러는 공식 사이트의 'Python Release for Mac OS X'[1]에서 다운로드할 수 있습니다. 이 책에서는 집필 시점 기준 최신 버전인 'Python 3.8.1 - Dec. 18. 2019'의 'macOS 64-bit installer'를 이용합니다. 인스톨러를 다운로드한 뒤 더블클릭하면 그림 2.1과 같은 화면이 나타납니다.

---

1 URL https://www.python.org/downloads/mac-osx/

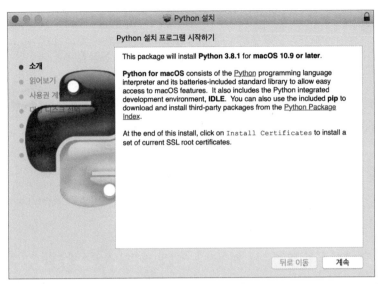

그림 2.1 macOS용 공식 인스톨러 실행 화면

화면의 지시를 따라 모든 항목을 기본 설정으로 설치합니다. 파이썬 설치를 완료하면 그림 2.2와 같은 화면이 나옵니다. 해당 화면의 설명에 따라 SSL~Secure Socket Layer~ 인증서 설치도 진행합니다. 'the Finder window'를 클릭한 뒤, 열리는 디렉터리의 Install Certificates. command를 더블클릭하면 SSL 인증서를 설치하기 시작합니다.[2] SSL 인증서 설치가 끝나면 [Process completed]가 표시됩니다. 이후 터미널~terminal~을 실행하고 python3 -V 명령어를 실행해 봅니다. 설치한 파이썬 버전이 표시되면 문제없이 설치를 완료한 것입니다.

```
$ python3 -V
Python 3.8.1
$ python3.8 -V # python3.8 명령어도 설치됨
Python 3.8.1
```

---

2 'the Finder windows'를 클릭하면 'Applications/Python 3.8/' 디렉터리가 열립니다.

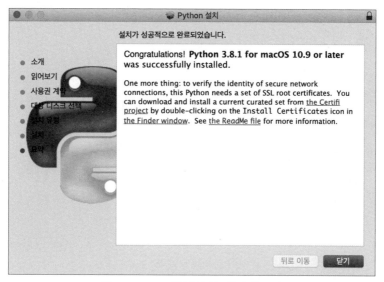

그림 2.2 **macOS용 공식 인스톨러 완료 화면**

2.1.3 Windows에서의 이용

Windows에서는 공식 사이트에서 제공하는 Windows용 인스톨러, Microsoft 스토어를 이용해 파이썬을 설치할 수 있습니다. 이 책에서는 공식 사이트에서 제공하는 인스톨러 이용 방법을 소개합니다.

Windows용 인스톨러는 web-based installer와 executable installer의 두 가지 형태로 제공하고 있습니다. web-based installer는 인스톨러 자체의 용량은 작으나, 설치 과정에서 설치에 필요한 파일을 다운로드하므로 인터넷에 연결되어 있어야 합니다. 반면 executable installer는 기본 설정에 필요한 컴포넌트를 모두 포함하고 있기 때문에 인터넷에 연결되어 있지 않아도 설치할 수 있습니다.

◼ 공식 인스톨러를 이용한 설치

Windows용 인스톨러는 공식 사이트의 'Python Releases for Windows'[3]에서 다운로드할 수 있습니다. 이 책에서는 집필 시점 기준 최신 버전인 'Python 3.8.1 - Dec. 18, 2019'

---

3 **URL** https://www.python.org/downloads/windows/

의 'Windows x86-64 executable installer'를 이용합니다.[4] 인스톨러를 다운로드한 뒤 더 블클릭하면 그림 2.3과 같은 화면이 나옵니다.

그림 2.3 **Windows용 공식 인스톨러 실행 화면**

화면 아래에 있는 체크 박스 'Install launcher for all users (recommended)', 'Add Python 3.8 to PATH' 항목을 모두 체크하고 'Install Now'를 클릭해 설치를 진행합니다. 파이썬 설치를 완료하면 그림 2.4와 같은 화면이 나타납니다. PowerShell을 실행하고 py -0 명령어를 실행해 봅니다.[5] 파이썬 버전이 표시되면 문제없이 설치를 완료한 것입니다.

```
# 설치되어 있는 파이썬 버전 목록을 표시함
PS C:\Users\<YOUR_ACCOUNT>> py -0
Installed Pythons found by C:\windows\py.exe Launcher for Windows
-3.8-64 *

# python 명령어도 설치됨
PS C:\Users\<YOUR_ACCOUNT>> python -V
Python 3.8.1
```

---

4 이 책에서 사용한 인스톨러는 64bit 버전의 Windows용입니다. 32bit 버전 Windows를 사용할 때는 'Windows x86 executable installer'를 이용하기 바랍니다. **URL** https://support.microsoft.com/ko-kr/windows/32비트-및-64비트-windows-질문과-대답-c6ca9541-8dce-4d48-0415-94a3faa2e13d

5 **py** 명령어는 Windows에서만 이용할 수 있습니다. py.exe를 실행하면 설치되어 있는 최신 버전의 파이썬을 실행합니다. py.exe에 관한 자세한 내용은 다음을 참조하기 바랍니다. **URL** https://www.python.org/dev/peps/pep-0397/

그림 2.4 **Windows용 공식 인스톨러 설치 완료 화면**

2.1.4 Ubuntu에서의 이용

Ubuntu를 포함해 리눅스의 각 배포 버전에 대해서는 공식 사이트에서 인스톨러를 제공하지 않습니다. 따라서 배포 버전별 패키지 관리 도구를 사용하거나 소스 코드에서 직접 빌드한 후 설치해야 합니다. 이 책에서는 Ubuntu의 apt 명령어를 이용한 설치 방법을 소개합니다. Desktop 버전의 Ubuntu 18.04.3 LTS_{Long-Term Support}, 최소_{minimal} 구성 상태에서 동작을 확인했습니다.

■ apt를 이용한 설치

Ubuntu에는 파이썬 본체 외에 python3.8-venv와 python3.8-pip도 설치합니다. 이 두 패키지는 macOS나 Windows에서는 공식 인스톨러로 설치하면 기본으로 사용할 수 있습니다. venv에 관해서는 11.1절, pip에 관해서는 11.2절에서 자세히 소개합니다.

다음 명령어를 실행해 파이썬을 설치합니다.

```
# 이용 가능한 패키지 목록 업데이트
$ sudo apt update

# 파이썬 본체와 표준 도구 설치
$ sudo apt install -y python3.8 python3.8-venv python3-pip
```

설치를 완료했다면 python3.8 -V 명령어를 실행해 봅니다. 설치된 파이썬 버전이 표시되면 문제없이 설치를 완료한 것입니다.[6]

```
$ python3.8 -V
Python 3.8.0
```

최근의 리눅스 배포 버전들은 파이썬 3계열을 미리 설치해 놓은 경우가 많습니다. 그러나 앞서 설명한 것처럼 운영체제에 미리 설치된 파이썬 버전이 3.8이라고는 단정할 수 없습니다. 따라서 python3 명령어를 이용할 수 있더라도 실제 실행해 보면 3.8이 아닌 버전이 실행되기도 합니다. 3.8 이외의 버전이 실행되면 이후 설명에서의 python3 명령어를 python3.8로 바꿔 읽기 바랍니다.

■ 기타 리눅스 운영체제에서의 이용

Ubuntu에서 파이썬 설치에 이용한 apt 명령어는 CentOS 등 다른 Linux 배포 버전에서는 사용할 수 없습니다. 이는 배포 버전마다 다른 패키지 관리 도구를 사용하기 때문입니다. 예를 들어, CentOS와 Fedora에서는 dnf 명령어, Arch Linux에서는 pacman 명령어를 이용합니다.[7] 자세한 내용은 배포 버전별 문서를 확인하기 바랍니다.

2.1.5 도커 이용

도커Docker[8]란 컨테이너 가상화container virtualization 기술을 다루기 위한 멀티 플랫폼 도구로, 가상화한 리눅스 환경을 간단하게 배포하고 실행할 수 있습니다. 도커를 사용하면 여러 플랫폼에서 동일한 리눅스 환경을 이용할 수 있으므로 환경과 관련된 여러 가지 문제를

---

6 집필 시점 기준 apt 명령어를 이용해 설치 가능한 최신 버전은 3.8.0이었습니다. 3.8.0과 3.8.1은 기능의 차이가 없으므로 3.8.0 버전을 사용해도 무방합니다.
7 CentOS 7 이전 버전에서는 dnf 명령어 대신 yum 명령어를 이용합니다.
8 URL https://docs.docker.com/

해소할 수 있습니다. 이 책에서도 5.3절과 7.3절에서 docker 명령어를 이용해 파이썬을 실행합니다.[9] 이때는 코드 블록 안에 docker 명령어부터 표시합니다.

운영체제별 도커 설치 순서는 공식 문서인 'About Docker Engine – Community'[10]에 설명되어 있습니다. 여기에서는 도커 설치를 완료했다는 것을 전제로 도커를 이용해 파이썬을 실행하는 방법을 소개합니다.

■ 공식 이미지를 이용한 파이썬 실행

도커 공식 이미지로 배포한 파이썬 컨테이너 이미지를 이용하면 사용하는 머신에 파이썬을 설치하지 않고도 컨테이너 안에서 파이썬을 실행할 수 있습니다. 도커 컨테이너 이미지를 공유할 수 있는 도커 허브(Docker Hub)[11]에서 공식 파이썬 컨테이너 이미지를 배포하고 있습니다.

공식 이미지를 이용해 파이썬을 실행해 봅니다. docker run -it --rm python:3.8.1 명령어 뒤에 컨테이너 안에서 실행할 명령어(예시에서는 python3 -V)를 입력합니다. 첫 번째 실행 시에는 컨테이너 이미지를 다운로드해야 하므로 다소 시간이 걸립니다. 컨테이너 이미지 다운로드를 완료하면 컨테이너 안에서 python3 -V 명령어를 실행하고 그 결과를 출력합니다. -it 옵션을 사용했기 때문에 마치 로컬 머신에서 실행하는 것처럼 컨테이너 안에 설치되어 있는 파이썬을 이용할 수 있습니다.

```
$ docker run -it --rm python:3.8.1 python3 -V
Unable to find image 'python:3.8.1' locally
3.8.1: Pulling from library/python
dc65f448a2e2: Pull complete
346ffb2b67d7: Pull complete
dea4ecac934f: Pull complete
8ac92ddf84b3: Pull complete
a3ca60abc08a: Pull complete
9253bd2ee3f6: Pull complete
fad96c8dce44: Pull complete
ec0f51d2752d: Pull complete
```

---

9 이 책에서는 환경 의존성을 없애기 위해 도커를 이용합니다. 도커를 사용하지 않더라도 코드의 동작은 확인할 수 있으나 출력 결과에 다소 차이가 있을 수 있습니다.

10 URL https://docs.docker.com/get-docker/

11 URL https://hub.docker.com/_/python/

```
1fa0065c6287: Pull complete
Digest: sha256:7be36bd79ab0d754c2a6db5351b7bf91ebe7161cd0d80a15e47ab2c211a0828b
Status: Downloaded newer image for python:3.8.1
Python 3.8.1. # python3 -V 실행 결과
```

두 번째 이후 명령어를 실행할 때는 다운로드한 컨테이너를 사용하므로 대기 시간 없이 즉시 실행 결과를 보여줍니다.

```
$ docker run -it --rm python:3.8.1 python3 -V
Python 3.8.1
```

■ 스크립트 파일 실행

docker run 명령어에 옵션을 추가하면 현재 디렉터리에 있는 스크립트 파일을 컨테이너 안에서 실행할 수 있습니다. 다음 내용으로 hello_docker.py를 준비합니다.

hello_docker.py
```
print('Hello docker')
```

컨테이너에서 이 스크립트 파일을 실행하는 방법은 다음과 같습니다. -v 옵션으로 현재 디렉터리의 마운트 위치를 지정하고, -w 옵션을 사용해 마운트 대상 디렉터리를 명령어 의 실행 디렉터리로 지정합니다.

```
$ docker run -it --rm -v $(pwd):/usr/src/app -w /usr/src/app python:3.8.1
python3 hello_docker.py  실제로는 1행
Hello docker
```

column

JupyterLab — 브라우저에서 대화형 모드 이용

파이썬 사용자 중 특히 데이터 사이언티스트나 머신러닝 엔지니어들 중에서는 주피터 노트북(Jupyter Notebook) 혹은 그 후속 시스템인 주피터랩[JupyterLab(그림 2.a)]이라는 웹 애플리케이션을 자주 사용하는 사람들이 많습니다. 이 애플리케이션을 사용하면 웹 브라우저에서 파이썬 대화형 모드[a]를 이용할 수 있으며, 코드나 그 실행 결과를 노트북 파일(.ipynb)에 저장하거나, 손쉽게 다른 사람들과 공유할 수 있습니다. 또한, 브라우저가 제공하는 풍부한 이미지 그리기 기능을 이용해 노트북 안에 그래프를 그리거나, 코드와 문서를 함께 모을 수도 있습니다. 그런 기능 덕분에 테스트를 하거나 연구 보고서를 작성할 수 있는 최적의 환경이라 할 수 있습니다.

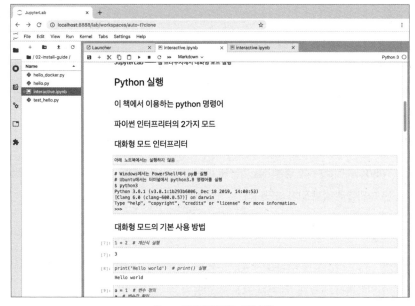

그림 2.a **주피터랩에서 노트북 실행**

주피터랩은 11.2절에서 소개할 pip 명령어로 설치할 수 있으며, jupyter lab 명령어로 간단하게 실행할 수 있습니다. 그리고 구글 콜랩(Google Collaboratory)[b]에서는 브라우저에서 제공하는 주피터 노트북 환경을 아무런 설정 없이도 누구나 무료로 사용할 수 있습니다. 또한, 구글 클라우드 플랫폼(Google Cloud Platform. GCP)에서 제공하는 AI 플랫폼 노트북(AI Platform Notebooks)[c], 아마존 웹 서비스(Amazon Web Services)에서 제공하는 아마존 세이지메이커(SageMaker)[d], 마이크로소프트 애저(Microsoft Azure)에서 제공하는 애저 노트북(Azure Notebooks)[e] 등 다양한 클라우드 제공사들이 주피터랩과 주피터 노트북을 구축할 수 있는 환경을 제공하고 있습니다.

이 책의 샘플 코드 역시 대화형 모드에서 실행되는 노트북 파일로 제공하므로 반드시 실제로 동작해 보기 바랍니다.

a 노트북에서 이용되는 대화형 모드는 표준 대화형 모드의 기능을 향상시킨 IPython이라 불리는 셸입니다.
b URL https://colab.research.google.com/notebooks/welcome.ipynb?hl=ko
c URL https://cloud.google.com/ai-platform-notebooks/
d URL https://aws.amazon.com/ko/sagemaker/
e URL https://notebooks.azure.com/

2.2 파이썬 실행

실제 파이썬 인터프리터를 실행하면서 파이썬을 다루어 봅니다.

2.2.1 이 책에서 이용하는 파이썬 명령어

파이썬 인터프리터 실행 명령어는 운영체제나 실행 환경에 따라 다릅니다. 이 책(및 필자의 환경)은 macOS 기준으로 쓰였으며, python3 명령어를 이용해 파이썬 인터프리터를 실행합니다. macOS 이외의 환경에서 이 책의 설명을 따라 설치할 때는 다음 사항을 주의하기 바랍니다.

- Windows에서는 py 명령어를 이용해 파이썬 인터프리터를 실행합니다.[12] 또한, 터미널은 파워셸로 바꿔 읽기 바랍니다.
- Ubuntu에서는 python3.8 명령어를 이용해 파이썬 인터프리터를 실행합니다.

2.2.2 파이썬 인터프리터의 두 가지 모드

파이썬 인터프리터는 크게 두 가지 모드로 이용할 수 있습니다.

아무런 인수를 전달하지 않고 python3 명령어를 실행하면 파이썬 인터프리터가 대화형 모드interactive mode로 호출되며, 대기 상태로 사용자의 입력을 기다립니다. 대화형 모드에서는 사용자가 프롬프트에 입력한 코드를 실행합니다.

또는 파이썬 스크립트 파일을 인수로 전달해서 실행할 수 있습니다. 파이썬 인터프리터는 전달받은 스크립트 파일에 쓰인 코드의 내용을 즉시 실행합니다.

---

12 Windows의 py 명령어는 설치되어 있는 최신 버전의 파이썬을 실행시킵니다. 여러 버전의 파이썬을 설치했을 때는 py -3 혹은 py -2.7을 실행하면 해당 버전의 파이썬을 실행할 수 있습니다.

2.2.3 대화형 모드 인터프리터

우선 대화형 모드에서 파이썬 인터프리터를 실행해 봅니다. 터미널을 실행한 뒤 python3 명령어를 실행합니다. 다음과 같이 파이썬 인터프리터가 실행됩니다.

```
# Windows에서는 PowerShell에서 py를 실행
# Ubuntu에서는 터미널에서 python3.8 명령어를 실행
$ python3
Python 3.8.1 (v3.8.1:1b293b6006, Dec 18 2019, 14:08:53)
[Clang 6.0 (clang-600.0.57)] on darwin
Type "help", "copyright", "credits" or "license" for more information.
>>>
```

파이썬 인터프리터가 위와 같이 실행된 상태를 대화형 모드라고 부릅니다. >>> 또는 ...는 프롬프트라고 부르며, 사용자 입력을 기다리는 상태를 의미합니다. 이 상태에서 파이썬 명령어를 입력하고 Enter 를 누르면 해당 행을 실행하고 그 결과를 반환합니다.

대화형 모드는 테스트나 동작 확인을 할 때 편리합니다. 대화형 모드를 사용해 사소한 의문이라도 직접 동작을 확인해 가며 진행하는 것이 파이썬을 더 잘 이해하기 위한 지름길입니다.

이제 대화형 모드의 기본 사용법과 그 동작을 확인해 봅니다.

2.2.4 대화형 모드의 기본 사용법

대화형 모드는 사용자가 입력한 행을 즉시 실행(평가)해 결과를 반환합니다. 값에 이름을 붙인 변수를 다룰 수 있으며, 변수명을 입력하면 해당 변수의 값을 표시합니다. 이때 입력한 변수가 정의되어 있지 않으면 에러가 표시됩니다.

실제로 대화형 모드를 사용해 그 동작을 확인해 봅니다. 그리고 파이썬에서는 # 이후의 내용을 주석으로 인식합니다. 따라서 책의 코드 블록 중에 표시된 # 이후의 내용은 입력하지 않아도 좋습니다.

```
>>> 1 + 2  # 계산식 실행
3
>>> print('Hello world')  # print() 실행
Hello world
```

```
>>> a = 1   # 변수 정의
>>> a   # 변숫값 확인
1
>>> b = 2
>>> a + b
3
>>> c   # 정의되어 있지 않을 때는 NameError 발생
Traceback (most recent call last):
  File "<stdin>", line 1, in <module>
NameError: name 'c' is not defined
```

대화형 모드에서는 여러분이 직접 만든 모듈은 물론 표준 라이브러리도 이용할 수 있습니다. 표준 라이브러리인 os 모듈을 예시로, 현재 디렉터리의 경로를 표시해 봅니다. os 모듈에 정의되어 있는 getcwd() 함수는 현재 디렉터리의 절대 경로를 반환합니다.

```
>>> import os   # 모듈 임포트 필요
>>> os.getcwd()
'/Users/<YOUR_ACCOUNT>/Workspaces'
```

대화형 모드는 한 행씩 코드를 실행하지만 여러 행에 걸친 블록도 입력해서 실행할 수 있습니다. 여러 행의 블록을 입력할 때는 빈 행을 입력하지 않습니다. 파이썬 인터프리터는 빈 행이 입력되면 사용자가 입력을 완료한 것이라 인식해서 그때까지 입력한 내용을 한 번에 실행하기 때문입니다.

그럼 여러 행에 걸친 코드 예시로 increment() 함수를 정의해 봅니다.

```
# 함수를 정의함
>>> def increment(n):
...     n += 1
...     return n   # 다음 행은 빈 상태로  Enter  입력
...
>>>
```

이것으로 increment() 함수를 정의했습니다. 변수 increment가 함수인 것을 확인한 뒤, 실제로 함수로 호출해 봅니다

```
# NameError는 발생하지 않음
>>> increment
<function increment at 0x7f9ff0042c10>
>>> increment(2)   # 인수에 2를 전달해 함수를 호출
3
```

지금까지 대화형 모드의 기본 사용법을 설명했습니다. 마지막으로 대화형 모드를 종료하는 방법을 소개합니다. 내장 함수인 quit()를 실행하면 대화형 모드를 종료하고 이전 셸 상태로 돌아갑니다. quit()를 실행하는 대신 [Ctrl] + [D](Windows에서는 [Ctrl] + [Z], [Enter])로도 대화형 모드를 종료할 수 있습니다.

```
>>> quit()
$
```

이후 이 책에서 코드 블록 맨 앞에 >>>를 표기하면 대화형 모드에서 실행하는 것을 의미합니다. 직접 코드를 입력해서 실행할 때는 대화형 모드를 이용하기 바랍니다.

2.2.5 대화형 모드에서 자주 사용하는 내장 함수

파이썬은 언제든 이용할 수 있는 함수인 내장 함수를 제공합니다. 내장 함수의 목록은 공식 문서인 '내장 함수[13]'에서 확인할 수 있습니다. 이 절에서는 내장 함수 중에서 대화형 모드 이용 시 특히 편리한 몇 가지 함수를 소개합니다. 책을 읽는 도중 의문이 생기면 이 절의 내용을 참조해서 하나씩 해결해 가기 바랍니다.

■ **type()** ─ 객체 타입을 확인한다

type()은 인수로 전달한 객체 타입을 반환하는 내장 함수입니다. 파이썬에서는 변수에 저장하거나 인수 또는 반환값으로 이용할 수 있는 데이터를 모두 객체object라고 부릅니다. 식의 결과 또는 함수의 반환값도 객체이므로 이들을 확인할 때 편리하게 사용할 수 있습니다.

```
>>> type(1)   # type()은 인수에 전달한 값의 타입을 반환함
<class 'int'>
```

---

13   URL https://docs.python.org/ko/3/library/functions.html

```
>>> type(1 + 1.0)  # int와 float의 덧셈 결과는 float임
<class 'float'>

# print()의 반환값을 변수에 저장함
>>> return_value = print('Hello world')
Hello world

# print()의 반환값의 타입은 NoneType
>>> type(return_value)
<class 'NoneType'>  #type() 실행 결과
```

■ dir() ― 객체 속성을 확인한다

파이썬에서는 객체가 가진 변수나 메서드를 모두 속성_{property}이라고 부릅니다. 객체의 속성은 obj.x와 같이 점(.)으로 연결해 참조할 수 있습니다.

dir()은 인수로 전달한 객체 속성 목록을 리스트로 반환하는 내장 함수입니다. dir() 역시 type()과 마찬가지로 식의 결과나 외부에서 정의된 함수의 반환값을 확인할 때 활용합니다.

```
>>> s = 'Hello world'

# 문자열이 가진 속성 목록
# 앞뒤에 __가 붙어있는 것은 파이썬이 암묵적으로 이용하는 속성임
>>> dir(s)
['__add__', '__class__', '__contains__', ..., 'upper', 'zfill']

# 객체의 속성은 점(.)으로 연결해서 참조할 수 있음
>>> s.upper
<built-in method upper of str object at 0x7f7f88110cb0>
>>> s.upper()  # 메서드는 ()를 붙여 실행할 수 있음
'HELLO WORLD'
```

■ help() ― 도움말 페이지를 표시한다

help()는 인수로 전달한 객체의 도움말 페이지를 표시해 주는 내장 함수입니다. 표준 라이브러리인 json 모듈을 대상으로 시험해 봅니다. 도움말 페이지를 표시하고 싶은 객체를 인수로 전달해 help()를 호출합니다. 다음 코드를 실행하면 대화형 모드 화면이 도움말 페이지로 바뀝니다.

```
>>> import json
>>> help(json)
```

도움말 페이지 조작은 CLI(Command Line Interface)에서 자주 사용하는 조작 방법과 비슷합니다. [j] 또는 [↓]로 아래로 이동, [k] 또는 [↑]로 위로 이동, [/]로 검색, [q]로 종료(Windows에서는 [Enter]로 아래로 이동하고 [q]로 종료)합니다.

```
Help on package json:

NAME
    json

DESCRIPTION
    JSON (JavaScript Object Notation) <http://json.org> is a subset of
    JavaScript syntax (ECMA-262 3rd edition) used as a lightweight data
    interchange format.

    :mod:`json` exposes an API familiar to users of the standard library
    :mod:`marshal` and :mod:`pickle` modules.  It is derived from a
    version of the externally maintained simplejson library.
(생략)
```

특정 메서드의 인수와 그 반환값을 확인할 때는 help()에 해당 메서드를 직접 전달하면 편리합니다. 필자는 정확한 메서드 이름이 생각나지 않을 때 앞에서 dir()을 이용해 원하는 이름을 대략 찾은 뒤 help()에 전달합니다.

```
# 속성 목록을 참조해 원하는 이름을 찾음
# 예를 들어, load와 loads는 이름이 비슷해 착각하기 쉬움
>>> dir(json)
['JSONDecodeError', ..., 'encoder', 'load', 'loads', 'scanner']
>>> help(json.load)  # 속성을 지정해서 help 페이지를 표시
```

이 방법을 이용하면 해당 메서드의 도움말 페이지만 표시해 줍니다.

```
Help on function load in module json:

load(fp, *, cls=None, object_hook=None, parse_float=None, parse_int=None,
parse_constant=None, object_pairs_hook=None, **kw)  (실제로는 1행)
    Deserialize ``fp`` (a ``.read()``-supporting file-like object containing
```

```
     a JSON document) to a Python object.
(생략)
```

■ 독스트링을 이용한 도움말 페이지 작성

도움말 페이지는 1.3절에서 소개한 독스트링을 통해 소스 코드에서 자동으로 생성됩니다. 다시 말해 직접 작성한 코드도 독스트링을 준비하면 도움말 페이지에서 표시할 수 있습니다.

그럼 실제로 시험해 봅니다. increment() 함수를 정의하고 인수와 반환값에 관한 설명을 독스트링을 이용해 입력합니다.

```
>>> def increment(n):
...     """n에 1을 더해서 반환함
...
...     :param n:  숫잣값
...     :return: n에 1을 더한 숫잣값
...     """
...     return n + 1
...
```

increment() 함수가 정의된 상태에서 help(increment)를 실행하면 독스트링으로부터 생성된 도움말 페이지가 표시됩니다.

```
Help on function increment in module __main__:

increment(n)
    n에 1을 더해서 반환함

    :param n:  숫잣값
    :return: n에 1을 더한 숫잣값
(END)
```

이처럼 독스트링은 소스 코드의 가독성을 높일 뿐만 아니라 사용자에게 큰 도움을 주는 문서입니다. 또한, 내장 함수나 표준 라이브러리의 독스트링은 대단히 잘 만들어져 있습니다. 개요나 인수의 의미, 반환값 등을 확인할 때는 이 기능을 이용하기 바랍니다.

2.2.6 스크립트 실행

지금까지는 대화형 모드에서 파이썬을 실행했습니다. 이제 파이썬 코드를 파일에 저장하고, 그 파일로 프로그램을 실행해 봅니다. 소스 코드를 파일에 저장해서 반복해 실행할 수 있도록 만든 것을 일반적으로 스크립트script라고 부릅니다. 이 책에서는 주요한 용도로 python3 명령어를 사용해 직접 실행하는 것을 스크립트라고 부릅니다.

현재 디렉터리에 다음과 같이 hello.py를 만듭니다. 파이썬 코드를 입력한 파일에는 확장자로 .py를 사용합니다. 이 코드는 문자열 '안녕하세요'를 표시하는 간단한 프로그램입니다.

```
hello.py
# 함수 정의
def func(message):
    print(message)


# 정의한 함수 호출
func('안녕하세요')
```

앞의 스크립트를 실행해 봅니다. 인수에 스크립트 파일 경로를 지정하고 python3 명령어를 실행합니다. '안녕하세요'라고 표시되면 성공입니다.

```
$ python3 hello.py
안녕하세요
```

📖 모듈을 스크립트로 실행하기

프로그램을 재사용 또는 배포할 수 있는 형식으로 모아둔 것을 일반적으로 라이브러리library라고 부릅니다. 파이썬에서도 표준 라이브러리로 많은 프로그램을 제공하고 있으며, 서드파티 라이브러리도 많습니다.

파이썬에서는 앞에서 설명한 스크립트 파일인 hello.py처럼 파이썬 코드를 기술한 파일을 모듈module이라고 부릅니다. 또한, 여러 모듈을 모아둔 것을 패키지package라고 부르는데, 라이브러리가 바로 이 패키지에 해당합니다.[14]

---

14 모듈이나 패키지에 관한 자세한 내용은 7장에서 설명합니다.

대부분의 모듈이나 패키지는 파이썬 코드 안에서 임포트_{import}해서 사용합니다. 하지만
그중에는 python3 명령어에서 패키지로 포함할 모듈을 지정해 스크립트로 직접 실행할
수 있는 것도 있습니다.

예시로 표준 라이브러리 중 unittest 모듈을 직접 실행해 봅니다. 다음과 같이 test_
hello.py를 만듭니다. 이 코드는 앞에서 만든 hello.py에 대응하는 테스트 코드입니다.
단위 테스트_{unit test}에 관해서는 12장에서 소개할 것이므로 코드 자체에 관한 설명은 생략
합니다. 코드 안에서 unittest 모듈을 임포트해서 이용할 수 있습니다.

```
test_hello.py
# unittest 모듈을 임포트해서 이용
import unittest


class TestFunc(unittest.TestCase):
    def test_func(self):
        from hello import func
        self.assertIsNone(func('안녕하세요'))
```

python3 명령어를 이용해 모듈을 스크립트로서 실행할 때는 다음과 같이 -m 옵션으로
모듈을 지정합니다. 이때 모듈에 전달한 인수가 있다면 가장 마지막에 추가합니다.

```
# 단위 테스트 모듈을 직접 실행
$ python -m unittest test_hello
안녕하세요
안녕하세요
.
----------------------------------------------------------------------
Ran 1 test in 0.001s

OK
```

스크립트로 직접 실행할 수 있는 모듈에는 여기에서 소개한 unittest 모듈 이외에도
11.1절에서 소개할 venv, 함께 11.2절에서 소개할 pip 등이 있습니다.

2.2.7 python 명령어와 python3 명령어의 차이

이 책에서는 python3 명령어로 파이썬을 실행합니다. 파이썬은 python 명령어로 실행할 수 있습니다. 그러나 환경에 따라 실행하는 파이썬의 버전이 2계열 혹은 3계열로 달라질 수 있습니다. 예를 들어, 필자가 사용하는 환경에서 python 명령어는 macOS에 기본 설치되어 있는 파이썬 2.7을 실행합니다. 2계열과 3계열 사이에는 호환되지 않는 변경이 포함되어 있기 때문에 앞에서 실행한 hello.py를 python 명령어로 실행하면 에러가 발생합니다.

```
# 파이썬 2계열에서는 문자 코드를 지정하지 않으면 한국어를 다룰 수 없음
$ python hello.py
  File "hello.py", line 4
SyntaxError: Non-ASCII character '\xed' in file hello.py on line 4, but no encoding
declared; see http://python.org/dev/peps/pep-0263/ for details 실제로는 1행
```

이처럼 파이썬 3계열에서 동작하는 것을 전제로 작성한 코드는 파이썬 2계열에서 실행하면 제대로 동작하지 않습니다. 반대로 파이썬 2계열에서 동작하는 코드라 할지라도 성능 측면을 고려해 봤을 때, 3계열에서 동작하는 코드를 굳이 2계열에서 동작시켜 얻을 수 있는 장점이 거의 없습니다. 따라서 파이썬 3계열을 사용할 때는 python3 명령어(Windows에서는 py -3 명령어)를 사용하는 것이 좋습니다.

2.3 정리

이번 장에서는 macOS, Windows, Ubuntu 운영체제에서 파이썬을 설치하고, 대화형 모드나 스크립트를 이용해 파이썬 인터프리터를 실행해 봤습니다. 또한, 대화형 모드에서 이용할 수 있는 편리한 내장 함수를 몇 가지 소개했습니다.

다음 장부터는 파이썬을 잘 사용하기 위해 필요한 언어 사양, 문법, 기능에 관해 다룹니다. 이번 장에서 소개한 내장 함수를 활용하면서 내용을 읽으면 이해하기가 더욱 쉬울 것입니다.

3

제어 흐름

프로그래밍 언어를 사용해 코드를 작성하기 위해서는 언어의
문법과 조건 분기, 루프, 예외 처리와 같은 제어 흐름에 관해 알아야
합니다. 파이썬의 문법과 제어 흐름은 다른 프로그래밍 언어에
비해 간단한 편이어서 코드를 직접 실행하다 보면 자연스럽게
익숙해질 수 있을 것입니다.

이번 장에서는 파이썬에서 코드를 작성할 때 기본이 되는 문법과 제어 흐름에 관해
설명합니다.

3.1 기본 문법

먼저 들여쓰기와 변수 선언, 주석 등 파이썬에서의 전반적인 코딩에 관한 문법을 확인합니다. 대화형 모드를 실행한 뒤 직접 동작을 확인하면서 읽기 바랍니다.

3.1.1 들여쓰기를 사용한 블록 표현

파이썬에서는 들여쓰기를 이용해 블록block을 표현합니다. 여기에서 블록이란 C 언어나 자바 등에서 중괄호를 사용해 표현하는 단위를 의미합니다. C 언어나 자바와 마찬가지로 클래스나 함수 정의, 조건 분기, 루프 등 다양한 상황에서 블록을 사용합니다.

다음 코드는 py2_or_py3() 함수를 정의한 것입니다. 이 함수는 실행 중인 파이썬이 2계열일 때는 문자열 'Python 2', 그렇지 않으면 문자열 'Python 3'을 반환합니다.[1] 두 번째 행의 끝에 있는 콜론(:)을 시작으로 세 번째 행부터 빈 행까지 들여쓰기를 한 부분을 블록이라고 부릅니다. 이 블록 전체가 py2_or_py3() 함수가 수행하는 처리입니다. 또한, if 문에 의한 조건 분기의 각 처리 또한 한 단계 더 들여쓰기를 하고 있으므로 또 다른 블록이 됩니다.

```
>>> import sys
>>> def py2_or_py3():
...     # 들여쓰기가 되어있음
...     # 실행 중인 파이썬 버전을 얻음
...     major = sys.version_info.major
...     if major < 3:
...         # 들여쓰기가 되어있음
...         return 'Python 2'
...     else:
...         # 마찬가지로 들여쓰기가 되어있음
...         return 'Python 3'
...
# 실행 환경은 파이썬 3.9
>>> py2_or_py3()
'Python 3'
```

---

1 이 함수는 파이썬 1.x에서의 실행은 가정하지 않습니다.

■ 들여쓰기 폭

들여쓰기 폭은 1.3절에서 소개한 PEP 8에 따라 스페이스 네 칸 사용을 권장합니다. 에디터의 자동 들여쓰기 등에 의해 스페이스와 탭이 혼재하면 발견하기 어려운 에러가 발생하므로 주의해야 합니다. 대화형 모드를 사용해 테스트나 동작 확인을 할 때는 효율을 높이기 위해 스페이스 수를 줄이는 것도 좋습니다. 이 책에서는 대화형 모드에서는 스페이스 두 칸, 스크립트나 파일에 입력할 때는 스페이스 네 칸을 적용합니다.

■ pass 문 — 아무런 동작도 하지 않음을 선언

파이썬은 들여쓰기를 사용해 블록을 표현하기 때문에 블록 끝을 의미하는 중괄호를 사용하지 않습니다. 그리고 언어 사양에 따라 블록이 필요한 위치에서 다음 행에 들여쓰기가 없으면 반드시 에러가 발생합니다. 이 사양은 빈 행을 삽입하더라도 바뀌지 않습니다. 이런 사양에 따라 '아무 동작도 하지 않음'을 표현하기 곤란할 때가 있습니다.

예를 들어, 이번 장 후반에서 소개할 고유 예외 베이스 클래스에서는 클래스 정의 블록에 기술할 내용이 아무것도 없을 때가 많습니다. 클래스 정의에 관한 자세한 내용은 6.1에서 소개하지만, 클래스를 정의할 때 처리 블록이 없으면 들여쓰기가 올바르지 않게 되어 IndentationError 예외가 발생합니다.

```
# 두 번째 행은 엔터만 입력
>>> class PracticeBookError(Exception):
...
  File "<stdin>", line 2

    ^
IndentationError: expected an indented block
```

이런 상황에서는 pass 문을 사용해서 문제를 해결할 수 있습니다. pass 문은 프로그램 실행 시에는 아무 동작도 하지 않지만, pass 문이 있는 위치에 블록이 존재한다는 것을 파이썬에 전달합니다.

```
>>> class PracticeBookError(Exception):
...     pass
...
```

클래스 정의나 함수 정의에서는 pass 문 대신 1.3절에서 소개한 독스트링을 사용하는 것도 좋습니다.[2]

```
>>> class PracticeBookError(Exception):
...     """모듈 고유의 예외 베이스 클래스"""
...
```

3.1.2 변수 이용

값에 이름을 붙여 재사용할 수 있도록 한 것을 변수라고 부릅니다. C 언어나 자바에서 변수를 이용할 때는 int i처럼 타입 정보를 선언해 주어야 합니다. 하지만 파이썬에서는 변수 이용을 시작할 때 타입을 선언하지 않아도 됩니다. 새로운 변수는 대입문만으로 정의되며 즉시 사용할 수 있습니다.[3]

```
# 새로운 변수를 정의함
>>> num = 3
>>> num
3

# 정의하지 않으면 예외가 발생함
>>> nam
Traceback (most recent call last):
  File "<stdin>", line 1, in <module>
NameError: name 'nam' is not defined
```

변수를 콤마(,)로 구분해 여러 값을 한 번에 대입할 수 있습니다.

```
# 여러 변수를 한 번에 정의함
>>> x, y, z = 1, 2, 3
>>> x
1
>>> y
2
>>> z
3
```

---

2 또 다른 한 가지 방법으로 생략을 표현하는 Ellipses 객체를 이용할 수 있습니다. Ellipsis는 점을 세 개(...) 입력해 작성할 수 있습니다.
   URL https://docs.python.org/ko/3.8/library/constants.html#Ellipsis
3 변수명 규칙은 1.3절에서 소개한 'PEP8 -- Style Guide for Python Code'를 따릅니다.
   URL https://www.python.org/dev/peps/pep-0008/#naming-conventions

파이썬에서는 값이 바뀌지 않는 상수constant는 정의할 수 없습니다. 즉, 사용자가 정의하는 변수는 모두 덮어쓸 수 있습니다.[4] 그래서 1.3절에서 소개했던 PEP 8에서는 변수로 사용할 값의 이름에는 local_number와 같이 소문자를 사용하고, 상수로 이용하는 값의 이름에는 CONST_NUMBER와 같이 대문자를 사용할 것을 권장하고 있습니다.

■ 타입 선언이 필요 없는 이유

파이썬에서 변수 사용 시 타입 선언이 필요 없는 이유는 파이썬이 동적 타입 언어이기 때문입니다.

동적 타입 언어는 프로그램 실행 중에 자동으로 타입을 판정하면서 처리를 수행합니다. 그렇기 때문에 타입을 명시하지 않아도 실행 시 타입이 결정됩니다. 암묵적으로 타입 변환을 하지는 않으므로 코드를 작성할 때부터 타입에 주의를 기울여야 합니다.

예를 들어, 다음과 같이 숫잣값 타입 값과 문자열 타입 값을 + 연산자로 연결하면 에러가 발생합니다.

```
>>> i = 1
>>> s = '2'
>>> i + s
Traceback (most recent call last):
  File "<stdin>", line 1, in <module>
TypeError: unsupported operand type(s) for +: 'int' and 'str'
```

하지만 숫잣값 타입과 숫잣값 타입, 문자열 타입과 문자열 타입과 같이 타입을 맞추면 각 타입에 맞춰 연산을 수행합니다.

```
# 양쪽 모두 숫잣값 타입으로 연산함
>>> i + int(s)
3

# 양쪽 모두 숫잣값 타입으로 연산함
>>> str(i) + s
'12'
```

---

4 True나 False, None 등 내장 상수는 키워드로 등록되어 있으므로 덮어쓸 수 없습니다.

column

동적 타입 언어와 정적 타입 언어의 특징

일반적으로 동적 타입 언어는 코드 작성량이 적어 가볍게 코드를 쓸 수 있고, 컴파일[a]이 필요하지 않아 곧바로 실행할 수 있기 때문에 테스트해 보기 쉬운 장점이 있습니다. 대신 실행 시에는 오버헤드가 발생하므로 정적 타입 언어에 비해 실행 중 처리 속도가 느립니다.

이 책은 파이썬을 주제로 다루고 있지만 프로그래밍 언어는 한 가지 지표로 우열을 가릴 수 없으며, 절대적으로 우수한 언어가 존재하지도 않습니다. 용도나 주변 상황, 프로그래머의 선호 등의 언어를 고려해 여러 언어를 잘 나누어서 사용하는 것이 좋습니다.

a 컴파일이란 소스 코드를 컴퓨터가 실행 가능한 형태로 변환하는 것을 의미합니다. 이 변환을 수행하는 소프트웨어를 컴파일러라고 부릅니다.

3.1.3 주석

주석은 코드를 작성한 배경이나 의도 등 코드만으로는 전달할 수 없는 정보를 코드를 읽는 사람에게 알려주는 중요한 기능을 합니다. 파이썬에서는 샵(#) 이후를 주석으로 인식합니다. #은 행 맨 앞, 행 중간 어디든 쓸 수 있으며, 여러 행에 걸쳐 주석을 쓸 때는 모든 주석 행에 #을 붙입니다.

```
>>> # 이 행은 주석임
...
>>> def comment(): # 여기는 주석
...     pass
...
```

■ 주석과 독스트링의 차이

주석과 비슷한 기능으로 1.3절에서 소개한 독스트링이 있습니다. 독스트링은 주석과 달리 다양한 도구에서도 참조할 수 있는 문서입니다. 독스트링을 이용할 수 있는 상황에서는 필요한 정보는 가능한 독스트링으로 작성하고, 소스 코드 안의 주석은 보조적으로 이용하는 것이 좋습니다.

흔히 다음과 같은 코드를 작성할 수 있습니다.

```
def py2_or_py3():
    major = sys.version_info.major
    if major < 3:
        """"""
        파이썬 1.x에서의 실행은 가정하지 않음
        """"""
        return 'Python 2'
    else:
        return 'Python 3'
```

이 코드는 앞과 마찬가지로 실행 중인 파이썬 버전이 2계열인지 3계열인지를 판정하는
함수입니다. '파이썬 1.x에서의 실행은 가정하지 않음' 부분은 마치 독스트링처럼 보입니
다. 하지만 독스트링은 모듈의 첫 부분과 함수, 클래스, 메서드 정의에서만 사용할 수 있
는 기능입니다. 그러므로 if 문 안에 쓰인 이 부분은 독스트링이 아니라 그저 함수로의
대입을 수행하지 않는 문자열 정의입니다.

이 부분은 #으로 시작하는 주석으로 처리하거나 위치를 바꾸어 독스트링으로 만듭니다.
주석으로 변경하면 다음과 같습니다.

```
def py2_or_py3():
    major = sys.version_info.major
    if major < 3:
        # 파이썬 1.x에서의 실행은 가정하지 않음
        return 'Python 2'
    else:
        return 'Python 3'
```

함수의 독스트링으로 변경하면 다음과 같습니다.

```
def py2_or_py3():
    """"""실행 중인 파이썬이 2계열인지 3계열인지 판정함

    이 함수는 파이썬 1.x에서의 실행은 가정하지 않음
    """"""
    major = sys.version_info.major
    if major < 3:
        return 'Python 2'
    else:
        return 'Python 3'
```

3.2 조건 분기

파이썬에서는 if 문을 사용해 조건 분기를 수행할 수 있습니다. 조건 분기를 이용하면 조건식의 결과에 따라 실행하는 처리를 바꿀 수 있습니다.

다른 언어에서 많이 사용하는 switch 문은 파이썬에서 쓸 수 없습니다.

3.2.1 if 문 — 조건을 지정해 처리를 분기함

파이썬의 if 문은 다음과 같습니다.

```
if 조건식 1:
    조건식 1이 참일 때 실행할 처리
elif 조건식 2:
    조건식 1이 거짓이고 조건식 2가 참일 때 실행할 처리
else:
    모든 조건식이 거짓일 때 실행할 처리
```

elif 절과 else 절은 모두 생략할 수 있습니다. 또한, elif 절은 숫자에 제한 없이 쓸 수 있습니다. if 문은 위에서부터 순차적으로 평가하며, 가장 먼저 참이 된 절을 처리합니다. 그런고로 조건식 1이 참일 경우에는 조건식 2의 결과가 참이라도 조건식 2는 처리하지 않습니다. 어떤 조건식도 참이 되지 않을 때는 else 절을 처리합니다.

다음 py2_or_py3() 함수는 파이썬 3.8에서 실행하면 첫 번째 조건식은 거짓이고, 두 번째 조건식이 참이 되므로 문자열 'Python 3'을 출력합니다.

```
>>> import sys
>>> def py2_or_py3():
...     major = sys.version_info.major
...     if major == 2:
...         return 'Python 2'
...     elif major == 3:
...         return 'Python 3'
...     else:
...         return 'Neither'
...

# 실행 환경은 파이썬 3.8
>>> py2_or_py3()
'Python 3'
```

■ 참이 되는 값, 거짓이 되는 값

if 문의 조건식에는 식과 객체를 모두 사용할 수 있습니다. 이는 파이썬에서는 모든 식이나 객체를 참 또는 거짓으로 평가할 수 있음을 의미합니다.

파이썬에서는 거짓이 되는 객체 외에는 참으로 평가합니다. 파이썬의 논릿값(참, 거짓) 판정 시, 거짓이 되는 객체는 다음과 같습니다. 또한, 각 객체에 관한 상세한 내용은 4장에서 설명합니다.

- None
- False
- 숫잣값 타입 0, 0.0 및 0j[5]
- 문자열, 리스트, 딕셔너리, 집합 등 컨테이너 객체의 빈 객체
- 메서드 __bool__()이 False를 반환하는 객체
- 메서드 __bool__()을 정의하지 않고, 메서드 __len__()이 0을 반환하는 객체

이에 해당하지 않는 객체는 모두 참으로 평가합니다.

■ 간단한 조건식

파이썬에서 if 문을 이용할 때는 객체의 논릿값 판정을 이용하면 조건식을 간단하게 만들 수 있습니다. 예를 들어, 다음 코드를 봅니다.

```
>>> def first_item(items):
...     if len(items) > 0:   # 엘리먼트 수를 사용해 비어있는지 판정함
...         return items[0]
...     else:
...         return None
...
>>> first_item(['book'])
'book'
>>> first_item([])   # None이면 아무것도 표시되지 않음
>>>
```

이 코드에서는 변수 items가 컨테이너 객체이며, 그 값이 비어있는지를 items 내의 엘리먼트 수를 이용해 판정하고 있습니다. 그러나 많은 파이썬 엔지니어들은 빈 컨테이너 객

---

5 숫잣값에 j 또는 J를 붙이면 복소수가 됩니다.

체가 거짓이라는 점을 이용해 다음과 같이 코드를 작성합니다.

```
>>> def first_item(items):
...     if items:   # 빈 컨테이너 객체는 거짓으로 판정함
...         return items[0]
...     else:
...         return None
...
>>> first_item(['book'])
'book'
>>> first_item([])   # None이면 아무것도 표시되지 않음
>>>
```

파이썬이 가진 언어의 특성을 이용함으로써 조건식을 간단하게 바꾸었습니다.

■ if 문에서 자주 이용하는 숫잣값 비교

if 문의 조건식에서는 숫잣값이나 객체의 비교에 다양한 연산자를 이용할 수 있습니다. 여기에서는 그중에서도 자주 이용하는 연산자들을 소개합니다.

먼저 숫잣값끼리 비교에서 자주 이용하는 연산자입니다. 다른 언어와 같은 것이 많으며, 친숙한 것도 많을 것입니다.

```
>>> 1 == 1   # 값이 같으면 True
True
>>> 1 != 1   # 값이 같지 않으면 True
False
>>> 1 > 0   # 좌변이 크면 True
True
>>> 1 < 0   # 우변이 크면 True
False
>>> 1 >= 0   # 좌변이 크거나 같으면 True
True
>>> 1 <= 0   # 우변이 크거나 같으면 True
False
```

파이썬에서는 x < y < z와 같이 계속해서 이어서 비교할 수 있습니다. 연속된 비교의 결과는 4.2절에서 소개할 연산자 and로 각각의 연산을 한 결과와 같습니다.[6]

---

6 전체 결과는 같은 값이지만 x < y < z의 평가는 한 번만 이루어집니다.

```
>>> x, y, z = 1, 2, 3

# x < y and y < z와 같음
>>> x < y < z
True

# x < y and y > z와 같음
>>> x < y > z    # 문법상 올바르지만 가독성이 낮음
False
```

■ if 문에서 자주 이용하는 객체 비교

객체끼리의 비교에서 자주 이용하는 연산자는 ==, !=, is, is not입니다. ==와 !=는 등
가성(값이 같은지 다른지)을 판정하고, is와 is not은 동일성(같은 객체인지 아닌지)을 판정합
니다. 숫잣값끼리, 문자열끼리 등 많은 비교에서는 ==와 !=를 이용합니다. 반대로 is와
is not을 사용하는 상황은 정해져 있는데, 그 대표적인 경우가 None과의 비교입니다.
None과 비교할 때 is와 is not을 이용하는 이유에 관해서는 4.1절에서 설명합니다.

```
>>> x = 'book'
>>> y = 'note'
>>> x == y    # 값이 같으면 True
False
>>> x != y    # 값이 같지 않으면 True
True
>>> x is None    # 같은 객체이면 True
False
>>> x is not None    # 같은 객체가 아니면 True
True
```

파이썬의 편리한 연산자로 컨테이너 객체에서 이용할 수 있는 in과 not in이 있습니다.
컨테이너 객체container object란 다른 객체를 엘리먼트로 가지고 있는 객체를 총칭합니다. 대
표적인 컨테이너 객체에는 4장에서 소개할 리스트list나 딕셔너리dictionary가 있습니다. in과
not in은 어떤 엘리먼트가 컨테이너 객체 안에 포함되어 있는가(혹은 포함되어 있지 않은가)
를 판정합니다. 딕셔너리에서는 키 안에 포함되어 있는지를 판정합니다.

```
# items는 리스트임
>>> items = ['book', 'note']
```

```
# items에 'book'이 포함되어 있으면 True
>>> 'book' in items
True

# items에 'book'이 포함되어 있지 않으면 True
>>> 'book' not in items
False

# count는 딕셔너리
>>> count = {'book': 1, 'note': 2}
>>> 'book' in count    # 딕셔너리에서는 키를 사용해 판정함
True
>>> 1 in count
False
```

3.3 루프 — 처리 반복

파이썬에서는 루프를 이용하는 방법으로 for와 while을 제공합니다. for 문은 리스트 등 여러 엘리먼트를 가진 객체를 이용해 엘리먼트 수만큼 블록 안의 처리를 반복합니다. while 문은 조건식이 거짓이 될 때까지 블록 안의 처리를 반복합니다.

3.3.1 for 문 — 엘리먼트 수만큼 처리를 반복

파이썬의 for 문의 구문은 다음과 같습니다.

```
for 변수 in 이터러블 객체:
    반복할 처리
```

이터러블 객체iterable object란 리스트 등 여러 엘리먼트를 가진 객체를 가리킵니다.[7] for 문에서는 이터러블 객체가 가지고 있는 엘리먼트를 하나씩 순서대로 대입하면서, 엘리먼트 수만큼 처리를 반복합니다.

다음 예시에서는 이터러블 객체로 세 개의 엘리먼트를 가진 리스트를 이용하고 있습니다. 변수 i에 리스트의 각 엘리먼트가 순서대로 대입되고 엘리먼트 수만큼 반복 처리를 실행합니다.

---

7 이터러블 객체에 관해서는 8.2절에서 소개합니다.

```
>>> items = [1, 2, 3]
>>> for i in items:
...     print(f'변수i의 값은 {i}')
...
변수1의 값은 1
변수2의 값은 2
변수3의 값은 3
```

for 문을 사용해도 전달한 리스트 자체에는 영향이 없습니다.

```
>>> items
[1, 2, 3]
```

■ for 문에서 자주 이용하는 내장 함수

파이썬의 for 문에서 자주 이용하는 내장 함수 두 가지를 소개합니다.

내장 함수 range()는 '어떤 처리를 n번 반복하고 싶을 때' 주로 이용합니다.

```
for 변수 in range(반복할 횟수):
    반복할 처리
```

내장 함수 range()에 정수 n을 전달하면 0부터 n-1까지의 정수를 순서대로 반환하는 이 터러블 객체를 반환합니다. 다음 예시에서는 처리를 2회 반복하기 위해 range(3)을 호출 하고 있습니다.

```
>>> for i in range(3):
...     print(f'{i}번째 처리')
...
0번째 처리
1번째 처리
2번째 처리
```

다른 하나는 내장 함수 enumerate()입니다. 반복 처리 중 리스트의 인덱스를 사용하고 자 할 때 이용합니다.

```
for 카운트, 변수 in enumerate(이터러블 객체):
    반복할 처리
```

내장 함수 enumerate()는 전달된 이터러블 객체의 각 엘리먼트와 함께 반복 카운트를 반환합니다. 이 카운트는 기본적으로 0에서 시작하기 때문에 리스트의 인덱스 등으로 이용할 수 있습니다. 다음 예시에서는 카운트를 이용해 문자열 안의 각 문자가 몇 번째 문자인지를 표시하고 있습니다. 이 예시에서 알 수 있듯 파이썬은 문자열도 이터러블 객체로 취급합니다.

```
>>> chars = 'word'
>>> for count, char in enumerate(chars):
...     print(f'{count}번째 문자는 {char}')
...
0번째 문자는 w
1번째 문자는 o
2번째 문자는 r
3번째 문자는 d
```

▩ for 문에서의 else의 동작

파이썬의 for 문에서는 else 절을 이용할 수 있습니다. else 절에는 for 문 종료 시 한 번만 실행할 처리를 입력합니다. else 절은 뒤에서 설명할 break 문으로 루프를 벗어날 때는 실행되지 않습니다.

```
for 변수 in 이터러블 객체:
    반복할 처리
else:
    마지막에 한 번만 실행할 처리
```

for 문에서 else 절을 이용할 기회는 그렇게 많지 않지만, 기억해 두면 편리할 때도 있습니다. 다음 예시에서는 else 절을 이용해 리스트에 홀수를 포함하고 있는지 확인합니다. 실제 이용할 때는 print() 함수 대신 뒤에서 설명할 raise 문으로 예외를 발생시키는 것이 좋습니다.

```
# 홀수가 없을 때의 메시지 표시
>>> nums = [2, 4, 6, 8]
>>> for n in nums:
...     if n % 2 == 1:
...         break
... else:
```

```
...     print('홀수를 포함시켜 주세요')
...
홀수를 포함시켜 주세요

# 홀수가 있다면 아무것도 출력하지 않음
>>> nums = [2, 4, 6, 7, 8]
>>> for n in nums:
...     if n % 2 == 1:
...         break
... else:
...     print('홀수를 포함시켜 주세요')
...
>>>
```

■ for 문에서의 변수의 스코프

어떤 변수를 이용할 수 있는 범위를 변수의 스코프scope라고 부릅니다. 파이썬의 for 문은 변수의 스코프를 블록 안으로 한정하지 않습니다. 다시 말해 각 엘리먼트를 대입할 때 사용한 변수는 일반적인 변수로 대입할 때와 동일하게 다뤄집니다. 그렇기 때문에 for 문 뒤에서 같은 이름의 변수를 이용할 때는 주의해야 합니다.

```
# m이 정의되어 있지 않음을 확인함
>>> m
Traceback (most recent call last):
  File "<stdin>", line 1, in <module>
NameError: name 'm' is not defined

# for 문의 변수에 m을 이용
>>> for m in range(3):
...     pass
...

# m이 정의되고, 마지막에 대입된 값인 상태임
>>> m
2

# m이 이미 정의되었다면 덮어쓰여짐
>>> for m in range(1):
...     pass
...
>>> m
0
```

while 문 ─ 조건을 지정해 처리를 반복

while 문은 조건식이 참인 동안 계속 처리를 반복합니다. 파이썬에서의 while 문의 구문은 다음과 같습니다.

```
while 조건식:
    반복할 처리
```

다음 예시에서는 n이 3 미만인 동안 print() 함수를 실행합니다.

```
>>> n = 0
>>> while n < 3:
...     print(f'변수 n의 값은 {n}')
...     n += 1
...
변수 n의 값은 0
변수 n의 값은 1
변수 n의 값은 2
```

■ while 문에서의 else 절의 동작

for 문과 마찬가지로 while 문에서도 else 절을 이용할 수 있습니다. while 문의 else 절도 뒤에서 설명할 break 문으로 루프를 벗어날 때는 실행되지 않습니다.

```
while 조건식:
    반복할 처리
else:
    마지막에 한 번만 실행할 처리
```

다음 예시에서는 반복 처리가 끝날 때 종료라고 표시합니다.

```
>>> n = 0
>>> while n < 3:
...     print(f'변수 n의 값은{n}')
...     n += 1
... else:
...     print('종료')
...
변수 n의 값은0
```

3.3.3 break 문 — 루프를 벗어남

for 문이나 while 문에서 break 문을 이용하면 처리 도중이라도 현재 루프를 벗어날 수 있습니다. 이때 else 절은 실행되지 않습니다.

다음 has_book() 함수는 인수로 받은 컨테이너 객체 안에 문자열 'book'을 포함하는 엘리먼트가 있는지 확인합니다.

```
>>> def has_book(items):
...     for item in items:
...         if 'book' in item:
...             print('Found')
...             break  # 루프를 빠져나옴
...     else:
...         print('Not found')
...
>>> has_book(['note'])
Not found
>>> has_book(['note', 'notebook'])
Found
```

같은 처리를 while 문으로 작성하면 다음과 같습니다.

```
>>> def has_book(items):
...     # pop()은 리스트 내용을 변경하므로 사본을 만듦
...     copied = items.copy()
...     # 리스트가 빌 때까지 루프를 반복함
...     while copied:
...         # 마지막 엘리먼트를 꺼냄
...         item = copied.pop()
...         if 'book' in item:
...             print('Found')
...             break  # 루프를 빠져나옴
...     else:
...         print('Not found')
...
>>> has_book(['note'])
```

```
Not found
>>> has_book(['note', 'notebook'])
Found
```

column

변수를 이용하지 않는 for 문

이터러블 객체의 엘리먼트를 이용하지 않고 for 문에서 반복 처리를 수행할 때도 있습니다. 그때는 변수
명을 언더스코어(_)로 통일해 두면 변수를 이용하지 않음을 알리기 쉽습니다. 단, 변수 _에 대입을 하는
점은 변하지 않으므로 다른 위치에서 변수로 _를 사용하지 않도록 주의합니다.

```
# 사용하지 않는 변수명은 _이 알기 쉬움
>>> for _ in range(3):
...     print('반복 처리')
...
반복 처리
반복 처리
반복 처리

# 변수 _가 정의되어 있음
>>> _
2
```

3.3.4 continue 문 — 다음 루프로 이동

루프 안에서 continue 문을 이용하면 그 행 이후의 처리를 건너뛰고 다음 루프 처리를
시작할 수 있습니다. 루프 안에 루프가 있을 때 continue 문을 이용하면 루프의 다음
처리를 시작합니다.

다음 list_books() 함수는 인수로 받은 컨테이너 객체 안에서 문자열 'book'을 포함한
엘리먼트만 나열합니다.

```
>>> def list_books(items):
...     for item in items:
...         if 'book' not in item:
...             # 이후의 처리를 건너뛰고 다음 루프로 이동함
...             continue
...         print(item)
...
```

```
>>> list_books(['note', 'notebook', 'sketchbook'])
notebook
sketchbook
```

같은 처리를 while 문으로 작성하면 다음과 같습니다.

```
>>> def list_books(items):
...     copied = items.copy()
...     while copied:
...         # 가장 앞의 엘리먼트를 꺼냄
...         item = copied.pop(0)
...         if 'book' not in item:
...             # 이후의 처리를 건너뛰고 다음 루프로 이동함
...             continue
...         print(item)
...
>>> list_books(['note', 'notebook', 'sketchbook'])
notebook
sketchbook
```

column

식 안에서 대입을 수행하는 := 연산자

파이썬 3.8에서 추가된 기능 중 하나로 대입 연산자 :=가 있습니다. 이 연산자는 if 문이나 루프의 조건식 안 등에서 변수에 값을 대입할 수 있는 연산자로 'PEP 572 -- Assignment Expressions'[a]에서 활발하게 논의한 끝에 도입하였습니다. 이 := 연산자는 옆으로 누운 바다코끼리의 눈과 엄니를 닮아서 Walrus operator(바다코끼리 연산자)라고 부릅니다.

:= 연산자는 일반 연산자와 마찬가지로 식을 사용할 수 있는 위치라면 어디든 이용할 수 있습니다. 예를 들어, if 문의 조건식에서 이용하고자 할 때는 그 if 문의 블록 안에서 대입한 값을 이용할 수 있습니다.[b]

```
>>> import random
>>> def lottery(goods):
...     # items에 대입을 수행함
...     if item := random.choice(goods):
...         return item
...     else:
...         return 'MISS!!'
...
>>> books = ['notebook', 'sketchbook', None, None, None]

# 실행할 때마다 결과가 달라짐
>>> lottery(books)
'sketchbook'
```

파이썬 3.7 이전에는 다음과 같이 if 문 전에 대입을 해야 했습니다.

```
>>> def lottery(goods):
...     item = random.choice(goods)
...     if item:
...         return item
...     else:
...         return 'MISS!!'
...
>>> lottery(books)
'MISS!!'
```

이 책 집필 시점에서는 := 연산자가 파이썬 사용자들에게 얼마나 받아들여질지 미지수입니다. if 문이나 컴프리헨션(comprehension)[c]에서는 이제까지보다도 간결하게 쓸 수 있는 상황이 있는 반면, 대입을 간과하거나 가독성을 떨어뜨리는 경우도 있습니다. := 연산자의 이용 여부가 망설여질 때는 간단하게 가독성이 높은지 생각한 뒤 작성 방법을 선택하도록 합니다.[d]

a (URL) https://www.python.org/dev/peps/pep-0572/
b if 문의 조건식 안에서 대입된 변수라 할지라도, 그 변수의 스코프는 if 문 블록 안으로 제한되지 않으므로 고(Go)나 스위프트(Swift)에서의 변수 스코프에 익숙한 분들은 주의해야 합니다. 파이썬의 변수 스코프에 관해서는 7.4절에서 소개합니다.
c 컴프리헨션에 관해서는 4.8절에서 소개합니다.
d 공식 문서 '파이썬 3.8의 새로운 기능'에도 '복잡성을 줄이고 가독성을 개선하는 명확한 사례로 바다코끼리 연산자 사용을 제한하십시오'라고 쓰여있습니다. (URL) https://docs.python.org/ko/3.8/whatsnew/3.8.html#assignment-expressions

3.4 예외 처리

프로그램 실행 중에는 다양한 예외(에러)가 발생할 가능성이 있습니다. 예를 들어, 리스트에서는 엘리먼트 수보다 큰 값을 인덱스로 지정하면 IndexError 예외가 발생합니다. 또한, 파일 조작의 충돌, 네트워크 단절 등 외부 환경에 의한 예외는 코드에 문제가 없어도 완전히 막을 수는 없습니다.

파이썬은 이런 예외 발생을 감지하면 프로그램 실행을 강제로 종료합니다. 예외로 인해 프로그램을 강제로 종료할 때는, 예외의 정보와 함께 트레이스백traceback이라 불리는 예외 발생 위치 정보를 출력합니다. 이 정보는 오류 조사나 디버그 시에 중요한 소스가 됩니다.

```
>>> items = [1, 2, 3]
>>> items[10]
Traceback (most recent call last):
  File "<stdin>", line 1, in <module>
IndexError: list index out of range
```

예외 발생을 미리 예측할 수 있는 때에는 try 문을 이용해 프로그램이 강제 종료가 되는 것을 피할 수 있습니다.

3.4.1 try 문 ― 예외 포착

try 문은 예외 처리 및 뒤에서 설명할 클린업cleanup 처리를 할 때 이용합니다. 파이썬의 예외 처리 구문은 다음과 같습니다.

```
try:
    예외가 발생할 가능성이 있는 처리
except 포착할 예외 클래스:
    포착할 예외가 발생했을 때 실행할 처리
else:
    예외가 발생하지 않았을 때만 실행할 처리
finally:
    예외 발생 여부와 관계없이 실행할 처리
```

다음 예시에서는 return items[index] 행에서 IndexError 예외가 발생할 때가 있습니다. 하지만 try 문과 except 절에서 예외를 적절하게 처리하고 있기 때문에 강제 종료가 되지 않고 트레이스백 또한 표시되지 않습니다.

```
>>> def get_book(index):
...     items = ['note', 'notebook', 'sketchbook']
...     try:
...         return items[index]
...     except IndexError:
...         return '범위 밖입니다'
...
>>> get_book(10)  # IndexError를 적절히 처리하고 있음
'범위 밖입니다'
```

■ except 절 — 예외가 발생했을 때만 실행함

except 절은 포착하고자 하는 예외가 발생했을 때만 처리가 실행됩니다. 여러 예외에 대해 같은 처리를 수행할 때는 포착하고자 하는 예외를 (IndexError, TypeError)와 같이 괄호 안에서 콤마(,)로 구분해 나열합니다. 또한, as 키워드를 이용하면 발생한 예외 객체를 except 절의 블록에서 이용할 수 있습니다.

```
>>> def get_book(index):
...     items = ['note', 'notebook', 'sketchbook']
...     try:
...         return items[index]
...     except (IndexError, TypeError) as e:
...         print(f'예외가 발생했습니다: {e}')
...         return '범위 밖입니다'
...

# IndexError가 발생함
>>> get_book(3)
예외가 발생했습니다: list index out of range
'범위 밖입니다'

# TypeError가 발생함
>>> get_book('3')
예외가 발생했습니다: list indices must be integers or slices, not str
'범위 밖입니다'
```

예외의 종류에 대한 처리를 나누고 싶을 때는 except 절을 여러 번 기술합니다. 이때 가장 처음으로 일치한 except 절을 실행합니다.

```
>>> def get_book(index):
...     items = ['note', 'notebook', 'sketchbook']
...     try:
...         return items[index]
...     except IndexError:
...         print('IndexError가 발생했습니다')
...         return '범위 밖입니다'
...     except TypeError:
...         print('TypeError가 발생했습니다')
...         return '범위 밖입니다'
...
>>> get_book(3)
IndexError가 발생했습니다
```

```
'범위 밖입니다'
>>> get_book('3')
TypeError가 발생했습니다
'범위 밖입니다'
```

어떤 except 절도 일치하지 않았을 때는 그 예외가 한 단계 바깥쪽 스코프로 전달됩니다.

```
>>> def get_book(index):
...     items = ['note', 'notebook', 'sketchbook']
...     try:
...         return items[index]
...     except TypeError:  # IndexError는 포착하지 않음
...         print(f'TypeError가 발생했습니다')
...         return '범위 밖입니다'
...
>>> def get_book_wrapper(index):
...     try:
...         # IndexError는 그대로 다시 보내짐
...         return get_book(index)
...     except IndexError:
...         print(f'IndexError가 발생했습니다')
...         return '범위 밖입니다'
...
>>> get_book_wrapper(3)
IndexError가 발생했습니다
'범위 밖입니다'
```

구현한 사람이 예측하지 못한 예외까지 포착하면 프로그램의 다른 위치에서 에러가 발생하거나, 시스템이 올바르지 않은 상황에 빠질 위험이 있습니다. 그러므로 예외 처리를 구현할 때는 포착할 예외만 명시적으로 지정해야 합니다.

■ **else 절** ─ 예외가 발생하지 않았을 때만 실행함

else 절은 except 절이 있을 때만 이용할 수 있습니다. 예외 처리의 else 절에는 예외가 발생하지 않았을 때만 실행할 처리를 입력합니다.

예를 들어, 다음 코드에서는 try 블록 안의 처리를 두 줄로 입력했습니다. 그러나 return book.upper() 행에서는 예외가 발생하지 않습니다. 왜냐하면 upper() 메서드는 str 타입이라면 반드시 가지고 있는는 메서드이며, 변수 book이 str 타입인 것을 바로 위 줄에서 보장하기 때문입니다. 그러므로 return book.upper() 행은 try 블록으로

보호할 필요가 없습니다.

```
>>> def get_book_upper(index):
...     items = ['note', 'notebook', 'sketchbook']
...     try:
...         book = str(items[index])
...         return book.upper()
...     except (IndexError, TypeError) as e:
...         print(f'예외가 발생했습니다: {e}')
...
```

이 처리에서 else 절을 사용해 다음과 같이 쓸 수 있습니다. 이 코드에서는 예외가 발생할 가능성이 있는 처리가 book = str(items[index]) 행뿐인 것을 명확하게 했습니다.

```
>>> def get_book_upper(index):
...     items = ['note', 'notebook', 'sketchbook']
...     try:
...         book = str(items[index])
...     except (IndexError, TypeError) as e:
...         print(f'예외가 발생했습니다: {e}')
...     else:
...         return book.upper()
...
```

이와 같이 예외 처리에서는 try 블록을 가능한 작게 유지함으로써 구현한 사람의 의도와 프로그램의 괴리를 최소한으로 줄일 수 있습니다.

■ finally 절 — 예외 여부와 관계없이 반드시 실행함

finally 절은 클린업 처리에서 이용하는 구문입니다. 클린업cleanup 처리란 파일 닫기 처리 등 예외가 발생했을 때에도 반드시 실행할 처리를 의미합니다. finally 절은 예외 발생 여부와 관계없이 try 문을 벗어날 때 반드시 실행됩니다.

```
# 만들어진 some.txt는 다음 항목 진행 전 삭제함
>>> from io import UnsupportedOperation

# 파일을 쓰기 모드로 엶
>>> f = open('some.txt', 'w')
>>> try:
...     # 쓰기 모드이므로 읽을 수 없음
```

```
...     f.read()
... except UnsupportedOperation as e:
...     print(f'예외가 발생했습니다: {e}')
... finally:
...     print('파일을 닫습니다')
...     f.close()
...
예외가 발생했습니다: not readable
파일을 닫습니다
```

finally 절은 except 절 없이도 이용할 수 있습니다.

```
# 파일을 읽기 모드로 엶
>>> f = open('some.txt', 'r')
>>> try:
...     print(f.read())
... finally:
...     print('파일을 닫습니다')
... f.close()
...

파일을 닫습니다
```

발생한 예외를 포착하는 except 절이 없으면 발생한 예외는 finally 절 실행 후 전송됩니다.

```
>>> f = open('some.txt', 'r')
>>> try:
...     # 읽기 모드이므로 쓸 수 없음
...     f.write('egg')
... finally:
...     print('파일을 닫습니다')
...     f.close()
...
파일을 닫습니다
Traceback (most recent call last):
  File "<stdin>", line 2, in <module>
io.UnsupportedOperation: not writable
```

3.4.2 raise 문 — 의도적으로 예외를 발생시킴

raise 문을 이용해 의도적으로 예외를 발생시킬 수 있습니다. raise 문에는 예외 클래스의 클래스 객체 혹은 그 인스턴스를 인수로 전달합니다.[8] 클래스 객체를 전달하면 암묵적으로 그 클래스 객체에서 인스턴스가 발생합니다.

```
# 의도적으로 예외를 발생시킴
>>> raise ValueError('올바르지 않은 인수입니다')
Traceback (most recent call last):
  File "<stdin>", line 1, in <module>
ValueError: 올바르지 않은 인수입니다
```

그리고 except 절 안에서는 인수 없이 raise 문을 이용할 수 있습니다. 이 경우 except 절에 전달된 예외를 그대로 재전송합니다. 이는 예외 로그만 필요한 경우 등에 이용할 수 있습니다.

```
>>> def get_book(index):
...     items = ['note', 'notebook', 'sketchbook']
...     try:
...         return items[index]
...     except IndexError as e:
...         print('IndexError가 발생했습니다')
...         raise
...
>>> get_book(3)
IndexError가 발생했습니다
Traceback (most recent call last):
  File "<stdin>", line 1, in <module>
  File "<stdin>", line 4, in get_book
IndexError: list index out of range
```

3.4.3 사용자 예외 정의

파이썬에서는 Exception 클래스를 상속해 새로운 예외를 정의할 수 있습니다.[9] 여러 예외를 전송할 모듈을 만들 때는 그 모듈의 예외인 것을 표시하는 베이스 클래스를 하나

---

8 파이썬의 클래스 객체나 인스턴스에 관해서는 6장에서 설명합니다.
9 클래스 상속에 관해서는 6.4절에서 설명합니다.

만들고, 각각의 예외별로 그 클래스를 상속해서 예외 클래스를 만듭니다. 이렇게 하면 모듈 사용자가 예외 처리를 쉽게 구현할 수 있습니다.

```
>>> class PracticeBookError(Exception):
...     """모듈 고유 예외 베이스 클래스"""
...
>>> class PageNotFoundError(PracticeBookError):
...     """페이지를 발견하지 못했을 때의 예외"""
...     def __init__(self, message):
...         self.message = message
...
>>> class InvalidPageNumberError(PracticeBookError):
...     """정확하지 않은 페이지 번호를 지정했을 때의 예외"""
...     def __init__(self, message):
...         self.message = message
...
```

3.4.4 with 문 — 정의한 클린업 처리를 반드시 실행함

with 문은 미리 정의되어 있는 클린업 처리를 이용할 때 사용하는 구문입니다. 정의한 클린업 처리는 블록을 벗어나기 직전에 실행합니다. 파이썬의 with 문의 구문은 다음과 같습니다.

```
with {with 문에 대응한 객체} as 변수:
    임의의 처리
```

예를 들어, 파일을 여는 내장 함수 open()은 with 문에 대응합니다. with 문을 사용하면 내장 함수 open()을 다음과 같이 이용할 수 있습니다.

```
# f에 파일 객체가 대입됨
>>> with open('some.txt', 'w') as f:
...     f.write('some text')
...
9  # 대입한 바이트 수

# 파일 객체가 닫혀있음을 확인
>>> f.closed
True
```

파일 객체 f는 f.close() 메서드를 호출하지 않았는데도 닫힙니다. 이는 with 문의 블록에서 벗어날 때 사전에 정의한 파일 닫기 처리를 호출하기 때문입니다. 만약 with 문을 사용하지 않을 때는 다음과 같이 직접 f.close() 메서드를 호출해야만 합니다.

```
>>> f = open('some.txt', 'w')
>>> f.write('some text')
9

# 파일 객체는 아직 닫혀있지 않음
>>> f.closed
False

# 파일 객체를 명시적으로 닫음
>>> f.close()
>>> f.closed
True
```

앞에서의 예시처럼 with 문을 사용하면 파일 닫기를 잊어버리는 상황을 피할 수 있습니다. 내장 함수 open()을 사용할 때는 with 문을 적극적으로 사용하도록 합니다.

내장 함수 open()과 같이 with 문에 대응한 객체는 콘텍스트 관리자context manager라고 부릅니다. 콘텍스트 관리자는 사용자가 직접 정의할 수도 있습니다. 또한, 콘텍스트 관리자의 기능은 클린업 처리뿐만 아니라 with 문의 블록에 들어가기 직전에 수행되는 전형적인 처리도 정의할 수 있어 편리합니다. 콘텍스트 관리자에 관해서는 9.3절에서 자세히 소개합니다.

3.5 정리

이번 장에서는 파이썬 코드를 작성할 때 기본이 되는 문법과 조건 분기, 루프, 예외 처리 등 제어 흐름에 관해 설명했습니다.

파이썬의 기본적인 제어 흐름은 비교적 간단한 편입니다. 그러므로 간단한 프로그램이라면 이번 장에서 소개한 문법 정도의 지식만 있어도 읽을 수 있습니다. 그러나 실제 여러분이 파이썬다운 프로그램을 직접 작성하고자 할 때는 각 기능에 대해 더 자세히 이해하고 있어야만 합니다. 또한, 프로그래밍은 다른 사람이 작성한 코드를 읽으면서 새로운 발견을 할 수도 있습니다. 본문의 코드뿐만 아니라 다른 코드도 찬찬히 읽어보면서 더 깊이 이해하기 바랍니다.

CHAPTER

4

데이터 구조

파이썬은 정수를 의미하는 int 타입이나 문자열을 의미하는 str 타입 등 기본적인 타입에서부터 list 타입, dict 타입 등 고도의 데이터 구조를 표현하는 타입까지 많은 내장 타입을 제공합니다.

이번 장에서는 내장 타입 중에서 자주 사용하는 것과 그 기본적인 사용법을 소개합니다. 또한, 파이썬에서는 컨테이너 객체나 이터러블 객체와 같이 특정한 성질을 가진 타입을 통칭해서 OO 객체라고 부르므로 이 부분도 함께 소개합니다.

그리고 파이썬에서는 내장 타입을 포함해 모든 타입은 object 클래스의 서브 클래스로 구현되어 있습니다.* 그렇기 때문에 이 책에서의 '타입'은 '클래스;'로 바꾸어 읽어도 좋습니다.

---

* 클래스, 서브 클래스에 관해서는 6장에서 설명합니다.

4.1 None — 값이 존재하지 않음을 표현

None은 값이 존재하지 않음을 표현하는 특별한 값입니다. C 언어나 자바의 null에 해당합니다.

대화형 모드에서는 None을 평가해도 아무것도 표시되지 않습니다. 여기에는 이유가 있습니다. 예를 들어, print() 함수는 None을 반환하는 내장 함수이지만, None이 표시되지 않기 때문에 코드 읽기가 쉬워집니다.

```
>>> None    # 아무것도 표시되지 않음
>>> str(None)   # 문자열로 변환하면 'None'
'None'

>>> print('book')
book
>>> str(print('book'))   # print()의 반환값은 None
book
'None'
```

None은 여러 상황에서 이용할 수 있습니다. 예를 들어, 앞에서 소개한 딕셔너리가 가진 가진 get() 메서드는, 인수로 전달된 키에 대응하는 값이 없는 경우 기본값으로 None을 반환합니다.

```
>>> d = {'a': 1, 'b': 2}   # 딕셔너리 정의
>>> d.get('c')   # 결과가 None이므로 아무것도 표시되지 않음
>>> d.get('a')
1
```

4.1.1 조건식에서의 None 이용

3.2절에도 소개한 것처럼 None은 조건식에서 사용하면 거짓이 됩니다.

```
>>> if None:
...     print('None은 참')
... else:
...     print('None은 거짓')
...
None은 거짓
```

None은 언제 어디에서 참조되더라도 동일한 하나의 객체를 반환하는 싱글톤singleton이라 불리는 특성을 갖고 있습니다. 어떤 객체가 None인지를 판정할 때의 연산자는 == 혹은 !=가 아니라 is 혹은 is not을 사용합니다. 이는 ==에서의 비교가 특수 메서드 __eq__()를 덮어씀으로써 그 결과를 자유롭게 바꿀 수 있기 때문입니다.[1] is를 사용하면 그럴 걱정이 없이 항상 올바르게 판정할 수 있습니다.

```
>>> n = None
>>> if n is None:  # None과 비교 시에는 is를 사용함
...     print('변수 n의 값은 None입니다')
... else:
...     print('변수 n의 값은 None이 아닙니다')
...
변수 n의 값은 None입니다
```

4.2 논릿값 — 참/거짓을 다룸

파이썬에서 다루는 논릿값은 참과 거짓 두 개뿐입니다. 파이썬에는 이 값을 표현하는 데이터 타입으로 bool 타입을 제공합니다.

4.2.1 bool 타입 — 논릿값을 다루는 타입

bool(불) 타입은 논릿값을 다루는 타입입니다. 파이썬의 bool 타입의 값은 참을 의미하는 True, 거짓을 의미하는 False 두 개의 내장 상수뿐입니다. 그러므로 이 값들을 이용할 때는 True 혹은 False라고 기술하기만 하면 됩니다.

```
# bool 타입의 값은 True와 False뿐임
>>> type(True)
<class 'bool'>
>>> type(False)
<class 'bool'>
```

3.2절에서도 설명한 것처럼 파이썬에서는 모든 객체에 대해 논릿값 판정을 할 수 있고,

---

1 __eq__()와 같이 언더스코어 두 개가 이름 앞뒤에 붙어있는 메서드를 특수 메서드라고 부릅니다. 특수 메서드에 관해서는 8.2절에서 소개합니다.

내장 함수 bool()을 사용해서 그 결과를 얻을 수 있습니다.

```
>>> bool(None)    # 어떤 객체라도 논릿값을 판정할 수 있음
False
>>> bool([])   # 빈 컨테이너 객체는 거짓
False
>>> bool(['book'])    # 거짓이 아닌 것은 모두 참
True
```

4.2.2 불 연산

파이썬에서의 불 연산에 관해 살펴봅니다. 불 연산이란 논릿값을 다루는 연산을 의미하며, 파이썬의 불 연산자는 우선도가 낮은 순서대로 or, and, not의 세 가지입니다.

■ x or y ─ x가 참이면 x, 그렇지 않으면 y를 반환

or는 '어느 한쪽이라도 참인지 아닌지'를 판정할 때 자주 이용합니다.

```
# 어느 한쪽이라도 참이면 참
>>> True or True
True
>>> True or False
True
>>> False or True
True
>>> False or False
False
```

or는 반환값이 bool 타입이라고 오해하기 쉬운 연산자입니다. 하지만 실제 x or y의 반환값은 x가 참이면 x가 되고, 그렇지 않으면 y가 됩니다. 또한, x가 참일 때는 즉시 x를 반환하고, y는 평가하지 않습니다. '반환값은 결과가 확정된 시점에 반환한다'라고 생각하면 편합니다.

```
>>> x = ['book']
>>> y = []
>>> x or y   # x가 참이므로 x를 반환함
['book']
>>> y or x   # 바꿔 써도 y가 거짓이므로 x를 반환함
['book']
```

```
>>> z = 0
>>> y or z  # 양쪽 모두 거짓이므로 z를 반환함
0
>>> z or y  # 바꿔 쓰면 y를 반환함
[]
```

◼ **x and y** — x가 참이면 y, 그렇지 않으면 x를 반환

and는 '양쪽 모두 참인지 아닌지'를 판정할 때 자주 사용합니다.

```
>>> True and True
True
>>> True and False
False
>>> False and True
False
>>> False and False
False
```

and도 or과 마찬가지로 반환값이 bool 타입이라고 오해하기 쉬운 연산자입니다. 하지만 실제 x and y의 반환값은 x가 참이면 y가 되고, 그렇지 않으면 x가 됩니다. and도 or와 마찬가지로 결과가 확정된 시점에 반환하기 때문에 x가 거짓이면 y는 평가하지 않습니다.

```
>>> x = ['book']
>>> y = []
>>> x and y  # x가 참이므로 y를 반환함
[]
>>> y and x  # y가 거짓이므로 y를 반환함
[]
>>> z = 1
>>> x and z  # 양쪽 모두 참이므로 z를 반환함
1
>>> z and x  # 바꿔 쓰면 x를 반환함
['book']
```

◼ **not x** — x가 참이면 False, 그렇지 않으면 True를 반환

not은 부정을 의미하는 연산자입니다. 두 개의 값을 비교하는 or나 and와 달리, not은 뒤의 값을 한 개만 받습니다. not의 반환값은 항상 True 혹은 False입니다.

```
# 참이면 거짓, 거짓이면 참을 반환함
>>> not True
False
>>> not False
True

# 반환값은 항상 True 또는 False
>>> not []
True
>>> not ['book']
False
```

not의 우선도는 or나 and보다 높기 때문에 동시에 사용하면 not을 우선합니다.

```
# (not []) and ['book']과 같음
>>> not [] and ['book']
['book']
```

여기에서 소개한 불 연산자는 3.2절에서 소개한 여러 연산자(<, >, <=, >=, ==, !=, is, is not, in, not in)와 함께 if 문이나 while 문의 조건식에서 자주 이용합니다.

4.3 숫잣값

내장 숫잣값 타입은 정수를 다루는 int 타입, 부동소수점수를 다루는 float 타입, 복소수를 다루는 complex 타입 세 가지입니다.

4.3.1 숫잣값끼리의 연산

내장 숫잣값 타입끼리는 사칙연산 등 기본적인 이항연산을 할 수 있습니다. 숫잣값 타입은 변경할 수 없는 타입이므로 연산 결과는 항상 새로운 객체로 반환됩니다. 일부 예외를 제외하고 이항연산 결과의 타입은 다음과 같습니다.

- 복소수 타입을 포함한 연산은 결과도 복소수 타입임
- 복소수 타입을 포함하지 않은 부동소수점수 타입을 포함한 연산은 결과도 부동소수점수 타입임

- 복소수, 부동소수점수 타입을 모두 포함하지 않은 연산은 결과가 정수 타입임 [2]

다음 예시에서는 다양한 숫잣값 타입을 조합해 사칙연산을 실행합니다.

```
>>> 1 + 2  # 정숫값의 덧셈
3
>>> 1 - 2.0  # 정수와 소수의 뺄셈
-1.0
>>> 1.0 * 2j  # 소수와 복소수의 곱셈
2j
>>> 1 / 2  # 정수의 나눗셈은 소수임
0.5
>>> 1 / 0  # 0으로 나누면 에러가 발생함
Traceback (most recent call last):
  File "<stdin>", line 1, in <module>
ZeroDivisionError: division by zero
```

사칙연산 외에 이용할 수 있는 산술 연산자에는 %, //, **도 있습니다.[3] 이 중 %와 //는 복소수 타입에 대해서는 정의되어 있지 않습니다.

```
>>> 11 % 5  # 나머지(나눗셈)
1
>>> 11 // 5  # 소수점을 버림
2
>>> 11 ** 5  # 5제곱
161051
```

기타 수학 함수를 다룰 때는 표준 라이브러리인 math 모듈을 이용할 수 있습니다.

```
>>> import math
>>> math.log(5)  # 자연 로그값을 구함
1.6094379124341003
```

---

2 정수 타입끼리의 연산 결과 타입은 부동소수점수 타입입니다.
3 파이썬에서는 @ 연산자를 이용해 행렬 곱셈을 할 수 있습니다. 그러나 내장 타입에는 이 연산자에 대응한 것이 없으므로 이 책에서는 설명하지 않습니다.

4.3.2 숫잣값을 다루는 내장 타입

여기에서는 숫잣값 타입이 가진 특성을 살펴봅니다. 내장 숫잣값 타입은 간단히 1 혹은 1.0과 같이 숫잣값을 쓰는 것만으로 만들 수 있습니다. 이를 숫잣값 리터럴literal이라고 부릅니다. 숫잣값 리터럴에서는 큰 숫잣값을 입력할 때 언더스코어(_)를 넣어 보기 쉽게 쓸 수 있습니다. _는 만들어지는 숫자에는 영향을 주지 않습니다.

```
>>> a = 1  # 숫잣값 리터럴을 사용할 때
>>> a
1
>>> 1_000_000  # _를 사용하면 알아보기 쉬움
1000000
```

또한, 숫잣값 타입의 값은 내장 함수 int()나 float(), complex()를 사용해서 만들 수도 있습니다. 숫잣값 타입을 변환할 때 이들을 자주 이용합니다.

```
>>> a = int(1)
>>> a
1
>>> float(a)  # int 타입 값에서 float 타입 값을 만듦
1.0
>>> complex(a)  # int 타입 값에서 complex 타입 값을 만듦
(1+0j)
```

■ int 타입 — 정수를 다루는 타입

int 타입은 정수를 다루는 타입입니다. int 타입끼리의 연산 결과는 나눗셈에서는 float 타입, 그 외에는 int 타입이 됩니다. 파이썬의 정수는 크기에 제한이 없으며, 메모리가 허용하는 한도 내에서 큰 값을 다룰 수 있습니다.

```
>>> type(3)
<class 'int'>
>>> 3 + 4  # 정수 사이의 연산은 나눗셈 이외에는 int 타입
7
>>> 3 / 2  # int 타입 사이의 연산이라도 나눗셈 결과는 float값으로 계산됨
1.5

# int 타입으로의 캐스팅(타입 변환)은 0에 가깝도록 버림
>>> int(3 / -2)
```

```
-1

# int 타입은 자릿수 제한이 없음
>>> x = 999999999999999999999999999999999999999999999999999
>>> x * x
999999999999999999999999999999999999999999999999998000000000000000000000000000000
00000000000000000000000001  실제로는 1행
```

■ **float 타입** — 부동소수점수를 다루는 타입

float 타입은 부동소수점수를 다루는 타입입니다. float 타입은 int 타입과 같은 연산을 할 수 있으며, float 타입끼리의 연산 결과는 float 타입이 됩니다.

```
>>> type(3.0)
<class 'float'>
>>> type(1e-5)  # 지수 표기도 지원(e는 E로 써도 됨)
<class 'float'>
>>> 3.0 + 4.0  # float 타입 사이의 연산은 float 타입
7.0
>>> 3.0 + 4  # float 타입과 int 타입 사이의 연산은 float 타입
7.0
```

파이썬에서는 무한대도 float 타입으로 다룹니다. 양의 무한대 값은 float('inf'), 음의 무한대 값은 float('-inf')로 정의할 수 있습니다.

```
>>> infinity = float('inf')  # 무한대
>>> type(infinity)  # 무한대는 float 타입
<class 'float'>
>>> infinity + 1  # 무한대를 포함한 연산
inf
>>> float('-inf')  # 음의 무한대
-inf
```

숫잣값으로 다룰 수 없는 값을 의미하는 NaN not-a-number도 float 타입으로 다룹니다. NaN 값은 float('nan')로 정의할 수 있습니다. 숫잣값끼리의 연산에 NaN이 포함되면 그 연산 결과도 NaN이 됩니다.

```
>>> nan = float('nan')  # NaN
>>> type(nan)  # NaN도 float 타입
<class 'float'>
>>> nan + 1  # NaN을 포함한 연산
nan
```

파이썬의 float 타입에서 이용할 수 있는 최댓값과 최솟값 정보는 표준 라이브러리에 있는 sys 모듈의 속성인 sys.float_info에서 확인할 수 있습니다.

```
>>> import sys
>>> sys.float_info
sys.float_info(max=1.7976931348623157e+308, max_exp=1024, ...)
```

■ complex 타입 — 복소수를 다루는 타입

complex 타입은 복소수를 다루는 타입입니다. 숫잣값 리터럴에 j 또는 J를 붙여 정의할 수 있습니다. 복소수는 실수부와 허수부를 가지고 있으며, 각각 부동소수점수입니다. 복소수의 실수부는 .real, 허수부는 .imag로 얻을 수 있습니다.

```
>>> a = 1.2 + 3j
>>> a
(1.2+3j)
>>> type(a)
<class 'complex'>
>>> a.real  # 실수부를 얻음
1.2
>>> a.imag  # 허수부를 얻음
3.0
>>> a + 2j  # complex 타입 사이의 연산은 complex 타입
(1.2+5j)
>>> a + 2  # complex 타입과 int 타입의 연산은 complex 타입
(3.2+3j)
>>> a + 3.4  # complex 타입과 float 타입의 연산도 complex 타입
(4.6+3j)
```

표준 라이브러리인 cmath 모듈을 이용하면 복소수를 다루는 수학 함수도 이용할 수 있습니다.

4.3.3 조건식에서의 숫잣값 이용

숫잣값 타입은 값이 0이면 거짓, 그 외에는 참이 됩니다.

```
>>> bool(0.0)   # 값 0은 거짓
False
>>> bool(1)   # 0 이외의 값은 참
True
>>> bool(-1)   # 음의 값도 참
True
>>> bool(float('-inf'))   # 무한대도 참
True
```

column

float 타입을 다룰 때 주의점

float 타입을 다룰 때 한 가지 주의할 점이 있습니다. 다음 코드에서는 float 타입끼리의 연산 결과가 직관적이라고 말할 수 없는 동작을 합니다.

```
# 직관적이지 않은 동작
>>> 0.1 + 0.1 + 0.1 == 0.3
False

# 직관적인 동작
>>> 0.1 + 0.1 == 0.2
True
```

이것은 계산기 하드웨어가 0.3을 정확하게 표현하지 못하기 때문에 일어나는 현상입니다. 이런 비교가 필요한 상황에서는 내장 함수 round()로 반올림을 하거나 표준 라이브러리인 math 모듈의 math.isclose() 함수 등을 이용해 대응할 수 있습니다.

```
# round()는 첫 번째 인숫값을 두 번째 인숫값의 소수점 자릿수에서 반올림
>>> round(0.1 + 0.1 + 0.1, 1) == round(0.3, 1)
True

# 첫 번째 인수와 두 번째 인수가 가까우면 True를 반환함
>>> import math
>>> math.isclose(0.1 + 0.1 + 0.1, 0.3)
True
```

이 문제에 관한 자세한 정보는 공식 문서 '부동소수점 산술: 문제점 및 한계'[a]를 확인하기 바랍니다.

a   🔗 https://docs.python.org/ko/3.8/tutorial/floatingpoint.html

4.4 문자열

파이썬에서는 str 타입으로 문자열을 다루고 있습니다.

4.4.1 str 타입 — 문자열을 다루는 타입

매우 자주 사용하는 문자열은 str 타입으로 정의합니다. 작은따옴표(')나 큰따옴표(")로 문자열을 감싸는 것만으로 간단하게 str 타입의 값을 정의할 수 있습니다. 이를 문자열 리터러시literacy라고 합니다.

```
# 문자열 작성
# "book"도 같음
>>> book = 'book'
>>> type(book)
<class 'str'>
```

문자열 안에서의 줄바꿈은 \n으로 입력할 수 있습니다. 그리고 ''' 혹은 """과 같이 세 개의 따옴표로 감싸면 줄바꿈을 포함한 문자열을 정의할 수 있습니다.

```
# 줄바꿈(\n)을 포함한 문자열 작성
>>> notebook = 'note\nbook'
>>> print(notebook)   # print()를 사용하면 줄을 바꿔서 출력함
note
book

# 따옴표 세 개로 감싸면 일반적인 줄바꿈도 포함할 수 있음
>>> notebook = """
... note
... book
... """
>>> print(notebook)

note
book
```

괄호(())로 감싼 여러 연속된 문자열은 한 개의 문자열로 간주합니다. 이는 URL 등 긴 문자열을 정의할 때 편리합니다.

```
# ()로 감싸면 , 또는 +는 불필요함
>>> URL = ('https://gihyo.jp'
...          '/magazine/wdpress/archive'
...          '/2018/vol104')
>>> URL
'https://gihyo.jp/magazine/wdpress/archive/2018/vol104'
```

4.4.2 문자열 연산

문자열끼리 + 연산자로 연결하면 두 개의 문자열을 결합한 문자열을 만들 수 있습니다. 또한, * 연산자와 숫잣값을 사용하면 같은 문자열을 여러 번 반복한 문자열을 만들 수 있습니다. 문자열은 변경 불가능한 타입이므로 이 연산 결과 문자열은 항상 새로운 객체로 반환됩니다.

```
>>> book = 'book'
>>> 'note' + book
'notebook'
>>> book * 4
'bookbookbookbook'
>>> book  # 원래 문자열은 그대로임
'book'
```

4.4.3 for 문에서의 문자열의 동작

for 문에서 문자열을 사용하면 한 문자씩 반환됩니다. 즉, 문자열은 이터러블 객체입니다. 또한, 문자열로부터 추출된 한 문자의 객체 또한 str 타입 문자열입니다.

```
>>> for char in 'book':
...     print(char)
...
b
o
o
k
```

4.4.4 조건식에서의 문자열 이용

문자열은 빈 문자열이면 거짓, 그 외에는 모두 참이 됩니다. 또한, 어떤 문자열 안에 특정 문자열이 포함되어 있는지는 in 연산자로 판정할 수 있습니다.

```
>>> bool('')  # 빈 문자열이면 거짓
False
>>> bool('book')  # 빈 문자열이 아니면 참
True
>>> 'oo' in 'book'
True
>>> 'x' not in 'book'  # 포함되어 있지 않은 것을 확인
True
```

4.4.5 문자열 안에서의 변수 이용

파이썬의 문자열에는 변수나 식의 결과를 삽입할 수 있습니다. 삽입 방법은 크게 세 가지입니다.[4] 그중에는 최근 추가된 방법도 있는데, 이용할 수 있는 파이썬 버전과 함께 소개합니다.

■ f-string — 식을 삽입할 수 있는 문자열 리터럴

f-string은 파이썬 3.6에서 추가된 문자열 리터럴로 맨 앞에 f를 붙여 정의한 문자열입니다. 포맷 문자열 리터럴formatted string literals이라고도 불립니다. 파이썬 3.6 이후 버전을 사용하는 프로젝트라면 이 f-string을 활용하는 것이 좋습니다.

f-string에서는 문자열 안의 변수나 식을 {}로 감싸서 기술하면 실행 시 {} 안을 평가한 결과로 치환됩니다.

```
>>> title = 'book'
>>> f'python practice {title}'  # 변숫값으로 치환
'python practice book'
>>> f'python practice {"note" + title}'  # 식을 이용
'python practice notebook'
>>> def print_title():
...     print(f'python practice {title}')
```

---

4 여기에서는 소개하지 않으나 표준 라이브러리인 string 모듈의 템플릿 문자열을 사용하는 방법도 있습니다.

```
...
>>> print_title()
python practice book
>>> title = 'sketchbook'
>>> print_title()    # f-string은 실행 시 평가됨
python practice sketchbook
```

파이썬 3.8에서는 {}로 감싼 변수나 식에 =를 붙여, 평가 결과와 동시에 그 변수나 식을 문자열로 표시하는 기능이 추가되었습니다. 디버그 등에서 변숫값을 확인할 때 매우 유용한 기능입니다.

```
>>> note = 'note'

# 파이썬 3.7까지
>>> f'title={title}, note={note}'
'title=sketchbook, note=note'

# 파이썬 3.8 이후는 간단히 쓸 수 있음
>>> f'{title=}, {note=}'
"title='sketchbook', note='note'"

# 속성이나 식에도 이용할 수 있음
>>> f'{title.upper()=}'
"title.upper()='SKETCHBOOK'"
```

■ format() — 인수에 전달한 변수로 문자열을 치환

str.format() 메서드는 파이썬 2.6부터 사용할 수 있는 str 타입 메서드입니다. 문자열 안의 {}가 str.format() 메서드에 인수로 전달한 값으로 치환됩니다. {}에는 {0} 또는 {key}와 같이 str.format() 메서드에 전달한 인수의 위치 또는 키워드를 지정할 수 있습니다.

```
# 전달한 순서로 치환
>>> 'python {} {}'.format('practice', 'book')
'python practice book'

# 인수의 위치를 지정해서 치환
>>> 'python {1} {0}'.format('book', 'practice')
'python practice book'

# 키워드를 지정해서 치환
```

```
>>> 'python {p} {b}'.format(b='book', p='practice')
'python practice book'
```

str.format() 메서드는 뒤에서 설명할 딕셔너리와 조합하면 특히 편리합니다. str.
format() 메서드의 인수에 **와 함께 딕셔너리를 전달하면 그 딕셔너리에서 키워드를
키로 얻을 수 있는 값으로 치환됩니다.[5]

```
# 딕셔너리 정의
>>> d = {'x': 'note', 'y': 'notebook', 'z': 'sketchbook'}

# 사용하지 않는 키가 있어도 관계없음
>>> books = '{x} {z}'
>>> books.format(**d)
'note sketchbook'
```

📖 % 연산자 — 가장 오래된 문자열 포맷

마지막으로 % 연산자를 소개합니다. 이는 문자열을 정의할 때 문자열로 전환할 위치
에 %s, 숫잣값으로 치환할 위치에 %d를 삽입하는 방법입니다.[6] 실행 시 치환할 값을
문자열 뒤에 %로 연결해서 기술합니다. 가장 오래된 방법이지만, 공식 문서에 다음과
같이 쓰여있으므로 % 연산자의 이용은 가급적 피하도록 합니다.

> 여기에서 설명하는 포맷 연산은 여러 가지 일반적인 오류를 (예를 들어, 튜플과 딕셔
> 너리를 올바르게 표시하지 못하는 것) 유발하는 다양한 문제점들이 있습니다. 새 포
> 맷 문자열 리터럴[7]이나 str.format()[8] 인터페이스 혹은 템플릿 문자열[9]을 사용하
> 면 이러한 오류를 피할 수 있습니다. 또한 이 대안들은 텍스트 포매팅에 더욱 강
> 력하고 유연하며 확장 가능한 접근법을 제공합니다.

— printf 스타일 문자열 포매팅, 파이썬 공식 문서
URL https://docs.python.org/ko/3.8/library/stdtypes.html#printf-style-string-formatting

---

5 이 **를 사용한 인수 전달 방법을 언팩이라고 부릅니다. 언팩에 관해서는 5.1절에서 설명합니다.
6 변환할 타입이나 포맷에 따라서는 %s나 %d 이외의 것도 이용할 수 있습니다.
  URL https://docs.python.org/ko/3.8/library/stdtypes.html#printf-style-string-formatting
7 URL https://docs.python.org/ko/3.8/reference/lexical_analysis.html#f-strings
8 URL https://docs.python.org/ko/3.8/library/stdtypes.html#str.format
9 URL https://docs.python.org/ko/3.8/library/string.html#template-strings

```
>>> book = 'book'
>>> 'note%s' % (book)  # %s를 치환
'notebook'

# %s는 문자열, %d는 십진숫값에 대응함
>>> 'python practice %s: %d' % (book, 1.0)
'python practice book: 1'
```

표준 라이브러리인 logging 모듈에서는 하위 호환성 유지를 위해 지금도 % 연산자를
사용하고 있습니다. 이에 관한 자세한 내용은 공식 문서 '로깅 요리책'[10]을 확인하기 바
랍니다.

4.4.6 str 타입과 매우 비슷한 bytes 타입

bytes 타입은 str 타입과 매우 비슷합니다. str 타입은 사람이 읽고 쓰기 쉬운 문자열
을 다루지만, bytes 타입은 컴퓨터가 다루기 쉬운 바이트열을 다룹니다. 이 둘은 서로
변환이 가능하며, 이용하는 함수나 메서드에 따라서는 변환을 해주어야 합니다.

■ str.encode()와 bytes.decode()를 이용한 상호 변환

파이썬 3계열의 str 타입은 유니코드Unicode 문자를 다룹니다.[11] 유니코드 문자에는 문자
별로 코드 포인트code point라고 불리는 식별자가 있습니다. 예를 들어, 문자 'A'의 코드 포인
트에는 U+0041이 할당되어 있습니다. 이 코드 포인트가 다루는 바이트로 변환하는 처리
를 인코드encode라고 부르며, 어떤 바이트가 되는지는 인코딩에 의존합니다. 반대로 바이
트를 코드 포인트로 되돌리는 처리를 디코드decode라고 부르며, 올바른 결과로 되돌리기
위해서는 올바른 인코딩을 지정해야 합니다.

```
>>> book = '파이썬 실천 기술'
>>> type(book)
<class 'str'>
>>> book  # 문자열을 표시함
'파이썬 실천 기술'
```

---

10 **URL** https://docs.python.org/ko/3.8/howto/logging-cookbook.html#formatting-styles
11 파이썬과 유니코드에 관한 자세한 정보는 공식 문서 '유니코드 HOWTO'를 확인하기 바랍니다.
    URL https://docs.python.org/ko/3.8/howto/unicode.html

```
# UTF-8을 지정해서 인코딩
>>> encoded = book.encode('utf-8')
>>> type(encoded)  # bytes로 되어있는 것을 확인
<class 'bytes'>
>>> encoded  # bytes열 표시
b'\xed\x8c\x8c\xec\x9d\xb4\xec\x8d\xac \xec\x8b\xa4\xec\xb2\x9c \xea\xb8\xb0\
xec\x88\xa0'

# 올바른 인코딩을 지정해서 디코딩
>>> encoded.decode('utf-8')
'파이썬 실천 기술'

# 잘못된 인코딩을 지정하면 에러가 발생함
>>> encoded.decode('shift-jis')
Traceback (most recent call last):
  File "<stdin>", line 1, in <module>
UnicodeDecodeError: 'shift_jis' codec can't decode byte 0xed in position 0:
illegal multibyte sequence
```

■ 파이썬 2계열과 파이썬 3계열에서의 문자열의 차이

파이썬 3계열에서는 문자열 및 바이트열을 파이썬 2계열에 비해 매우 쉽게 사용할 수 있습니다. 이는 파이썬 3계열이 유니코드를 전면 채용했기 때문입니다.[12]

그러나 유니코드 채용은 호환성이 없는 변경이므로 파이썬 3계열로의 이동에 큰 벽으로 작용했습니다. 여기에서는 자세히 다루지 않지만, 파이썬 2계열의 코드를 다룰 기회가 있다면 다음 타입에 관해 꼭 직접 정리해 보기 바랍니다.

- 파이썬 2계열의 str 타입, bytes 타입, unicode 타입
- 파이썬 3계열의 str 타입, bytes 타입

4.5 배열 — 엘리먼트를 1열로 나열해서 다룸

배열array이란 엘리먼트를 1열로 나열해서 다루는 데이터 구조를 가리킵니다. 파이썬은 변경할 수 있는 배열을 다루는 list 타입과, 변경할 수 없는 배열을 다루는 tuple 타입을

---

12 파이썬 3이 유니코드를 채용한 이유에 관해서는 브렛 캐논(Brett Cannon)의 'Why Python 3 exsists(파이썬 3이 존재하는 이유)'에 자세히 설명되어 있습니다. (URL) https://snarky.ca/why-python-3-exists/(영어)

제공합니다. 리스트나 튜플에 저장되는 각 엘리먼트의 데이터 타입은 제각각이어도 문제 없습니다.

4.5.1 list 타입 — 변경할 수 있는 배열을 다루는 타입

list 타입은 리스트라 불리는, 변경할 수 있는 배열을 다루는 타입입니다. 자주 이용하는 타입 중 하나이며, 이 책에서도 이미 몇 차례 등장했습니다.

리스트는 []를 사용해 [값1, 값2, ...]과 같이 만듭니다. 또한, 내장 함수 list()를 사용해 뒤에서 설명할 이터러블 객체로부터 새로운 리스트를 만들 수 있습니다.

```
# 리스트 작성
>>> items = ['note', 'notebook', 'sketchbook']
>>> type(items)
<class 'list'>
>>> items
['note', 'notebook', 'sketchbook']

# 문자열은 이터러블 객체
>>> list('book')
['b', 'o', 'o', 'k']
```

■ 엘리먼트 추가와 삭제

리스트는 엘리먼트를 추가하거나 삭제할 수 있습니다. 리스트에 엘리먼트를 추가할 때는 list.append() 메서드나 + 연산자를 사용해 리스트를 결합할 수 있습니다. 리스트에서 엘리먼트를 삭제할 때는 list.pop() 메서드나 객체를 삭제하는 del 문을 사용합니다.

```
>>> items = ['note', 'notebook', 'sketchbook']
>>> items.append('paperbook')  # 엘리먼트 추가
>>> items
['note', 'notebook', 'sketchbook', 'paperbook']
>>> items = ['book'] + items  # 리스트 결합
>>> items
['book', 'note', 'notebook', 'sketchbook', 'paperbook']
>>> items.pop(0)  # 맨 앞의 엘리먼트를 꺼내고 리스트에서 삭제
'book'
>>> items
['note', 'notebook', 'sketchbook', 'paperbook']
>>> del items[1]  # 엘리먼트 삭제
```

```
>>> items
['note', 'sketchbook', 'paperbook']
```

■ 인덱스를 이용한 엘리먼트로의 접근

리스트는 **변수명[인덱스]**로 리스트 안의 엘리먼트에 접근할 수 있습니다. 인덱스는 정수이며 양수이면 맨 처음 엘리먼트를 0번째로 해서 오른쪽으로 수를 셉니다. 인덱스에 음수를 넣으면 맨 뒤에서부터 왼쪽으로 수를 세서 엘리먼트를 얻을 수 있습니다. 인덱스를 이용해서 엘리먼트로 접근할 때 엘리먼트 수를 넘으면 IndexError 예외가 발생합니다.

```
>>> items = ['note', 'notebook', 'sketchbook']
>>> items[1]  # 인덱스는 0번에서 시작해 오른쪽으로 셈
'notebook'
>>> items[-2]   # 음수이면 맨 마지막 엘리먼트는 -1이며 왼쪽 방향으로 셈
'notebook'
>>> items[1] = 'book'  # 엘리먼트 변경
>>> items
['note', 'book', 'sketchbook']
>>> items[10]  # 엘리먼트 범위를 벗어난 인덱스를 입력하면 에러가 발생함
Traceback (most recent call last):
  File "<stdin>", line 1, in <module>
IndexError: list index out of range
```

■ 슬라이스를 이용한 리스트 추출

리스트에 슬라이스slice라고 불리는 조작을 수행하면 리스트 일부를 추출해 새로운 리스트를 만들 수 있습니다. 슬라이스는 변수명[시작 인덱스:종료 인덱스]를 이용해 수행합니다. 반환되는 리스트에는 종료 인덱스 바로 앞의 엘리먼트까지 포함됩니다.

```
>>> items = ['note', 'notebook', 'sketchbook']
>>> items[0:2]  # 앞에서부터 items[2]의 하나 전까지 포함됨
['note', 'notebook']
>>> items  # 원래 리스트는 그대로 유지됨
['note', 'notebook', 'sketchbook']
>>> items[:2]  # : 앞을 생략하면 맨 앞부터 포함됨
['note', 'notebook']
>>> items[1:]  # : 뒤를 생략하면 마지막까지 포함됨
['notebook', 'sketchbook']
```

슬라이스에서는 인덱스에 음수도 이용할 수 있습니다. 슬라이스로 추출한 엘리먼트는 그림 4.1과 같이 문자와 문자 사이의 수를 센다고 생각하면 이해하기 쉬울 것입니다.

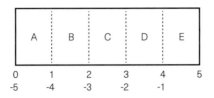

그림 4.1 **엘리먼트와 인덱스값의 관계**

```
>>> items = ['note', 'notebook', 'sketchbook']
>>> items[0:-1]
['note', 'notebook']
```

또한, 슬라이스로 선택한 부분에 리스트를 대입하면 원래 리스트에서 선택한 부분을 일괄적으로 치환할 수 있습니다.

```
# 엘리먼트 수는 일치하지 않아도 관계없음
>>> items = ['note', 'notebook', 'sketchbook']
>>> items[0:2] = [1, 2, 3]
>>> items
[1, 2, 3, 'sketchbook']
```

4.5.2 tuple 타입 — 변경할 수 없는 배열을 다루는 타입

tuple 타입은 튜플tuple이라 불리는, 변경할 수 없는 배열을 다루는 타입입니다. 튜플은 리스트와 비슷하지만 정의한 후에는 엘리먼트를 변경할 수 없다는 점이 리스트와 다릅니다.

튜플은 콤마(,)를 사용해 **값1, 값2, ...**와 같이 만듭니다. 실제 이용할 때는 가독성을 높이기 위해 괄호를 붙여서 **(값1, 값2, ...)**와 같이 기술할 때도 많습니다. 그리고 내장 함수 tuple()을 사용하면 이터러블 객체로부터 튜플을 만들 수 있습니다.

```
# 튜플 작성
>>> items = ('note', 'notebook', 'sketchbook')
>>> type(items)
<class 'tuple'>
>>> items
('note', 'notebook', 'sketchbook')

# ()는 없어도 관계없음
>>> items = 'note', 'notebook', 'sketchbook'
>>> items
('note', 'notebook', 'sketchbook')

# 리스트로부터 튜플 작성
>>> items = ['note', 'notebook']
>>> tuple(items)
('note', 'notebook')
```

■ 튜플 작성 시 주의점

빈 튜플은 내장 함수 tuple() 혹은 빈 괄호(())를 사용해 만들 수 있습니다. (,)가 아닌 점에 주의하기 바랍니다.

```
>>> tuple()  # 빈 튜플
()
>>> ()  # 이것도 빈 튜플임
()
>>> (,)  # 이것은 다름
  File "<stdin>", line 1
    (,)
     ^
SyntaxError: invalid syntax
```

엘리먼트가 하나뿐인 튜플은 1 또는 (1,)과 같이 만듭니다. 식이나 반환값 등의 끝에 불필요한 콤마(,)를 붙이면 그 값을 튜플로 인식합니다. 이런 이유로 실행 시 에러나 예측하지 못한 결과가 나올 수도 있으므로 주의하기 바랍니다.

```
>>> items = 'note',  # 엘리먼트가 한 개인 튜플 생성
>>> items
('note',)

# 반환값이 튜플임
```

```
>>> def add(a, b):
...     # 오타로 콤마(,)가 붙음
...     return a + b,
...
>>> 1 + add(2, 3)
Traceback (most recent call last):
  File "<stdin>", line 1, in <module>
TypeError: unsupported operand type(s) for +: 'int' and 'tuple'
```

■ 인덱스를 이용한 엘리먼트로의 접근

튜플도 리스트와 마찬가지로 인덱스를 이용해 엘리먼트에 접근할 수 있습니다. 단, 튜플은 정의한 뒤 엘리먼트를 변경할 수 없으므로 값을 대입하면 에러가 발생합니다. 또한, 리스트와 마찬가지로 엘리먼트 범위 바깥의 값을 인덱스로 사용하면 IndexError 예외가 발생합니다.

```
>>> items = ('note', 'notebook', 'sketchbook')
>>> items[1]
'notebook'
>>> items[1] = 'book'  # 엘리먼트는 변경할 수 없음
Traceback (most recent call last):
  File "<stdin>", line 1, in <module>
TypeError: 'tuple' object does not support item assignment

# 엘리먼트 수 이상의 인덱스 지정 시 에러가 발생함
>>> items[10]
Traceback (most recent call last):
  File "<stdin>", line 1, in <module>
IndexError: tuple index out of range
```

■ 슬라이스를 이용한 튜플 추출

튜플도 리스트와 마찬가지로 슬라이스를 이용해 분할할 수 있으며, 결과는 새로운 튜플로 반환됩니다. 리스트와 달리 선택한 부분을 치환할 수는 없습니다.

```
>>> items = ('note', 'notebook', 'sketchbook')
>>> items[0:2]  # 맨 앞에서부터 items[2]의 하나 전까지 포함됨
('note', 'notebook')
>>> items[:2]   # : 앞을 생략하면 맨 처음부터
('note', 'notebook')
>>> items[1:]   # : 뒤를 생략하면 맨 마지막까지
```

```
('notebook', 'sketchbook')

# 선택한 부분은 치환할 수 없음
>>> items[0:2] = (1, 2)
Traceback (most recent call last):
  File "<stdin>", line 1, in <module>
      1 # 선택한 부분은 치환할 수 없음
TypeError: 'tuple' object does not support item assignment
```

■ for 문에서의 배열의 동작

리스트를 for 문에서 이용하면 엘리먼트를 하나씩 추출할 수 있습니다.

```
>>> for item in ['note', 'notebook', 'sketchbook']:
...     print(item)
...
note
notebook
sketchbook
```

튜플도 리스트와 동일하게 동작합니다.

```
>>> for item in ('note', 'notebook', 'sketchbook'):
...     print(item)
...
note
notebook
sketchbook
```

4.5.3 조건식에서 이용되는 배열의 특성

리스트나 튜플은 엘리먼트가 하나도 없는 상태일 때 거짓이 되며, 엘리먼트가 하나라도 존재하면 참이 됩니다. 또한, 어떤 객체가 그 안에 포함되어 있는지를 in 연산자로 판정할 수 있습니다.

```
>>> bool([])  # 빈 리스트는 거짓
False
>>> bool(['book'])  # 엘리먼트가 존재하면 참
True
>>> 'note' in ['note', 'notebook', 'sketchbook']
```

```
True
>>> 'book' not in ['note', 'notebook', 'sketchbook']
True
```

튜플도 리스트와 동일하게 동작합니다.

```
>>> empty = tuple()
>>> bool(empty)  # 빈 튜플은 거짓
False
>>> bool(('book',))  # 엘리먼트가 존재하면 참
True
>>> 'note' in ('note', 'notebook', 'sketchbook')
True
>>> 'book' not in ('note', 'notebook', 'sketchbook')
True
```

4.5.4 튜플과 리스트의 이용 구분

튜플은 주로 애플리케이션 안에서의 설정값을 지정할 때 이용합니다. 튜플을 사용하는 것 이외에도 CSV 레코드 데이터를 저장하거나, 트럼프 카드를 ('Spade', 1)로 표현할 수도 있습니다. 이들은 모두 인스턴스를 만들 때의 조합을 계속해서 유지하는 것들이므로 변경할 수 있는 리스트가 아니라 변경할 수 없는 튜플이 적합합니다.

4.6 딕셔너리 — 키와 값의 세트를 다룸

딕셔너리dictionary란 키와 값을 세트로 다루는 데이터 타입으로 다른 언어에서는 해시hash, 맵map, 연상 배열 등으로 불립니다. 딕셔너리에서는 키를 인덱스로 이용해서 저장된 값을 빠르게 추출할 수 있습니다. 파이썬에서는 딕셔너리를 다루는 데이터 타입으로 dict 타입을 제공합니다.

4.6.1 dict 타입 — 딕셔너리를 다루는 타입

dict 타입은 딕셔너리를 다루는 타입입니다. 딕셔너리는 {}를 이용해 {키1: 값1, 키2: 값2, …}와 같이 만듭니다. 그리고 내장 함수 dict()로도 만들 수 있습니다.

```
# 딕셔너리 작성
>>> items = {'note': 1, 'notebook': 2, 'sketchbook': 3}
>>> type(items)
<class 'dict'>
>>> items
{'note': 1, 'notebook': 2, 'sketchbook': 3}

# 키워드 인수를 사용한 딕셔너리 작성
>>> dict(note=1, notebook=2, sketchbook=3)
{'note': 1, 'notebook': 2, 'sketchbook': 3}
```

4.6.2 엘리먼트 추가와 삭제

딕셔너리는 엘리먼트를 추가하거나 삭제할 수 있습니다. 새로운 키를 지정해 대입함으로 써 엘리먼트를 추가할 수 있습니다. 리스트에서 엘리먼트를 삭제할 때는 dict.pop() 메 서드를 사용하거나 객체를 삭제하는 del 문을 사용합니다.

```
>>> items = {'note': 1, 'notebook': 2, 'sketchbook': 3}
>>> items['book'] = 4   # 엘리먼트 추가
>>> items
{'note': 1, 'notebook': 2, 'sketchbook': 3, 'book': 4}
>>> items.pop('notebook')   # 엘리먼트를 꺼내 딕셔너리에서 삭제
2
>>> items
{'note': 1, 'sketchbook': 3, 'book': 4}
>>> del items['sketchbook']   # 엘리먼트 삭제
>>> items
{'note': 1, 'book': 4}
```

4.6.3 키를 이용한 엘리먼트로의 접근

딕셔너리는 변수명[키]로 키에 해당하는 값을 참조할 수 있습니다. 키가 딕셔너리 안에 존재하지 않는 경우에는 KeyError 예외가 발생합니다. dict.get() 메서드를 이용하여 KeyError 예외 발생을 방지할 수 있습니다.

```
>>> items = {'note': 1, 'notebook': 2, 'sketchbook': 3}
>>> items['note']   # 키를 지정해 값을 꺼냄
1
>>> items['book']   # 존재하지 않는 키를 지정
```

```
Traceback (most recent call last):
  File "<stdin>", line 1, in <module>
KeyError: 'book'

# get()을 사용하면 키가 없어도 에러가 발생하지 않음
# 키가 없을 때의 기본값은 None
>>> items.get('book')
>>> items.get('book', 0)  # 기본값은 변경할 수 있음
0
```

4.6.4 키로 이용할 수 있는 객체의 조건

딕셔너리의 키에는 문자열, 숫잣값, 튜플 등 변경할 수 없는 객체만 이용할 수 있습니다.[13] 반대로 리스트나 딕셔너리 등 변경할 수 있는 객체는 딕셔너리 키로 이용할 수 없습니다.

```
# 튜플은 변경할 수 없는 객체이므로 키로 사용할 수 있음
>>> book = ('book',)
>>> {book: 0}
{('book',): 0}

# 리스트는 변경할 수 있는 객체이므로 키로 사용할 수 없음
>>> book = ['book']
>>> {book: 0}
Traceback (most recent call last):
  File "<stdin>", line 1, in <module>
TypeError: unhashable type: 'list'
```

4.6.5 for 문에서의 딕셔너리의 동작

for 문에서 딕셔너리를 그대로 이용하면 키를 하나씩 추출합니다.

```
>>> items = {'note': 1, 'notebook': 2, 'sketchbook': 3}
>>> for key in items:  # 키만 얻음
...     print(key)
...
```

---

13 더 엄밀하게는 이와 같은 변경할 수 없는 객체가 가진, 해시 가능(hashable)이라고 불리는 특성이 딕셔너리의 키로 이용할 수 있는 조건입니다. 변경할 수 없는 내장 객체는 모두 해시 가능하며, 변경할 수 있는 객체는 해시 가능하지 않습니다.
   URL https://docs.python.org/ko/3.8/glossary.html#term-hashable

```
note
notebook
sketchbook
```

키는 필요하지 않고 값의 목록만 필요할 때는 dict.values() 메서드를 이용합니다. 또한, 키와 값의 세트로 목록이 필요할 때는 dict.items() 메서드를 이용할 수 있습니다.

```
>>> items = {'note': 1, 'notebook': 2, 'sketchbook': 3}
>>> for value in items.values():  # 키만 얻음
...    print(value)
...
1
2
3

# 키와 값의 튜플을 얻음
>>> for key, value in items.items():
...    print(key, value)
...
note 1
notebook 2
sketchbook 3
```

딕셔너리에서 생성된 각 목록의 순서는 파이썬 3.6 이후에서는 항상 동일합니다.[14]

4.6.6 조건식에서 이용할 수 있는 딕셔너리의 특성

딕셔너리는 엘리먼트가 하나도 없을 때는 거짓이며, 엘리먼트가 하나라도 있으면 참이됩니다. 또한, 딕셔너리에 대해 in 연산자를 사용하면 어떤 엘리먼트가 키에 있는지 판정할 수 있습니다.

```
>>> bool({})  # 빈 딕셔너리는 거짓
False
>>> bool({'book': 0})  # 엘리먼트가 존재하면 참
True
```

---

14 파이썬 3.6부터 딕셔너리의 삽입 순서를 유지합니다. 하지만 파이썬 3.6 시점에서는 언어 사양상 딕셔너리의 순서는 구현에 의존합니다. 언어 사양으로서 딕셔너리의 순서를 유지하도록 변경된 것은 파이썬 3.7부터입니다. 더 자세한 당시 상황은 현재 dict의 구현자인 Methane의 '(개인적으로) python 3.6에서 주목하는 변경점(일본어)'을 참조하기 바랍니다.
URL https://methane.hatenablog.jp/entry/2016-09-12/Python3.6b1

```
>>> items = {'note': 1, 'notebook': 2, 'sketchbook': 3}
>>> 'note' in items
True
>>> 'book' not in items
True
>>> 1 in items  # in 연산자는 키로 판정
False
>>> 1 in items.values()  # 값에 대해 in 연산자를 이용
True
```

4.7 집합 — 유일한 엘리먼트의 집합을 다룸

집합(set)은 리스트나 튜플과 마찬가지로 이터러블 객체의 하나입니다. 리스트나 튜플과 달리 집합은 엘리먼트의 중복을 허용하지 않고 엘리먼트의 순서를 유지하지 않습니다. 중복을 허용하지 않기 위해서 엘리먼트는 해시 가능해야만 합니다. 내장 타입인 집합 타입에는 set 타입과 frozenset 타입이 있습니다.

4.7.1 set 타입 — 변경할 수 있는 집합을 다루는 타입

set 타입은 변경할 수 있는 객체로, 유일한 엘리먼트의 집합을 다루는 타입입니다. 엘리먼트의 중복을 허용하지 않기 때문에 중복된 엘리먼트는 하나만 남습니다.

set 타입은 {}를 사용해 {엘리먼트1, 엘리먼트2, …}와 같이 만듭니다. 또한, 내장 함수 set()을 이용하면 이터러블 객체로부터 set 타입을 만들 수 있습니다.

```
# set 타입의 집합을 작성
>>> items = {'note', 'notebook', 'sketchbook'}
>>> type(items)
<class 'set'>
>>> items
{'note', 'notebook', 'sketchbook'}

# 중복된 엘리먼트는 하나만 남김
>>> set(['note', 'notebook', 'sketchbook', 'sketchbook'])
{'note', 'notebook', 'sketchbook'}
```

빈 set 타입은 내장 함수 set()을 사용해 만듭니다. {}라고 기술하면 빈 딕셔너리가 만

들어지므로 주의하기 바랍니다.

```
>>> set()   # 빈 set 타입 작성
set()
```

집합은 엘리먼트 순서를 유지하지 않으므로 인덱스를 이용해 접근할 수 없습니다.

```
# 순서가 없으므로 인덱스를 이용해 참조할 수 없음
>>> items = {'note', 'notebook', 'sketchbook'}
>>> items[0]
Traceback (most recent call last):
  File "<stdin>", line 1, in <module>
TypeError: 'set' object is not subscriptable
```

■ 엘리먼트 추가와 삭제

set 타입은 엘리먼트를 추가하거나 삭제할 수 있습니다. set 타입에 엘리먼트를 추가할 때는 set.add() 메서드나 뒤에서 설명할 합집합을 사용할 수 있습니다. set 타입에서 엘리먼트를 삭제할 때는 set.pop() 메서드나 뒤에서 설명할 차집합을 사용할 수 있습니다. 또한, 집합은 엘리먼트 순서를 유지하지 않으므로 set.pop() 메서드 사용 시 제거되는 엘리먼트는 확정할 수 없습니다.

```
>>> items = {'note', 'notebook', 'sketchbook'}
>>> items.add('book')   # 엘리먼트 추가
>>> items
{'book', 'note', 'notebook', 'sketchbook'}

# 엘리먼트를 지정해서 삭제
>>> items.remove('book')
>>> items
{'note', 'notebook', 'sketchbook'}

# 엘리먼트를 꺼내 집합에서 삭제
# 순서가 없으므로 꺼내는 엘리먼트 지정은 불가
>>> items.pop()
'note'
>>> items
{'notebook', 'sketchbook'}
```

4.7.2 frozenset 타입 — 변경할 수 없는 집합을 다루는 타입

frozenset 타입은 set 타입과 같으나 변경할 수 없는 타입입니다. 리터럴은 제공하지 않으므로 내장 함수 frozenset()을 사용해 이터러블 객체로부터 만듭니다.

```
# frozenset 타입 집합 작성
>>> items = frozenset(['note', 'notebook', 'sketchbook'])
>>> type(items)
<class 'frozenset'>

# set 타입과 마찬가지로 엘리먼트 중복을 허용하지 않으며, 순서도 유지하지 않음
>>> items
frozenset({'note', 'notebook', 'sketchbook'})

# 변경할 수 없는 타입이므로 변경할 수 없음
>>> items.add('book')
Traceback (most recent call last):
  File "<stdin>", line 1, in <module>
AttributeError: 'frozenset' object has no attribute 'add'
```

4.7.3 집합 연산 — 합집합, 교집합, 차집합, 대칭차집합

집합은 합집합과 차집합, 교집합, 대칭차집합 등 수학적 연산을 수행합니다(그림 4.2). 연산한 결과가 집합일 때는 항상 새로운 객체로 반환됩니다.

```
>>> set_a = {'note', 'notebook', 'sketchbook'}
>>> set_b = {'book', 'rulebook', 'sketchbook'}
>>> set_a | set_b  # 합집합
{'book', 'note', 'notebook', 'rulebook', 'sketchbook'}

# 합집합. set.union()으로도 동일하게 구할 수 있음
>>> set_a.union(set_b)
{'book', 'note', 'notebook', 'rulebook', 'sketchbook'}

# 차집합. set.difference()로도 동일하게 구할 수 있음
>>> set_a - set_b
{'note', 'notebook'}

# 교집합. set.intersection()으로도 동일하게 구할 수 있음
>>> set_a & set_b
{'sketchbook'}
```

```
# 대칭차집합. set.symmetric_difference()로도 동일하게 구할 수 있음
>>> set_a & set_b
{'notebook', 'book', 'note', 'rulebook'}

# 부분집합 판정. set.issubset()으로도 동일하게 구할 수 있음
>>> {'note', 'notebook'} <= set_a
True
```

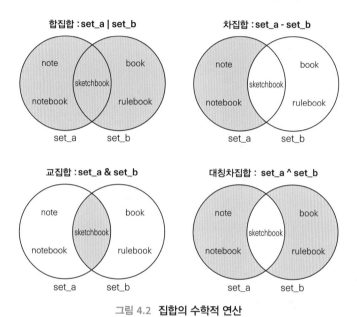

그림 4.2 **집합의 수학적 연산**

4.7.4 for 문에서의 집합의 동작

집합을 for 문에서 사용하면 엘리먼트를 하나씩 추출할 수 있습니다. for 문에서의 동작은 set 타입과 frozenset 타입이 동일합니다. 또한, 집합은 엘리먼트의 순서를 유지하지 않으므로 변수에 전달되는 엘리먼트의 순서는 확정할 수 없다는 점에 주의하기 바랍니다.

```
>>> items = {'note', 'notebook', 'sketchbook'}
>>> items
{'note', 'notebook', 'sketchbook'}
```

```
>>> for item in items:
...   print(item)
...
note
notebook
sketchbook

# frozenset 타입에서도 동일함
>>> frozen_items = frozenset(items)
>>> items
frozenset({'note', 'notebook', 'sketchbook'})
>>> for item in frozen_items:
...   print(item)
...
note
notebook
sketchbook
```

4.7.5 조건식에서 이용할 수 있는 집합의 특성

set 타입과 frozenset 타입 모두 비어있으면 거짓, 엘리먼트가 하나라도 있으면 참이 됩니다. 또한, 어떤 객체가 집합 안에 포함되어 있는지를 in 연산자로 판정할 수 있습니다. set 타입과 frozenset 타입의 동작은 동일합니다.

```
>>> bool(set())   # 빈 집합은 거짓
False

# 엘리먼트가 존재하면 참
>>> items = {'note', 'notebook', 'sketchbook'}
>>> bool(items)
True
>>> 'note' in items
True
>>> 'book' not in items
True

# frozenset 타입에서도 동일함
>>> bool(frozenset())
False
>>> frozen_items = frozenset(items)
>>> frozen_items
frozenset({'note', 'notebook', 'sketchbook'})
```

```
# 엘리먼트가 존재하면 참
>>> bool(frozen_items)
True
>>> 'note' in frozen_items
True
>>> 'book' not in frozen_items
True
```

4.8 컴프리헨션 — 효율적인 시퀀스 생성

컴프리헨션comprehension은 리스트나 집합, 딕셔너리 등을 만들 수 있는 특별한 구문입니다. 컴프리헨션을 사용하면 간결한 코드를 이용해 효과적인 객체를 생성할 수 있으므로 매우 유용합니다.

4.8.1 리스트 컴프리헨션 — 효율적인 리스트 생성

리스트 컴프리헨션은 그 이름대로 리스트를 생성하는 구문입니다. 여기에서는 0부터 9까지의 숫자를 문자열로 늘어놓는 간단한 리스트를 예시로 설명합니다.

먼저 컴프리헨션을 사용하지 않고 리스트를 만드는 코드는 다음과 같습니다.

```
>>> numbers = []
>>> for i in range(10):
...     numbers.append(str(i))
...
>>> numbers
['0', '1', '2', '3', '4', '5', '6', '7', '8', '9']
```

같은 처리를 리스트 컴프리헨션을 사용해서 작성하면 다음과 같습니다.

```
>>> [str(v) for v in range(10)]
['0', '1', '2', '3', '4', '5', '6', '7', '8', '9']
```

리스트를 만들기 위해 기술한 3행의 코드가 1행으로 줄어들어 매우 간단해집니다. 리스트 컴프리헨션 구문은 다음과 같습니다.

```
[ {리스트 엘리먼트} for {변수} in {이터러블 객체} ]
```

리스트 컴프리헨션에서는 먼저 [] 안에 리스트 엘리먼트가 되는 식을 기술합니다. 이 식에서는 이터러블 객체로부터 얻은 변수도 사용할 수 있습니다. for 이후는 3장에서 설명한 for 문의 콜론(:) 이전까지와 완전히 동일합니다.

변수의 스코프를 제한하는 점도 리스트 컴프리헨션의 장점입니다. 변수 스코프란 그 변수가 사용되는 범위를 의미하며, 자세한 내용은 7.4절에서 설명합니다. 리스트 컴프리헨션을 이용하면 이터러블 객체의 엘리먼트가 대입된 변수의 범위가 컴프리헨션으로 닫히기 때문에 그 변수는 컴프리헨션 바깥쪽에서는 영향을 미치지 않습니다.

```
# 앞의 for 문에서 사용한 변수 i가 정의되어 있음
>>> i
9

# 컴프리헨션에서 사용한 변수 v는 바깥쪽에서는 정의되어 있지 않음
>>> v
Traceback (most recent call last):
  File "<stdin>", line 1, in <module>
NameError: name 'v' is not defined
```

■ 중첩된 리스트 컴프리헨션

중첩nesting이란 겹침을 의미하는 용어입니다. 리스트 컴프리헨션은 2단, 3단으로 중첩을 할 수도 있습니다.

우선 일반적인 for 문을 중첩해 리스트를 만드는 코드는 다음과 같습니다.

```
>>> tuples = []
>>> for x in [1, 2, 3]:
...    for y in [4, 5, 6]:
...       tuples.append((x, y))
...
>>> tuples
[(1, 4), (1, 5), (1, 6), (2, 4), (2, 5), (2, 6), (3, 4), (3, 5), (3, 6)]
```

이 tuples와 같은 리스트를 만드는 리스트 컴프리헨션은 다음과 같습니다. 1단일 때와 마찬가지로 처음에 리스트의 엘리먼트가 되는 식을 기입하고, for 이후는 기반이 되는 코드와 같은 순서로 기술합니다.

```
>>> [(x, y) for x in [1, 2, 3] for y in [4, 5, 6]]
[(1, 4), (1, 5), (1, 6), (2, 4), (2, 5), (2, 6), (3, 4), (3, 5), (3, 6)]
```

리스트 컴프리헨션은 중첩이 얕을 때는 간단하게 쓸 수 있습니다. 하지만 중첩이 깊어지면 가독성이 급격하게 떨어집니다. 리스트 컴프리헨션과 일반적인 for 문 중 어느 쪽을 사용할 것인지는 상황에 따라 다르지만, 더 간단하고 가독성이 높은 쪽을 선택하는 것이 좋습니다.

■ if 문이 있는 컴프리헨션

리스트 컴프리헨션에서는 if 문을 사용해 이터러블 객체 요소를 필터링할 수 있습니다.

예시로 0부터 9에서 짝수만 모아서 리스트를 작성합니다. 우선 일반적인 for 문에서 if 문을 사용해 리스트를 만드는 코드는 다음과 같습니다.

```
>>> even = []
>>> for i in range(10):
...     if i % 2 == 0:
...         even.append(i)
...
>>> even
[0, 2, 4, 6, 8]
```

같은 리스트를 컴프리헨션으로 만들면 다음과 같습니다. 컴프리헨션의 마지막에 if와 조건식을 기술함으로써, 엘리먼트를 필터링할 수 있습니다.[15] 3행이었던 코드가 1행으로 줄어 매우 간단해졌습니다.

```
>>> [x for x in range(10) if x % 2 == 0]
[0, 2, 4, 6, 8]
```

---

15 if 문을 포함한 컴프리헨션은 익숙해지기 전까지는 어렵게 느껴질 수 있습니다. for 문과 비교해 보면 알 수 있듯이 머릿속에 생각하는 순서는 일반적인 for 문과 같습니다.

기타 컴프리헨션

컴프리헨션을 사용해 작성할 수 있는 객체는 리스트만 있는 것은 아닙니다. 리스트 컴프리헨션에서 []를 {}로 바꾸면 set 타입 값을 생성하는 집합 컴프리헨션이 됩니다.

```
>>> set_comprehension = {i for i in range(10)}
>>> type(set_comprehension)
<class 'set'>
>>> set_comprehension
{0, 1, 2, 3, 4, 5, 6, 7, 8, 9}
```

리스트 컴프리헨션에서 []를 {}로 바꾸고 엘리먼트 부분에 키: 값을 넣으면 dict 타입 값을 생성하는 딕셔너리 컴프리헨션이 됩니다.

```
>>> dict_comprehension = {str(x): x for x in range(3)}
>>> type(dict_comprehension)
<class 'dict'>
>>> dict_comprehension
{'0': 0, '1': 1, '2': 2}
```

리스트 컴프리헨션에서 []를 ()로 바꾸면 제너레이터generator라고 불리는 이터러블 객체를 생성하는 제너레이터 식이 됩니다.[16] 제너레이터에 관해서는 9.1절에서 다룹니다.

```
>>> gen = (i for i in range(3))
>>> type(gen)
<class 'generator'>
>>> gen
<generator object <genexpr> at 0x7fe5a03aaa50>
```

4.9 그 외 타입을 나타내는 개념

파이썬 공식 문서에서는 내장 데이터 타입 이외에도 특정한 성질을 가진 타입을 통틀어 OO 객체 혹은 OO한 객체라고 표기할 때가 많습니다. 이 책에서도 지금까지 컨테이너

---

16 튜플 타입의 값을 생성하는 컴프리헨션은 아닙니다.

객체나 이터러블 객체라는 표현을 사용했습니다. 공식 문서에서도 이러한 용어를 사용합니다. 이 절에서는 대표적인 객체를 소개합니다.

이 절에서는 새로운 용어나 개념이 많이 등장합니다. 이 용어나 개념들은 대부분은 이번 장 이후에도 설명하므로 다소 어렵게 느껴져도 크게 신경 쓰지 말고 계속 읽어주시기 바랍니다.

4.9.1 가변 객체 — 정의 후 값을 변경할 수 있는 객체

가변 객체는 뮤터블mutable 객체라고도 부르며, 정의 후에도 그 값을 변경할 수 있습니다. 내장 타입의 대표적인 가변 타입으로는 list 타입, dict 타입, set 타입이 있습니다.

4.9.2 불변 객체 — 정의 후 값을 변경할 수 없는 객체

불변 객체는 가변 객체와 반대로, 정의 후에 그 값을 변경할 수 없습니다. 이뮤터블immutable 객체라고도 부릅니다. 내장 타입의 대표적인 불변 타입으로는 int 타입이나 float 타입과 같은 숫잣값, str 타입, tuple 타입, frozenset 타입 등이 있습니다.

4.9.3 컨테이너 객체 — 다른 객체에 대한 참조를 가진 객체

리스트나 딕셔너리, 집합 등 다른 객체에 대한 참조를 가진 객체를 컨테이너 객체라고 부릅니다.[17] 많은 컨테이너 객체는 다음에 설명할 이터러블 객체이므로 for 문에서 이용할 수 있습니다. 또한, 내장 함수 len()을 이용해 그 길이를 얻을 수 있거나, in 연산자와 not in 연산자를 이용할 수 있습니다.

컨테이너 객체 중에서도 특히 인덱스를 이용해 엘리먼트로 접근할 수 있는 객체를 시퀀스 객체sequence object라고 부릅니다. 내장 타입의 시퀀스 객체에는 str 타입, list 타입, tuple 타입 등이 있습니다. 그리고 인덱스가 아니라 딕셔너리와 같이 키를 이용해 접근할 수 있는 객체는 매핑 객체mapping object라고 부릅니다. 내장 타입의 매핑 객체는 dict 타입뿐입니다.

---

17 컨테이너 객체에 관해서는 8.2절에서 설명합니다.

4.9.4 이터러블 객체 — for 문에서 이용할 수 있는 객체

이터러블 객체iterable object란 이터레이터iterator라고 불리는 객체를 반환하는 특수 메서드 __iter__()를 구현한 객체를 말합니다.[18] for 문은 이 특수 메서드 __iter__()를 호출해 이터레이터를 얻고, 그 이터레이터의 특수 메서드 __next__()를 호출해 엘리먼트를 하나씩 얻습니다. 컨테이너 객체나 컴프리헨션 절에서 설명한 제너레이터 역시 이터러블 객체입니다.

4.9.5 호출 가능 객체 — ()를 붙여 호출할 수 있는 객체

호출 가능 객체callable object란 함수나 클래스 객체와 같이 ()를 붙여서 실행할 수 있는 객체를 가리킵니다. 특수 메서드 __call__()을 구현한 클래스의 인스턴스 객체 역시 호출 가능 객체입니다.[19] 이 특성을 이용하면 함수든 클래스든 인스턴스든 동일하게 다룰 수 있습니다. 이처럼 엄밀한 타입보다 인터페이스를 이용하는 스타일을 덕 타이핑duck typing[20]이라 부르며 파이썬에서 자주 쓰이고 있습니다.

4.10 정리

이번 장에서는 파이썬의 내장 타입 중에서 자주 사용하는 것과 그 기본적인 사용법을 소개했습니다.

여러 가지 개념이 많이 나오다 보니 혹시 어렵게 느껴지는 독자분이 있을지도 모르겠습니다. 그러나 이번 장에서 소개한 타입의 대부분은 일상적으로 이용하는 것이므로 이 책을 읽는 동안 충분히 익숙해질 것입니다. 또한, 여기에서는 소개하지 않았지만 내장 타입, 표준 라이브러리로 제공해 주는 편리한 타입도 많습니다. 이들을 활용해 버그가 적은 효율적인 코드를 작성하기 바랍니다.

---

18 이터러블 객체와 이터레이터에 관해서는 8.2절에서 설명합니다.

19 특수 메서드 __call__()에 관해서는 8.2절에서 설명합니다.

20 URL https://docs.python.org/ko/3.8/glossary.html#term-duck-typing

5

함수

함수function란 관련이 있는 일련의 처리를 모아서 재사용할 수 있게
한 것입니다. 간단한 처리라면 앞 장에서 소개한 다양한 데이터
타입과 함수를 조합하는 것만으로도 실용적인 프로그램을 작성할
수 있습니다.

이번 장에서는 간단한 함수를 정의하는 것부터 시작해 점점 복잡한 함수를 정의해
나갑니다. 또한, 1행으로 함수를 만들 수 있는 람다(lambda) 식과 함수의 유지보수
성을 향상시켜 주는 타입 힌트에 관해 설명합니다.

5.1 함수 — 관련된 처리를 모음

함수와 관련된 일련의 처리를 모아두면 그 처리의 반복 실행이 가능해서 코드가 읽기 쉬워집니다. 함수는 인수로서 데이터를 받아서 처리하고, 그 결과를 반환값으로 호출자에게 돌려줍니다.

파이썬에서는 모든 데이터를 객체라고 부릅니다. 객체에는 숫잣값이나 문자열과 같은 값뿐만 아니라 앞 장에서 소개한 다양한 데이터 타입, 다음 장에서 소개할 클래스나 인스턴스도 포함됩니다. 또한, 파이썬에서는 함수도 객체이며, 인수로 받은 데이터 또한 객체이므로 함수 객체를 다른 함수의 인수로 전달하거나 변수에 대입할 수도 있습니다.

5.1.1 함수 정의와 실행

파이썬의 함수 정의 구문은 다음과 같습니다.

```
def 함수명(인수1, 인수2, ...):
    함수에서 실행할 처리
    return 반환값
```

인수argument란 함수 안의 처리에서 사용할 수 있는 값으로, 인수가 없을 때는 빈 ()로 씁니다. 함수는 처리 결과를 반환값으로 호출자에게 반환합니다. 만약 아무것도 반환할 필요가 없을 때는 return 문을 생략할 수 있습니다.

간단한 함수를 정의하고 그 함수를 실행해 봅니다. 다음 print_page() 함수는 no content라고 표시하는 함수입니다. 일반적으로 함수명에는 영소문자와 언더스코어(_)를 사용합니다.[1] 함수를 정의했다면 함수명 print_page에 ()를 붙여 호출해 처리를 실행할 수 있습니다.

```
>>> def print_page():  # 함수를 정의함
...     print('no content')
...

>>> print_page()  # 함수를 실행함
no content
```

---

1 단어를 _로 연결하는 표기법을 일반적으로 스네이크 케이스(snake case)라고 부릅니다.

인수를 받는 함수

다음으로 한 개의 인수를 받는 함수를 정의하고 실행해 봅니다. 다음 print_page() 함수는 한 개의 인수를 받고, 그 인수를 그대로 표시합니다. 함수 호출 시 ()에 값을 넣으면 그 값이 인수로 함수에 전달됩니다. 또한, 앞에서의 함수는 덧씌워지므로 인수 없이 호출하면 에러가 발생합니다.

```
>>> def print_page(content):
...     print(content)
...
>>> print_page('my contents')   # 인수를 전달해 함수를 실행함
my contents

# 인수 없이 호출하면 에러가 발생함
>>> print_page()
Traceback (most recent call last):
  File "<stdin>", line 1, in <module>
TypeError: print_page() missing 1 required positional argument: 'content'
```

함수의 인수가 기본값을 가지도록 설정할 수 있습니다. 인수의 기본값은 인수명=기본값과 같이 지정합니다. 기본값을 갖는 인수는 호출 시 인수 지정을 생략할 수 있습니다.

```
>>> def print_page(content='no content'):
...     print(content)
...
>>> print_page()   # 기본값을 이용함
no content

# 인수를 전달하면 해당 값을 이용함
>>> print_page('my contents')
my contents
```

5.1.3 함수는 객체

앞에서 설명한 것처럼 파이썬에서는 함수도 객체입니다. 함수를 정의하면 함수명의 이름과 똑같은 함수 객체function object가 만들어집니다. 함수 객체는 숫잣값이나 문자열과 같이 변수에 대입할 수 있습니다.

```
>>> def print_page(content='no content'):
...     print(content)
...

# 변수 print_page는 함수 객체임
>>> type(print_page)
<class 'function'>

# 변수 f에 함수 print_page를 대입함
>>> f = print_page
>>> f()  # print_page()와 같음
no content
```

함수 객체는 다른 함수의 인수나 반환값으로 사용할 수 있습니다.

```
>>> def print_title(printer, title):
...     print('@@@@@')
...     # 인수 printer는 함수 객체임
...     printer(title.upper())
...     print('@@@@@')
...

# 함수 print_page를 반환해 타이틀을 출력함
>>> print_title(print_page, 'python practice book')
@@@@@
PYTHON PRACTICE BOOK
@@@@@
```

5.1.4 함수의 반환값

return 문을 사용해 함수의 반환값을 지정할 수 있습니다. 다음 코드는 인수로 전달한 값에 1을 더한 값을 반환하는 함수입니다.

```
>>> def increment(page_num):
...     return page_num + 1
...
>>> next_page = increment(1)  # 반환값을 next_page에 저장함
>>> next_page
2

# 안쪽 increment(2)의 반환값 3이 바깥쪽 increment의 인수가 됨
>>> increment(increment(next_page))
4
```

return 문의 실행 시점에서 처리를 종료하므로 return 문 이후의 처리는 실행하지 않습니다.

```
>>> def increment(page_num, last):
...     next_page = page_num + 1
...     if next_page <= last:
...         return next_page
...     raise ValueError('Invalid arguments')
...
>>> increment(1, 3)  # return으로 처리를 종료함
2
>>> increment(3, 3)  # return되지 않으므로 마지막까지 실행됨
Traceback (most recent call last):
  File "<stdin>", line 1, in <module>
  File "<stdin>", line 5, in increment
ValueError: Invalid arguments
```

■ return이 없을 때의 반환값

파이썬에서는 return 문에 값을 전달하지 않으면 반환값으로 None을 전달합니다.

```
>>> def no_value():  # return 문에 값을 전달하지 않는 함수
...     return
...
>>> print(no_value())  # 반환값은 None
None
```

또한, return 문이 없을 때나 처리 분기에 따라 return 문이 실행되지 않을 때도 None을 반환합니다. 단, return 문이 상황에 따라 실행되기도 하고 실행되지 않을 때도 있는 함수는 유지보수성이 떨어집니다. return 문을 사용하는 함수에서는 return 문이 항상 실행되도록 하고 반환값을 명시합니다.

```
>>> def no_return():  # return 문이 없는 함수
...     pass
...
>>> print(no_return())
None

# 조건에 따라 return 문이 실행되지 않을 때가 있는 함수
>>> def increment(page_num, last):
```

```
...     next_num = page_num + 1
...     if next_num <= last:
...         return next_num
...
>>> next_page = increment(3, 3)  # return 문이 실행되지 않음
>>> print(next_page)  # 반환값은 None
None
```

함수의 다양한 인수

파이썬의 함수는 유연할뿐더러 단순하게 호출할 수 있습니다. 반면, 유연하고 심플한 호출을 구현하기 위한 함수의 인수와 관련된 사양은 꽤 복잡합니다. 이후에는 함수를 정의할 때 사용하는 인수를 가인수, 함수를 호출할 때 전달하는 인수를 실인수라고 부릅니다.[2]

■ **위치 인수** ― 가인수 이름을 지정하지 않고 실인수를 전달함

함수를 호출할 때 가인수 이름을 지정하지 않고 전달하는 실인수를 위치 인수positional argument라고 부릅니다. 위치 인수를 사용할 때는 실인수의 순서가 가인수의 순서와 일치합니다.

위치 인수를 이용해 increment() 함수를 호출해 봅니다.

```
>>> def increment(page_num, last):
...     next_page = page_num + 1
...     if next_page <= last:
...         return next_page
...     raise ValueError('Invalid arguments')
...
>>> increment(2, 10)  # 위치 인수를 사용한 함수 호출
3
```

호출 결과에서 첫 번째 인수 2가 가인수 page_num에, 두 번째 인수 10이 가인수 last에 전달된 것을 알 수 있습니다.

위치 인수를 사용한 함수 호출에서는 함수가 필요로 하는 인수 수와 전달한 실인수

---

2 파이썬 공식 문서에서는 parmaeter가 가인수, argument가 실인수에 해당합니다.

수가 일치하지 않으면 TypeError 예외가 발생합니다. 실인수가 부족하거나 많을 때는 TypeError 예외 때와 다른 에러 메시지가 출력됩니다.

```
# 실인수가 부족함
>>> increment(2)
Traceback (most recent call last):
    File "<stdin>", line 1, in <module>
TypeError: increment() missing 1 required positional argument: 'last'

# 실인수가 많음
>>> increment(2, 10, 1)
Traceback (most recent call last):
    File "<stdin>", line 1, in <module>
TypeError: increment() takes 2 positional arguments but 3 were given
```

■ 키워드 인수 — 가인수 이름을 지정해 실인수를 전달함

함수를 호출할 때 가인수 이름을 지정해서 전달하는 실인수를 키워드 인수keyword argument 라고 합니다. 키워드 인수를 사용하면 호출 순서는 호출 결과에 영향을 주지 않습니다.

앞에서 작성한 increment() 함수를 키워드 인수를 사용해 호출해 봅니다.

```
# 키워드 인수를 사용한 함수 호출
>>> increment(page_num=2, last=10)
3

# 순서를 바꾸어도 결과는 같음
>>> increment(last=10, page_num=2)
3
```

호출 결과를 보면 두 경우 모두 인수 page_num에 2, last에 10이 전달되는 것을 알 수 있습니다.

또한, 존재하지 않는 가인수 이름을 지정하면 TypeError 예외가 발생합니다. 위치 인수 일 때와 같은 예외 클래스이지만, 예외 메시지는 위치 인수일 때와는 다릅니다.

```
>>> increment(page_num=2, last=10, unknown=0)
Traceback (most recent call last):
    File "<stdin>", line 1, in <module>
TypeError: increment() got an unexpected keyword argument 'unknown'
```

위치 인수와 키워드 인수를 조합할 수도 있습니다. 그럴 때는 위치 인수를 앞에 쓰고, 그 뒤에 키워드 인수를 써야 합니다.

```
# 위치 인수와 키워드 인수를 함께 사용함
>>> increment(2, last=10)
3

# 키워드 인수 뒤에 위치 인수가 위치하면 에러가 발생함
>>> increment(page_num=2, 10)
  File "<stdin>", line 1
SyntaxError: positional argument follows keyword argument

# 위치 인수 2가 먼저 가인수 page_num에 전달되면 에러가 발생함
>>> increment(2, page_num=3)
Traceback (most recent call last):
  File "<stdin>", line 1, in <module>
TypeError: increment() got multiple values for argument 'page_num'
```

■ **기본값을 가진 인수** — 호출 시 실인수를 생략할 수 있는 인수

함수를 정의할 때 가인수에 기본값을 지정할 수 있습니다. 그 인수에 실인수가 전달되지 않았을 때 기본값을 사용합니다. 기본값을 사용하면 함수를 간단히 호출할 수 있습니다.

기본값은 함수를 정의할 때 **가인수명=기본값**과 같이 설정합니다. 기본값이 있는 가인수는 기본값이 없는 가인수보다 뒤에 위치해야 합니다.

```
# last에만 기본값을 지정
>>> def increment(page_num, last=10):
...     next_page = page_num + 1
...     if next_page <= last:
...         return next_page
...

# 이 호출에서는 last에 기본값 10을 전달함
>>> increment(2)
3

# 이 호출에서는 last에 인수 1을 전달함
>>> increment(2, 1)
```

```
# 기본값이 있는 인수는 위치 인수보다 뒤에 위치해야 함
>>> def increment(page_num=0, last):
...     pass
  File "<stdin>", line 1
SyntaxError: non-default argument follows default argument
```

이미 사용하고 있는 함수에 기본값을 가진 인수를 추가해도, 기존의 호출 코드는 수정할 필요가 없습니다. 그 덕분에 새로운 기능을 추가할 때나 리팩터링을 할 때 매우 효과적입니다.

기본값의 함정

기본값에는 큰 함정이 있습니다. 호출한 시각을 표시하는 함수에서 구체적인 사례를 확인해 봅니다. 다음 print_page() 함수는 인수로 받은 값과 현재 시각을 표시합니다. datetime.datetime.now() 메서드는 표준 라이브러리의 현재 시각을 표시하는 함수입니다.

```
>>> from datetime import datetime

# 기본값의 잘못된 사용 예시
>>> def print_page(content, timestamp=datetime.now()):
...     print(content)
...     print(timestamp)
...
>>> print_page('my content')
my content
2020-11-14 08:41:45.252037

# 타임스탬프가 첫 번째와 완전히 같음
>>> print_page('my content 2')
my content 2
2020-11-14 08:41:45.252037
```

위 결과를 잘 확인해 봅니다. print_page() 함수를 2회 호출했지만, 표시되는 타임스탬프는 완전히 같습니다. 표시하고 싶은 것은 호출 시의 시각인데, 이 함수는 원하는 결과를 보여주지 않습니다. 이 함수가 기대한 대로 동작하도록 다음과 같이 수정합니다.

```
# 기본값은 None으로 설정함
>>> def print_page(content, timestamp=None):
...     if timestamp is None:
...         timestamp = datetime.now()
...     print(content)
```

118   **CHAPTER 5** 함수

```
...     print(timestamp)
...
>>> print_page('my content')
my content
2020-11-14 08:41:45.274389

# 실행 시점의 시각이 표시됨
>>> print_page('my content 2')
my content 2
2020-11-14 08:41:45.279035
```

수정 후 실행 결과에서는 호출 시 시각이 올바르게 표시되었습니다. 여기에서 소개한 동작은 파이썬의 다음 사양을 따른 것입니다.

> 함수 정의가 실행될 때, 기본 매개변수 값은 왼쪽에서 오른쪽으로 값이 구해집니다. 이것은 표현식이 함수가 정의될 때 한 번 값이 구해지고, 호출마다 같은 《미리 계산된》 값이 사용된다는 것을 뜻합니다. 이것을 이해하는 것은 특히 기본값이 리스트나 딕셔너리와 같은 가변 객체일 때 중요합니다: 만약 함수가 그 객체를 수정하면 (가령, 리스트에 항목을 추가합니다), 그 결과 기본값이 수정됩니다. 이것은 일반적으로 의도하고 있는 것이 아닙니다. 이 문제를 회피하는 방법은 기본값으로 None을 사용하고, 함수 바디에서 명시적으로 검사하는 것입니다. (원문 그대로 인용)

— 함수 정의, 파이썬 공식 문서

URL https://docs.python.org/ko/3.8/reference/compound_stmts.html#function-definitions

뮤터블 객체란 4.9절에서 설명한 가변 객체를 의미합니다. 파이썬에 익숙하지 않다면 기본값에 현재 시각이나 빈 리스트([]), 빈 딕셔너리({}) 등의 가변 객체를 자주 지정합니다. 그러나 먼저 인수 기본값에 대한 사양을 이해하고, 기본값으로는 가변 객체 대신 None을 사용하는 것이 좋습니다.

▤ 길이가 변하는 위치 인수

길이가 변하는 인수(개수가 변하는 인수)를 받는 함수도 정의할 수 있습니다. 우선 위치 인수부터 확인해 봅니다.

길이가 변하는 위치 인수를 받는 함수는 가인수 이름에 *를 붙여서 정의할 수 있습니다. 이 가인수 이름에는 임의의 이름을 이용할 수 있으나 관습적으로 *args를 자주 이용합니다. *args는 가인수에 할당되지 않은 위치 인수를 튜플로 받습니다. *args를 지정할 수 있는 위치는 다른 위치 인수의 가장 마지막으로 기본값을 가지는 인수보다 앞입니다.

```
# 길이가 변하는 위치 인수를 받음
>>> def print_pages(content, *args):
```

```
...    print(content)
...    for more in args:
...      print('more:', more)
...
>>> print_pages('my content')  # args는 빈 튜플임
my content

# args는 ('content2', 'content3')
>>> print_pages('my content', 'content2', 'content3')
my content
more: content2
more: content3
```

■ 길이가 변하는 키워드 인수

길이가 변하는 키워드 인수를 받는 함수는 가인수 이름에 **를 붙여 정의할 수 있습니다. 이 인수 이름에는 임의의 이름을 이용할 수 있으나 관습적으로 **kwargs를 자주 이용합니다. **kwargs는 가인수에 할당되지 않은 키워드 인수를 딕셔너리로 받습니다. **kwargs를 지정할 수 있는 위치는 다른 위치 인수나 기본값을 가지는 인수보다 뒤, 즉 가장 마지막입니다.

```
# 길이가 변하는 키워드 인수를 받음
>>> def print_page(content, **kwargs):
...    print(content)
...    for key, value in kwargs.items():
...      print(f'{key}: {value}')
...
>>> print_page('my content', published=2019,
...              author='rei suyama')
>>> my content
published: 2019
author: rei suyama
```

위치 인수와 키워드 인수를 길이가 변해도 받을 수 있도록 하면 어떤 인수의 호출에도 유연하게 대응할 수 있습니다.

```
# 어떤 호출에도 대응함
>>> def print_pages(*args, **kwargs):
...    for content in args:
...      print(content)
```

```
...    for key, value in kwargs.items():
...       print(f'{key}: {value}')
...
>>> print_pages('content1', 'content2', 'content3',
...             published=2019, author='rei suyama')
content1
content2
content3
published: 2019
author: rei suyama
```

길이가 변하는 인수는 매우 편리한 기능이지만, 그 함수가 어떤 인수를 기대하는지 알기
어렵습니다. 코드 가독성에 문제가 없는지 충분히 검토한 뒤 이용하기 바랍니다.

■ **키워드만 인수로 가짐** — 호출 시 가인수 이름을 반드시 전달해야 하는 인수

키워드만 있는 인수는 호출 시 반드시 가인수 이름을 지정해야 합니다. 인수의 의미를
이용자에게 잘 인식시키고 가독성을 높이는 효과가 있습니다.

키워드만 있는 인수를 정의할 때는 키워드만 인수로 하고자 하는 가인수 앞에 *를 지정
합니다.

```
# * 이후가 키워드만의 인수가 됨
>>> def increment(page_num, last, *, ignore_error=False):
...    next_page = page_num + 1
...    if next_page <= last:
...       return next_page
...    if ignore_error:
...       return None
...    raise ValueError('Invalid arguments')
...

# 키워드 인수만 지정할 수 있음
>>> increment(2, 2, ignore_error=True)
>>> increment(2, 2, True)  # 위치 인수를 전달하면 에러가 발생함
Traceback (most recent call last):
  File "<stdin>", line 1, in <module>
  File "<stdin>", line 7, in increment
ValueError: Invalid arguments
```

■ **위치만 인수로 가짐** — 호출 시 가인수 이름을 지정할 수 없는 인수

가인수 이름을 지정하면 에러가 발생하는 위치만 가지는 인수도 있습니다. 위치만 인수로 가지는 인수는 내장 함수 abs()나 내장 함수 pow() 등 일부 내장 함수에서 사용합니다.

```
>>> abs(-1)  # abs()는 위치만 가지는 인수의 예
1

# 도움말 페이지는 q로 종료함
>>> help(abs)

# 헬프 페이지의 내용은 다음과 같음
# Help on built-in function abs in module builtins:
#
# abs(x, /)
#     Return the absolute value of the argument.
>>> abs(x=1)  # 가인수 이름을 지정하면 에러가 발생함
Traceback (most recent call last):
  File "<stdin>", line 1, in <module>
TypeError: abs() takes no keyword arguments
```

위치만 갖는 인수는 파이썬 3.8부터 사용자가 정의하는 함수에서도 이용할 수 있게 되었습니다. 위치만 갖는 인수를 정의할 때는 위치만 인수로 할 가인수를 나열한 뒤 /를 지정합니다.

```
# / 앞쪽이 위치만 가진 인수가 됨
>>> def add(x, y, /, z):
...     return x + y + z
...
>>> add(1, 2, 3)
6

# z는 키워드로도 지정할 수 있음
>>> add(1, 2, z=3)
6

# x와 y는 키워드로 지정할 수 없음
>>> add(x=1, y=2, z=3)
Traceback (most recent call last):
  File "<stdin>", line 1, in <module>
TypeError: add() got some positional-only arguments passed as keyword
arguments: 'x, y'  실제로는 1행
```

인수 리스트 언팩 — 리스트나 딕셔너리에 저장된 값을 인수로 전달

인수 리스트 언팩_{unpack}은 함수 호출 시 * 연산자를 이용해 리스트나 딕셔너리로부터 인수를 전개하는 기능입니다. 인수 리스트 언팩을 사용해 리스트나 튜플에 저장되어 있는 값을 함수의 위치 인수로 전달할 수 있습니다.

```
>>> def print_page(one, two, three):
...     print(one)
...     print(two)
...     print(three)
...
>>> contents = ['my content', 'content2', 'content3']

# print_page('my content', 'content2', 'content3')와 같음
>>> print_page(*contents)  # 인수 리스트 언팩
my content
content2
content3
```

마찬가지로 함수 호출 시 ** 연산자를 사용하면 딕셔너리에 저장되어 있는 값을 키워드 인수로 전달할 수 있습니다.

```
>>> def print_page(content, published, author):
...     print(content)
...     print('published:', published)
...     print('author:', author)
...
>>> footer = {'published': 2019, 'author': 'rei suyama'}

# 딕셔너리의 값을 키워드 인수로 전달함
>> print_page('my content', **footer)
my content
published: 2019
author: rei suyama
```

5.1.7 함수의 독스트링

1.3절에서 소개한 것처럼 함수에는 독스트링을 기술할 수 있습니다.

```python
def increment(page_num, last, *, ignore_error=False):
    """다음 페이지 번호를 반환함

    :param page_num: 원래 페이지 번호
    :type page_num: int
    :param last: 마지막 페이지 번호
    :type last: int
    :param ignore_error: True면 페이지를 벗어나도 예외를 보내지 않음
    :type ignore_error: bool
    :rtype: int
    """
    next_page = page_num + 1
    if next_page <= last:
        return next_page
    if ignore_error:
        return None
    raise ValueError('Invalid arguments')
```

독스트링에는 주석과 같이 원하는 문자열을 기술할 수 있습니다. 주로 해당 함수의 개요, 인수나 반환값의 설명이나 타입 등을 기술합니다. 에디터나 IDE에 따라 독스트링을 기반으로 힌트나 경고를 표시합니다(그림 5.1).[3]

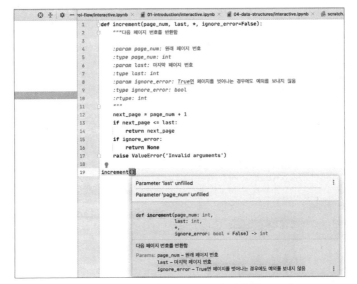

그림 5.1 **PyCharm에서의 독스트링 기반 힌트 표시**

---

3 독스트링에서 자주 사용하는 표기법에는 1.3절에서 소개한 reStructuredText 표기법, numpydoc 표기법, Google Python Style Guide 표기법이 있습니다.

5.2 lambda 식 — 이름이 없는 함수 작성

람다lambda 식을 이용하면 1행의 이름 없는 함수를 만들 수 있습니다. 이름 없는 함수란 글자 그대로 이름이 없는 함수를 의미하며, 함수가 필요할 때 그 즉시 정의할 수 있습니다. 이름 없는 함수는 함수 인수로 함수 객체를 전달할 때 자주 사용합니다.

5.2.1 lambda 식 정의와 실행

파이썬의 lambda 식 구문은 다음과 같습니다.

```
lambda 인수1, 인수2, ...: 반환값이 되는 식
```

인수는 일반적인 함수를 정의할 때와 마찬가지로 콤마(,)로 구분해 여럿을 기술할 수 있습니다. 또한, 반환값이 되는 식의 평가 결과를 그대로 호출자에게 반환합니다. lambda 식은 그 구문 안에 줄바꿈을 포함하지 않으므로 반드시 1행으로 기술해야 합니다.

실제로 lambda 식을 사용해 함수를 정의해 봅니다. 다음 lambda 식은 전달받은 값에 1을 더해 반환하는 함수입니다. 이 lambda 식과 같은 일반적인 함수를 정의한 코드도 함께 표시했습니다.

```
>>> increment = lambda num: num + 1  # lambda 식으로 함수를 정의함
>>> increment  # lambda 식임을 알 수 있음
<function <lambda> at 0x104a4a510>
>>> increment(2)
3

# 이 lambda 식과 같은 일반적인 함수 정의
>>> def increment(num):
...     return num + 1
...
```

5.2.2 lambda 식을 사용할 위치

lambda 식을 너무 많이 사용하면 코드 가독성을 떨어트리므로 피해야 하지만, lambda 식을 사용하는 것이 적합한 상황도 물론 있습니다. 그것은 함수를 인수로 받는 함수를

호출할 때입니다. 예를 들어, 내장 함수 filter()의 첫 번째 인수나 내장 함수 sorted() 의 인수 key 등이 함수를 인수로 받습니다. 이 인수들에 전달할 함수를 1행으로 간결하게 쓸 수 있을 때는 lambda 식이 매우 유용합니다.

```
>>> nums = ['one', 'two', 'three']

# 첫 번째 인수의 함수가 참이 되는 것만 남음
>>> filtered = filter(lambda x: len(x) == 3, nums)
>>> list(filtered)
['one', 'two']
```

5.3 타입 힌트

함수에는 애너테이션annotation을 이용해 타입 힌트를 추가할 수 있습니다. 타입 힌트란 정적 타입 언어와 같이 함수의 인수와 반환값에 타입 정보를 붙이는 기능입니다. 단, 정적 타입 언어와 달리, 부여한 타입 정보는 애너테이션이라 불리는 속성 __annotations__ 에 저장될 뿐, 실행 시에 타입 체크를 수행하지는 않습니다.[4]

5.3.1 타입 정보를 부여함으로써 얻을 수 있는 장점

실행 시에 타입 체크를 하지 않는데도 불구하고, 타입 정보를 부여하는 의미는 무엇일까요? 바로 타입 정보를 부여하면 코드의 유지보수성이 높아지기 때문입니다. 구체적으로는 코드를 읽는 사람의 이해를 돕거나, mypy[5] 등의 정적 분석 도구를 이용한 타입 체크 이용, 에디터나 IDE의 코드 보완 정밀도 향상 등을 기대할 수 있습니다. 그리고 타입 정보를 활용한 코드 자동 생성에도 활용할 수 있습니다.

5.3.2 타입 정보 부여

다음 구문을 사용해 함수의 인수와 반환값에 타입 정보를 부여할 수 있습니다.

---

4 실행 시의 타입 체크가 금지되어 있는 것은 아닙니다. 하지만 타입 힌트 도입을 추진하고 있는 'PEP 484 -- Type Hints'의 Non-goals'에서는 파이썬 개발자들은 관례적이라 하더라도 타입 힌트를 필수로 하는 것을 원치 않음을 강조하고 있습니다.
   URL https://www.python.org/dev/peps/pep-0484/#non-goals

5 URL http://mypy-lang.org/

```
def 함수명(arg1: arg1 타입,
          arg2: arg2 타입, ...) -> 반환값 타입:
    함수에서 실행할 처리
    return 반환값
```

구체적인 구현을 살펴봅니다. 다음 코드는 타입 정보를 부여한 함수를 정의하고 있습니다. 부여된 타입 정보는 객체의 속성 `__annotations__`에 저장됩니다.

```
# Optional은 None의 가능성이 있을 때 이용함
>>> from typing import Optional
>>> def increment(
...     page_num: int,
...     last: int,
...     *,
...     ignore_error: bool = False) -> Optional[int]:
...     next_page = page_num + 1
...     if next_page <= last:
...         return next_page
...     if ignore_error:
...         return None
...     raise ValueError('Invalid arguments')
...
>>> increment.__annotations__  # 타입 정보가 저장되어 있음
{'page_num': <class 'int'>, 'last': <class 'int'>, 'ignore_error': <class
'bool'>, 'return': typing.Union[int, NoneType]}  실제로는 1행
```

앞에서 설명한 것처럼 실행 시에 타입 정보를 자동으로 체크하지는 않습니다. 그렇기 때문에 인수 ignore_error에 bool 타입이 아닌 int 타입 값을 지정해서도 실행할 수 있습니다.

```
# 실행 시 타입 체크는 하지 않으므로 에러는 발생하지 않음
>>> increment(1, 3, ignore_error=1)
2
```

■ 변수에 대한 타입 정보 부여

인수의 타입 정보와 마찬가지로 변수의 타입 정보도 선언할 수 있습니다. 이 또한 실행 시 타입 정보를 자동으로 확인하지는 않습니다.

```
>>> def decrement(page_num: int) -> int:
...     prev_page: int   # 타입 정보를 붙여 변수를 선언함
...     prev_page = page_num - 1
...     return prev_page
...
>>> decrement(2)
1

# 실행 시 타입 체크는 하지 않으므로 에러는 발생하지 않음
>>> decrement(2.0)
1.0
```

5.3.3 타입 힌트 활용 사례 — 정적 분석 도구 이용

타입 힌트 활용 사례로 다음 scratch.py를 정적 분석 도구인 mypy를 이용해 체크한 결과를 소개합니다.[6] mypy를 사용하려면 mypy 패키지를 설치해야 합니다.[7] 여기에서는 2.1절에서 소개한 docker 명령어를 이용해 실행한 결과를 표시했습니다.

scratch.py
```
from typing import Optional


def increment(page_num: int,
              last: int,
              *,
              ignore_error: bool = False) -> Optional[int]:
    """다음 페이지 번호를 반환함

    :param page_num: 원래 페이지 번호
    :param last: 마지막 페이지 번호
    :param ignore_error: True면 페이지를 벗어나도 예외를 보내지 않음
    :return: 다음 페이지 번호
    """
    next_page = page_num + 1
    if next_page <= last:
        return next_page
    if ignore_error:
        return None
```

---

6 mypy는 라이브러리에는 포함되어 있지 않으나 파이썬 타입 힌트 사양과 깊이 관련 있는 패키지입니다. 또한, mypy 개발에는 귀도도 참여했습니다.

7 mypy 등의 외부 패키지 설치 방법은 11.2절에서 소개합니다.

```
    raise ValueError("Invalid arguments")


# 타입이 일치하지 않는 호출
increment(1, 10, ignore_error=1)
```

mypy scratch.py 명령어를 실행해서 정적 타입 체크를 실행한 결과는 다음과 같습니다. 가장 마지막 행이 mypy scratch.py 명령어를 실행한 결과가 되며, 타입이 일치하지 않는 호출 위치를 에러로 검출합니다

```
# mypy 명령어를 사용한 정적 타입 체크 실행
$ docker run -it --rm -v $(pwd):/usr/src/app -w /usr/src/app python:3.8.1 bash
-c 'pip install mypy==0.740; mypy scratch.py  실제로는 1행
Collecting mypy==0.740
...
scratch.py:24: error: Argument "ignore_error" to "increment" has incompatible type
  "int"; expected "bool"
Found 1 error in 1 file (checked 1 source file)
```

그림 5.2는 필자가 평소 이용하는 파이썬용 IDE인 PyChrm[8]으로, 이 scratch.py를 편집하는 화면입니다. 코드 편집 중 실시간으로 타입 정보를 분석해 함수 호출 시의 타입이 일치하지 않으면 경고를 표시합니다.

5.4 정리

이번 장에서는 함수 정의 방법과 그 사용법을 소개했습니다.

함수의 인수 정의나 호출 방법은 매우 다양하며, 익숙해지기 전까지는 혼란스러울지도 모릅니다. 그러나 확실하게 설계를 하면서 함수를 만들면 유연함과 사용성을 모두 갖춘 함수를 정의할 수 있습니다. 또한, 더 이해하기 쉽고 유지보수성이 높은 코드를 작성하기 위해 독스트링이나 타입 힌트도 활용하기 바랍니다.

---

8 URL https://www.jetbrains.com/pycharm/

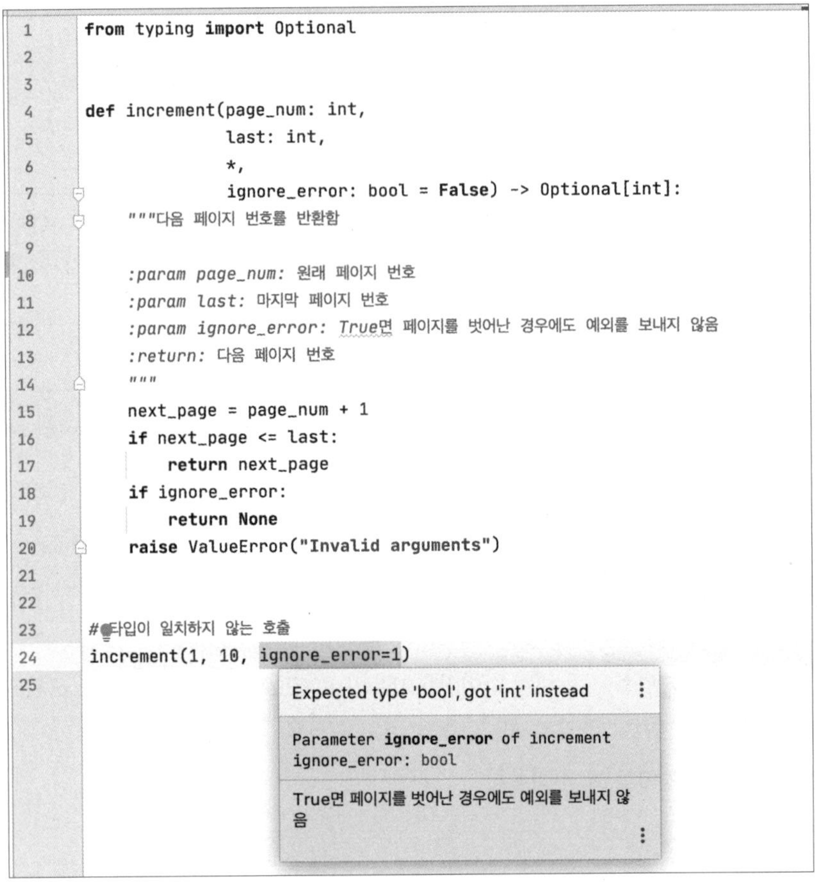

```
1    from typing import Optional
2
3
4    def increment(page_num: int,
5                  last: int,
6                  *,
7                  ignore_error: bool = False) -> Optional[int]:
8        """다음 페이지 번호를 반환함
9
10       :param page_num: 원래 페이지 번호
11       :param last: 마지막 페이지 번호
12       :param ignore_error: True면 페이지를 벗어난 경우에도 예외를 보내지 않음
13       :return: 다음 페이지 번호
14       """
15       next_page = page_num + 1
16       if next_page <= last:
17           return next_page
18       if ignore_error:
19           return None
20       raise ValueError("Invalid arguments")
21
22
23   #타입이 일치하지 않는 호출
24   increment(1, 10, ignore_error=1)
25
```

Expected type 'bool', got 'int' instead   ⋮

Parameter **ignore_error** of increment
ignore_error: bool

True면 페이지를 벗어난 경우에도 예외를 보내지 않
음   ⋮

그림 5.2 **PyCharm에서의 타입 힌트 활용 예시**

CHAPTER

6

클래스와 인스턴스

파이썬에서는 이제까지 타입이라고 부른 것을 구현하기 위해
클래스class라 불리는 구조를 이용합니다. 직접 새로운 클래스를
정의할 수 있다면 편리한 타입을 자유롭게 추가할 수 있으며, 내장
타입을 확장할 수 있으므로 프로그램의 폭이 확연히 넓어집니다.

이번 장에서는 파이썬의 클래스 기능의 개요를 소개한 뒤, 인스턴스 객체, 클래스
객체, 클래스 상속 등 파이썬에서 클래스를 사용할 때 꼭 필요한 항목에 관해 설명
합니다.

클래스class란 객체 타입을 정의하는 기능입니다. 클래스를 기반으로 생성된 객체는 인스턴스instance라고 불리며, 같은 클래스의 여러 인스턴스는 같은 특성을 가지면서 각각 독립된 상태를 유지합니다.

먼저, 실제로 클래스를 정의하고 클래스에 인스턴스를 만들어 봅니다. 이 장에서는 새로운 용어가 몇 가지 나오는데, 그때그때 설명합니다.

6.1.1 class 키워드를 이용한 클래스 정의

파이썬에서 클래스를 정의하는 구문은 다음과 같습니다.

```
class 클래스명(베이스 클래스명):
    def  메서드명(인수1, 인수2, ...):
        메서드에서 실행할 처리
        return 반환값
```

베이스 클래스base class를 지정하면 지정한 베이스 클래스의 특성을 상속해 서브 클래스를 정의할 수 있습니다. 베이스 클래스를 지정할 때는 ()도 포함해 생략할 수 있으며, 생략하면 object 클래스를 상속합니다. 메서드method란 클래스에 종속된 처리를 말하며, 앞 장에서 소개한 함수와 거의 같습니다.

예를 들어, 1장의 페이지를 표현하는 Page 클래스를 다음과 같이 정의할 수 있습니다. 일반적으로 클래스명에는 Page 혹은 MyPage와 같이 앞 글자를 대문자로 쓴 단어를 사용합니다.[1] 함수를 정의했을 때와 마찬가지로 클래스를 정의하면 그 이름의 클래스 객체가 만들어집니다.

```
>>> class Page:  # 클래스 정의
...    def __init__(self, num, content):
...        self.num = num  # 페이지 번호
...        self.content = content  # 페이지 내용
...    def output(self):
...        return f'{self.content}'
```

---

1   단어의 앞 문자를 대문자로 써서 연결하는 표기법을 일반적으로 캐멀 케이스(camel case)라고 부릅니다.

```
...
>>> Page    # 클래스 객체 Page가 정의됨
<class '__main__.Page'>
```

이 Page 클래스에서 작성한 인스턴스는 공통으로 num과 content라는 두 개의 속성을 가집니다. 이들은 인스턴스별로 고유의 값이 되므로 인스턴스 변수instance variable라고 부릅니다. 또한, __init__()과 output()은 이 클래스 인스턴스가 가진 메서드입니다.

6.1.2 인스턴스 만들기

클래스 객체에 ()를 붙여서 호출하면 인스턴스를 만들 수 있습니다. 이는 인스턴스화 instantiation라고도 부릅니다. 상세한 내용은 뒤에서 설명할 텐데, 이때 클래스 객체에 전달되는 인수를 __init__() 메서드에게 전달하여 인스턴스 초기화에 이용합니다.

그럼 Page 클래스에서 인스턴스를 만들어 봅니다. 다음 예시에서는 Page 클래스의 인스턴스인 title_page를 만듭니다.

```
# 인스턴스화
>>> title_page = Page(0, 'Python Practice Book')
>>> type(title_page)   # 인스턴스의 클래스를 확인함
<class '__main__.Page'>

# Page 클래스의 인스턴스인지 확인함
>>> isinstance(title_page, Page)
True

# 인스턴스가 가진 속성을 확인함
>>> dir(title_page)
['__class__', ..., 'content', 'num', 'output']
```

6.2 인스턴스 — 클래스를 기반으로 만들어진 객체

인스턴스instance는 클래스 정의의 내용에 기술된 메서드나 변수를 가지고 있습니다. 인스턴스가 가진 메서드를 인스턴스 메서드instance method라고 부릅니다. 인스턴스 메서드에서는 그 처리 중에 인스턴스 자신에게 접속할 수 있습니다. 인스턴스가 가진 인스턴스 변수는 각각 인스턴스 고유의 독립 데이터입니다.

인스턴스 메서드 — 인스턴스에 묶인 메서드

인스턴스 메서드를 정의하는 구문은 함수 정의와 거의 같습니다. 클래스 정의 안에 정의된 첫 번째 인수에 self를 지정하는 것 외에는 일반적인 함수와 다르지 않습니다. 첫 번째 인수에는 반드시 인스턴스 자신의 객체를 전달해야 하므로 가인수 이름에는 관례적으로 self를 사용합니다.

앞의 Page 클래스에서 정의한 output()은 인스턴스 메서드입니다. 인스턴스 메서드를 실행할 때는 title_page.output()과 같이 인스턴스의 속성으로 메서드를 호출합니다. 호출 시 인수를 전달하지는 않지만, 인스턴스 메서드의 첫 번째 인수 self에는 인스턴스 메서드를 실행한 인스턴스 객체 자신을 전달합니다.

```
>>> title_page.output()   # 인스턴스 메서드 호출
'Python Practice Book'
```

column

메서드 객체와 함수 객체

인스턴스 메서드와 함수는 기능상 아무런 차이가 없습니다. 다음에 표시한 것처럼 인스턴스 메서드와 함수는 모두 function 클래스의 인스턴스로 구현할 수 있습니다.

```
>>> class Klass:
...     def some_method(self):   # 인스턴스 메서드 정의
...         print('method')
...
>>> def some_function(self):   # 같은 인수의 함수 정의
...     print('function')
...

# 함수는 function 클래스의 인스턴스임
>>> type(some_function)
<class 'function'>

# 인스턴스 메서드도 function 클래스의 인스턴스
>>> type(Klass.some_method)
<class 'function'>
```

또한, 다음 코드를 실행하면 메서드가 함수인 것을 실감할 수 있습니다. 앞서 function 클래스로 표시된 속성 some_method가 이번에는 method 클래스로 표시됩니다. 이처럼 인스턴스 속성으로 클래스 객체에 연결된 함수를 참조하면 그 함수는 인스턴스 메서드로 변환됩니다.

```
# 인스턴스를 통해 접근하면 method 클래스가 됨
>>> kls = Klass()
>>> type(kls.some_method)
<class 'method'>
```

파이썬에서는 속성 검색을 실행 시 수행하므로 인스턴스 메서드를 동적으로 추가할 수도 있습니다.

```
# 클래스 객체의 속성에 함수를 추가
>>> Klass.some_function = some_function

# 인스턴스 메서드로 실행
>>> kls.some_function()
<class 'function'>
```

여기에서는 파이썬의 구조를 이해하기 위해 동적인 인스턴스 메서드를 추가했습니다. 그러나 이런 코드는 가독성이나 유지보수성이 떨어지므로 학습이나 실험 목적으로만 사용하기 바랍니다.

6.2.2 인스턴스 변수 — 인스턴스가 유지하는 변수

인스턴스의 속성에 값을 대입해 인스턴스 변수를 정의할 수 있습니다. 인스턴스 변수는 각 인스턴스가 독립적으로 가집니다.

다음 예시에서는 앞에서 작성한 인스턴스 title_page에 새로운 인스턴스 변수인 section을 정의합니다. 그러나 다른 인스턴스 first_page에 그 속성은 존재하지 않으므로 접근하려고 하면 AttributeError가 발생합니다.

```
>>> title_page.section = 0
>>>title_page.section
0
>>> first_page = Page(1, 'first page')
>>> first_page.section
Traceback (most recent call last):
  File "<stdin>", line 1, in <module>
AttributeError: 'Page' object has no attribute 'section'
```

6.2.3 인스턴스 초기화

앞에서는 title_page에만 인스턴스 변수 section을 정의했습니다. 그러나 Page 클래스 인스턴스에는 공통으로 인스턴스 변수 section을 갖도록 하고 싶습니다. 이때 사용하는 메서드가 __init__()입니다. __init__()과 같이 메서드 이름 앞뒤에 언더스코어가 두 개(__) 붙어있는 메서드를 특수 메서드라고 부르며, 파이썬이 사양에 따라 암묵적으로 호출합니다. 특수 메서드는 __init__() 이외에도 여러 가지가 존재하며 8.2절에서 대표적인 것들을 소개합니다.

■ __init__() ─ 인스턴스 초기화를 수행하는 특수 메서드

특수 메서드 __init__()은 인스턴스 생성 직후에 자동으로 호출됩니다. 일반적인 인스턴스 메서드와 같이 첫 번째 인수에 인스턴스 자신이 전달됩니다. 또한, 인스턴스화 시에 전달된 값이 두 번째 인수 이후에 그대로 전달되므로 이 값들을 이용할 수 있습니다. 즉, 특수 메서드 __init__()은 인스턴스의 초기화에 이용할 수 있고, 여기에서 인스턴스에 속성을 추가하면 이 클래스의 모든 인스턴스가 그 속성을 갖게 됩니다.

여기에서 Page 클래스 정의를 수정해 인스턴스 변수에 section을 추가합니다. 인스턴스 변수가 num, content 그리고 추가한 section임을 알 수 있습니다.

```
# 클래스 정의
>>> class Page:
...     def __init__(self, num, content, section=None):
...         self.num = num
...         self.content = content
...         self.section = section
...     def output(self):
...         return f'{self.content}'
...
```

■ 인수를 전달해 인스턴스화하기

다시 Page 클래스를 인스턴스화해 봅니다. 인스턴스화할 때는 인수 num과 content를 지정해야 합니다. 또한, 인수 section도 선택적으로 지정할 수 있습니다.

```
# 인스턴스 작성
>>> title_page = Page(0, 'Python Practice Book')
>>> title_page.section  # section은 None
>>> title_page.output()
'Python Practice Book'
```

```
# section을 지정해 다른 인스턴스를 작성
>>> first_page = Page(1, 'first page', 1)
>>> first_page.section  # section이 지정되어 있음
1
>>> first_page.output()
'first page'
```

■ __init__()과 __new__()의 차이 — 이니셜라이저와 컨스트럭터

__init__()는 인스턴스 초기화에 사용하는 특수 메서드입니다. 인스턴스 초기화라고 하면 자바나 C++ 등의 컨스트럭터constructor를 떠올리는 분도 많을 것입니다. 컨스트럭터는 인스턴스를 생성하는 처리를 의미하며, 자바나 C++에서는 인스턴스 초기화도 컨스트럭터로 수행합니다. 그러나 파이썬의 특수 메서드 __init__()은 인스턴스 생성 후 호출되는 점이 컨스트럭터와 다릅니다. 그렇기 때문에 특수 메서드 __init__()은 컨스트럭터가 아니라 이니셜라이저initializer라고 불립니다.

파이썬에서 컨스트럭터에 대응하는 메서드는 특수 메서드 __new__()로, 이 반환값은 그 클래스의 인스턴스가 됩니다.[2] 다시 말해 클래스 객체를 호출해 인스턴스화를 수행할 때는, 우선 특수 메서드가 __new__()를 호출한 뒤 그 반환값을 __init__()의 첫 번째 인수인 self로 전달합니다.

```
>>> class Klass:
...     def __new__(cls, *args):  # 컨스트럭터
...         print(f'{cls=}')
...         print('new', args)
...         # 작성한 인스턴스를 반환함
...         return super().__new__(cls)
...     def __init__(self, *args): # 이니셜라이저
...         # 인스턴스 초기화는 여기에서 수행함
...         print('init', args)
...

# 인스턴스화
>>> kls = Klass(1, 2, 3)
cls=<class '__main__.Klass'>
```

---

2 특수 메서드 __new__()는 첫 번째 인수가 그 클래스의 클래스 객체이기 때문에 클래스 메서드(class method)라고 불립니다. 일반적으로 클래스 메서드는 @classmethod를 붙여 정의하지만, __new__()는 예외적으로 @classmethod를 붙이지 않아도 됩니다.

```
new (1, 2, 3)
init (1, 2, 3)
```

■ __new__() 사용 시 주의점

대부분 인스턴스 초기화는 특수 메서드 __init__()으로 대응할 수 있습니다. 그래서 파이썬에서는 특수 메서드 __new__()를 사용해 인스턴스 커스터마이즈를 하는 상황이 적습니다.

특수 메서드 __new__()를 이용하면 일반적인 동작에서는 상상할 수 없는 동작을 간단히 구현할 수 있습니다. 예를 들어, 다음 코드의 Evil 클래스는 특수 메서드 __new__()가 1을 반환합니다. 따라서 이 Evil 클래스를 인스턴스화해도 얻어진 인스턴스는 Evil 클래스의 인스턴스가 되지 않습니다.

```
>>> class Evil:
...     def __new__(cls, *args):
...         return 1
...

# Evil 클래스 인스턴스화
>>> evil = Evil()
>>> isinstance(evil, Evil)
False
>>> type(evil)
<class 'int'>

# 인스턴스는 __new__()의 반환값
>>> evil
1
```

앞의 코드가 있다면 Evil 클래스가 __new__()를 커스터마이즈한 것임을 알 수 있습니다. 그러나 만약 다음 코드만 확인할 수밖에 없다면, 어떤 일이 일어나는지 상상하기 어렵습니다.

```
>>> class MyClass(Evil):
...     def print_class(self):
...     print('MyClass')
...
>>> my = MyClass()
```

```
# 추가되었어야 할 메서드를 이용할 수 없음
>>> my.print_class()
Traceback (most recent call last):
  File "<stdin>", line 1, in <module>
AttributeError: 'int' object has no attribute 'print_class'
>>> my
1
```

이런 코드는 혼란에 빠지기 쉽고 코드 품질도 크게 떨어집니다. 프레임워크나 라이브러리를 만들 때 정말 필요한 것 이외에는 특수 메서드 __new__() 이용을 지양하도록 합니다.

6.2.4 프로퍼티 — 인스턴스 메서드를 인스턴스 변수와 같이 다룸

프로그램을 작성하다 보면 '다른 인스턴스 변수로부터 얻을 수 있는 값을 사용하고 싶다', '인스턴스 변수에 대입된 값을 확인하고 싶다'라고 생각할 때가 있습니다. 그 전형적인 예시의 하나로 전자상거래e-commerce, EC 사이트에서의 제품 가격을 들 수 있습니다. 예를 들어, 할인을 할 때 할인 후 가격은 원래 가격에서 계산해서 반환하는 것이 좋을 것입니다. 또한, 할인율(%)에 음숫값이나 100을 넘는 값을 설정했을 때는 에러 처리를 해야 할 것입니다.

파이썬에서는 이런 요청을 실현하기 위한 구조로서 프로퍼티property를 제공합니다. 다음 코드는 실제 프로퍼티를 사용한 예시입니다. 코드에 관해서는 뒤에서 자세히 설명하므로 먼저 이 상태로 실행해 봅니다.

```
>>> class Book:
...     def __init__(self, raw_price):
...         if raw_price < 0:
...             raise ValueError('price must be positive')
...         self.raw_price = raw_price
...         self._discounts = 0
...     @property
...     def discounts(self):
...         return self._discounts
...     @discounts.setter
...     def discounts(self, value):
...         if value < 0 or 100 < value:
```

```
...          raise ValueError(
...              'discounts must be between 0 and 100')
...          self._discounts = value
...      @property
...      def price(self):
...        multi = 100 - self._discounts
...        return int(self.raw_price * multi / 100)
...
```

클래스를 정의했다면 인스턴스를 만들어 동작을 확인해 봅니다. 여기에서는 다음 세 가지에 주목합니다.

- 인스턴스 변수와 같이 price와 discounts에 접근할 수 있는가?
- 할인율이 가격에 반영되어 있는가?
- 할인율에 정확하지 않은 값이 설정되어 있지 않은가?

```
>>> book = Book(2000)
>>> book.discounts  # 초기 할인율 0
0
>>> book.price  # 초기 가격 2000
2000
>>> book.discounts = 20  # 할인율 설정
>>> book.price  # 할인 후의 가격
1600
>>> book.discounts = 120  # 할인율이 100을 초과하면 에러 발생
Traceback (most recent call last):
  File "<stdin>", line 1, in <module>
  File "<stdin>", line 13, in discounts
ValueError: discounts must be between 0 and 100
```

그럼 위 코드에 관해 자세히 살펴봅니다.

■ property — 값을 얻을 때 호출되는 메서드

Book 클래스 정의에는 discounts()와 price(), 두 개의 @property가 붙은 인스턴스 메서드가 정의되어 있습니다. 이처럼 인스턴스 메서드에 @property를 붙이면 그 인스턴스 메서드는 ()를 붙이지 않고도 호출할 수 있습니다. @로 시작하는 문자열을 이용해 메서드를 수식하는 파이썬의 기능을 데커레이터decorator라고 부릅니다. 데커레이터에 관해서는 9.2절에서 자세히 설명합니다.

여기에서는 인스턴스 변수 book.discounts에 접근하면 실제로는 인스턴스 변수 _discounts에 저장된 값이 반환됩니다. 또한, 인스턴스 변수 book.price의 값은 _discounts에 설정된 할인율이 반영된 가격이 됩니다. 이처럼 인스턴스 메서드를 마치 인스턴스 변수처럼 다루는 기능을 프로퍼티property라고 부르며, @property가 붙은 메서드는 값을 얻을 때 호출되기 때문에 getter라고도 부릅니다. 프로퍼티에는 getter 외에 setter, deleter라고 불리는 두 종류가 더 있습니다. deleter는 del 문이 실행 시 호출하는데 이 책에서는 설명하지 않습니다.

■ setter — 값을 설정할 때 호출되는 메서드

Book 클래스에는 @discounts.setter가 붙어있는 인스턴스 메서드 discounts()도 정의되어 있습니다. 이는 setter라고 불리며 book.discounts = 20과 같이 값을 대입할 때 호출됩니다. 메서드 이름에는 @property를 붙인 메서드명을 그대로 이용해야만 합니다. 여기에서는 할인율을 표현하는 인스턴스 변수 book.discounts에 음수나 100을 넘는 값이 대입되는 것을 방지하고 있습니다.

```
>>> book.discounts = -20
Traceback (most recent call last):
  File "<stdin>", line 1, in <module>
  File "<stdin>", line 13, in discounts
ValueError: discounts must be between 0 and 100
```

또한, 인스턴스 메서드 discounts()와 달리 @price.setter가 붙은 인스턴스 메서드 price()는 정의되어 있지 않습니다. 이로 인해 book.price는 값을 대입할 수 없는 읽기 전용 인스턴스 변수가 됩니다.

```
>>> book.price = 1000
Traceback (most recent call last):
  File "<stdin>", line 1, in <module>
AttributeError: can't set attribute
```

6.2.5 클래스와 인스턴스의 프라이빗 속성

앞의 Book 클래스에서는 할인율을 저장할 때 앞 문자에 언더스코어(_)를 붙인 인스턴스 변수명 _discount를 이용했습니다. 앞 문자에 _를 붙인 이유는 인스턴스 변수 _discount가 클래스나 인스턴스 사용자에게는 공개할 필요 없는 내부용 프라이빗 변수이기 때문입니다.

■ 언더스코어로 시작하는 속성

파이썬에서는 인스턴스 변수 _discount와 같이 변수나 메서드의 앞 문자에 _를 붙여 그 변수나 메서드가 프라이빗 속성임을 표현합니다. '표현한다'고 한 것은 파이썬 언어 사양에 프라이빗 속성은 없기 때문입니다. 즉, _로 시작하는 속성이라도 참조하고자 하면 외부에서 참조할 수 있습니다.

```
>>> book._discounts   # _로 시작하는 변수도 참조할 수 있음
20
```

■ 언더스코어 두 개로 시작하는 속성

속성 앞 문자에 언더스코더 두 개(__)를 붙이면 이름 수식_{name mangling 또는 name decoration}은 실행합니다. 이름 수식이란 Klass 클래스의 변수 __x를 _Klass__x라는 이름으로 변환하는 기능입니다. 이는 서브 클래스에서의 이름 충돌을 방지하기 위해 사용합니다.

```
>>> class Klass:
...   def __init__(self, x):
...     self.__x = x
...
>>> kls = Klass(10)
>>> kls.__x   # 이 이름으로는 참조할 수 없음
Traceback (most recent call last):
  File "<stdin>" in <module>
AttributeError: 'Klass' object has no attribute '__x'
```

__로 시작하는 속성 또한 이 변환 규칙을 알고 있다면 외부에서도 참조할 수 있습니다.

```
>>> kls._Klass__x   # 변환 규칙을 알고 있다면 참조할 수 있음
10
```

■ **프라이빗 속성에 대한 파이썬 커뮤니티의 사상**

_나 __로 시작하는 속성은 변환 규칙을 알고 있다면 참조할 수 있지만, 이는 개발자들이 프라이빗 API라고 선언한 것입니다. 프라이빗 API라고 선언한 이상 아무런 고지 없이 변경하거나 삭제를 수행할 수 있습니다.

'파이썬을 여행하는 히치하이커를 위한 안내서The Hitchhiker's Guide to Python!'[3]에는 '우리는 모두 책임감 있는 사용자We are all responsible users'[4]라는 제목의 절이 있습니다. 이는 개발자가 프라이빗 API라고 표명한 이상 '클라이언트 코드에서는 그 API는 이용하지 않는다', '이용은 어디까지나 스스로의 책임이다'라는 파이썬 커뮤니티의 사상을 표현한 말이라고 할 수 있습니다.

덧붙여 인스턴스 변수를 항상 프라이빗 변수로 해서 getX()나 setX()와 같은 접근자 accessor라고 불리는 메서드 제공을 권장하는 언어도 있습니다. 그러나 파이썬에서는 그런 접근자는 정의하지 않고, _를 붙이지 않은 인스턴스 변수를 정의하고 그대로 공개할 때가 많습니다.

6.3 클래스 — 인스턴스의 모형이 되는 객체

클래스는 인스턴스를 만들기 위한 모형입니다. 그러나 클래스에서 정의하는 것은 인스턴스 변수나 인스턴스 메서드뿐만이 아닙니다. 클래스 변수나 클래스 메서드도 클래스의 일부로 정의합니다. 클래스 변수나 클래스 메서드는 클래스 객체의 속성이기 때문에 인스턴스가 없어도 이용할 수 있습니다.

6.3.1 클래스 변수 — 클래스 객체가 유지하는 변수

클래스 변수class variable는 클래스 객체에 속한 변수로 클래스 객체에서 참조할 수 있습니다. 또한, 인스턴스 변수와 마찬가지로 그 클래스의 인스턴스에서도 클래스 변수를 참조할 수 있습니다. 단, 인스턴스 변수와 달리 해당 클래스의 모든 인스턴스에서 같은 변수를 공유합니다.

---

3 URL https://python-guide-kr.readthedocs.io/ko/latest/
4 URL https://python-guide-kr.readthedocs.io/ko/latest/writing/style.html#we-are-all-responsible-users

클래스 변수는 클래스 정의의 최상위에 변수를 정의해 만들 수 있습니다. 다음 예시에서는 Page 클래스에 클래스 변수 book_title을 정의하고 있습니다.

```
# 클래스 변수를 가진 클래스 정의
>>> class Page:
...     book_title = 'Python Practice Book'
...
```

클래스 객체에서 다음과 같이 클래스 변수를 참조할 수 있습니다.

```
>>> Page.book_title
'Python Practice Book'
>>> Page.book_title = 'No title'  # 클래스 변수 업데이트
>>> Page.book_title
'No title'
```

■ 클래스 변수는 인스턴스에서도 참조 가능

클래스 변수는 클래스 객체뿐만 아니라 인스턴스에서도 참조할 수 있습니다.

```
>>> first_page = Page()
>>> second_page = Page()

# 클래스 변수는 인스턴스에서도 참조 가능
>>> first_page.book_title
'No title'
>>> second_page.book_title
'No title'
```

클래스 변수를 변경할 때는 주의해야 합니다. 클래스 변수를 변경하고 싶을 때는 반드시 클래스 객체를 통해 대입해야 합니다.

```
# 클래스 변수 업데이트
>>> Page.book_title = 'Python Practice Book'

# 클래스 변수는 모든 인스턴스에서 공유됨
>>> first_page.book_title
'Python Practice Book'
>>> second_page.book_title
'Python Practice Book'
```

만약 인스턴스를 통해 대입하면 클래스 변수가 변경되지 않습니다. 그 인스턴스에만 존재하는 새로운 인스턴스 변수로 정의됩니다.

```
# 아래는 인스턴스 변수가 됨
>>> first_page.book_title = '[Draft]Python Practice Book'
>>> first_page.book_title
'[Draft]Python Practice Book'

# 클래스 변수는 변경되지 않음
'Page.book_title'
'Python Practice Book'
```

클래스 변수와 같은 이름의 인스턴스 변수를 정의하면 그 인스턴스의 속성을 사용해 클래스 변수에 접근할 수 없습니다. 이는 클래스 객체의 속성보다 먼저 인스턴스 객체의 속성이 검색되기 때문입니다.

```
>>> first_page.book_title  # 인스턴스 변수
'[Draft]Python Practice Book'

# 인스턴스 변수 삭제
>>> del first_page.book_title

# 인스턴스 속성이 아니므로 클래스 속성이 검색됨
>>> first_page.book_title
'Python Practice Book'
```

이 구조를 이용하면 인스턴스 변수 초깃값으로 클래스 변수를 이용할 수 있습니다.

6.3.2 클래스 메서드 — 클래스에 속한 메서드

클래스 메서드는 클래스에 속한 메서드로, 첫 번째 인수에 클래스 객체를 전달합니다. 클래스 메서드는 @classmethod를 붙이는 점 외에는 인스턴스 메서드와 동일한 형태로 정의할 수 있습니다. 단, 첫 번째 인수가 클래스 객체이므로 일반적으로 self가 아니라 cls라고 기술합니다.

다음 Page 클래스는 클래스 메서드 print_pages()를 가집니다.[5]

```
# 속성을 이용한 정렬에 사용할 수 있는 표준 라이브러리를 임포트
>>> from operator import attrgetter
>>> class Page:
...     book_title = 'Python Practice Book'
...     def __init__(self, num, content):
...         self.num = num
...         self.content = content
...     def output(self):
...         return f'{self.content}'
...     # 클래스 메서드의 첫 번째 인수는 클래스 객체
...     @classmethod
...     def print_pages(cls, *pages):
...         # 클래스 객체 이용
...         print(cls.book_title)
...         pages = list(pages)
...         # 페이지순으로 정렬해서 출력
...         for page in sorted(pages, key=attrgetter('num')):
...             print(page.output())
...
```

클래스 메서드를 이용할 때는 클래스 변수와 마찬가지로 클래스 객체로부터 호출합니다. 또한, 인스턴스를 통해 호출할 수도 있습니다.

```
>>> first = Page(1, 'first page')
>>> second = Page(2, 'second page')
>>> third = Page(3, 'third page')

# 클래스 메서드 호출
>>> Page.print_pages(first, third, second)
Python Practice Book
first page
second page
third page

# 인스턴스에서도 호출할 수 있음
>>> first.print_pages(first, third, second)
Python Practice Book
first page
second page
```

---

5 page 클래스에서 이용하는 내장 함수 sorted()의 사용법은 8.1절에서 소개합니다.

■ 스태틱 메서드 — 함수처럼 동작하는 메서드

스태틱 메서드static method는 클래스 메서드와 거의 같은 구문으로 @staticmethod를 사용해 만들 수 있습니다. 스태틱 메서드의 인수에는 인스턴스나 클래스 객체는 전달되지 않고, 호출 시 전달한 값이 그대로 전달됩니다. 즉, 스태틱 메서드는 단순한 함수와 같습니다.

```
>>> class Page:
...     def __init__(self, num, content):
...         self.num = num
...         self.content = content
...     @staticmethod  # 스태틱 메서드로 정의
...     def check_blank(page):
...         return bool(page.content)
...
>>> page = Page(1, '')
>>> Page.check_blank(page)
False
```

파이썬은 클래스를 정의하지 않고도 함수를 이용할 수 있는 언어입니다. 또한, 모듈 안에서 함수를 정의하기 때문에 os.open()이나 gzip.open()과 같이 함수에서도 알기 쉬운 이름을 이용할 수 있습니다. 그러므로 스태틱 메서드를 적극적으로 사용할 이유는 그다지 많지 않습니다. 함수로 끝낼 수 있는 처리라면 함수를 만드는 편이 테스트하기도 쉽고 간단하여 코드의 가독성이 높아집니다.[6]

```
>>> def check_blank(page):  # 함수로 문제없음
...     return bool(page.content)
...
>>> check_blank(page)
False
```

---

6 1.3절에서 소개한 파이썬의 선(The Zen of Python)에도 '평평한 것이 중첩된 것보다 낫다(Flat is better than nested)'라고 쓰여있습니다.

6.4 클래스 상속

파이썬에서는 클래스를 정의할 때 클래스명 뒤에 **(베이스 클래스)**를 붙여, 그 베이스 클래스의 속성을 상속한 클래스를 정의할 수 있습니다. 이를 클래스 상속class inheritance이라고 합니다. 서브 클래스에서는 베이스 클래스가 가진 메서드를 그대로 이용하면서, 새로운 메서드나 변수를 추가할 수 있습니다. 또한, 필요에 따라 베이스 클래스가 가진 메서드를 덮어쓸 수 있습니다.

6.4.1 메서드 오버라이드와 super()를 사용한 베이스 클래스로의 접근

베이스 클래스가 가진 메서드와 같은 이름의 메서드를 정의해, 그 메서드를 덮어쓸 수 있습니다. 이를 메서드 오버라이드method override라고 합니다. 오버라이드한 메서드에서는 베이스 클래스의 메서드를 자동으로 호출하지 않습니다. 그러므로 베이스 클래스의 메서드를 이용하고 싶을 때는 명시적으로 호출해야 합니다.

베이스 클래스의 메서드를 호출할 때는 내장 함수 super()를 이용합니다. 그리고 내장 함수 super()에서 반환하는 객체는 적절한 베이스 클래스에 처리를 이양하기 위한 프록시 객체proxy object이며, 그 클래스 자체는 아닙니다.

```
>>> class Page:
...     def __init__(self, num, content):
...         self.num = num
...         self.content = content
...     def output(self):
...         return f'{self.content}'
...

# 메서드 오버라이드
>>> class TitlePage(Page):
...     def output(self):
...         # 베이스 클래스의 메서드는 자동으로 호출되지 않으므로
...         # 명시적으로 호출함
...         title = super().output()
...         return title.upper()
...
>>> title = TitlePage(0, 'Python Practice Book')
>>> title.output()
'PYTHON PRACTICE BOOK'
```

6.4.2 모든 객체는 object 클래스의 서브 클래스

파이썬에서는 내장 타입을 포함해 모든 클래스의 베이스 클래스로 object 클래스가 있습니다.[7] 즉, 모든 객체는 object 클래스의 서브 클래스이며, 내장 타입은 물론 사용자가 정의한 클래스도 동일하게 서브 클래스로 정의할 수 있습니다.

```
>>> class Length(float):   # 내장 타입의 서브 클래스 작성
...     def to_cm(self):
...         return super().__str__() + 'cm'
...
>>> pencil_length = Length(16)
>>> print(pencil_length.to_cm())
16.0cm
```

6.4.3 다중 상속 — 여러 베이스 클래스를 지정

파이썬의 클래스 구조는 다중 상속multiple inheritance을 지원합니다. 다중 상속이란 베이스 클래스에 여러 클래스를 지정하는 것을 말합니다. 클래스를 정의할 때, 베이스 클래스를 콤마(,)로 구분해 여러 개 나열하면 다중 상속이 됩니다.

다중 상속의 효과적인 이용 예시의 하나로 믹스인Mixin이라 불리는 방법이 있습니다. 믹스인이란 원래의 클래스 계층과는 직접적으로는 관련되어 있지 않은 처리를 기능 단위로 모으는 것입니다.

믹스인의 예시로 HTML 형식으로 페이지를 출력하는 기능을 제공하는 HTMLPageMixin 클래스를 소개합니다.

```
>>> class HTMLPageMixin:
...     def to_html(self):
...         return f'<html><body>{self.output()}</body></html>'
...
```

---

7   object 클래스는 파이썬 2.2에서 도입했습니다. 그래서 파이썬 2계열에서 object 클래스를 상속한 클래스를 정의할 때는 하위 호환성을 위해 베이스 클래스에 object 클래스를 명시적으로 지정해야 했습니다. 파이썬 3계열에서는 베이스 클래스를 생략하면 자동으로 object 클래스를 상속합니다.

이 `HTMLPageMixin` 클래스를 사전에 정의하면 HTML 형식으로 페이지를 출력하는 기능이 필요한 클래스에는 이 클래스를 상속하는 것만으로 간단하게 그 기능을 추가할 수 있습니다.

```
# 다중 상속을 사용한 Mixin 이용
>>> class WebPage(Page, HTMLPageMixin):
...     pass
...
>>> page = WebPage(0, 'web content')
>>> page.to_html()
'<html><body>web content</body></html>'
```

물론 믹스인이 아니라 Page 클래스의 서브 클래스에서 `to_html()` 메서드를 정의해도 동일한 처리를 구현할 수 있습니다. 그러나 믹스인을 사용하면 Page 클래스의 책임 범위를 페이지 내용에 관한 부분으로 한정할 수 있으며, 그 페이지를 어떻게 다룰 것인가 하는 로직을 Page 클래스에서 분리해서 관리할 수 있는 장점이 있습니다.

6.4.4 다중 상속 시 주의점

다중 상속은 편리한 기능이지만 주의할 점도 있습니다.

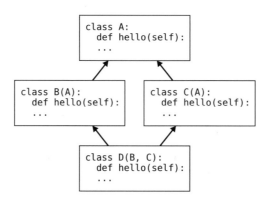

그림 6.1 다이아몬드 문제를 잠재하고 있는 다중 상속

예를 들어, 그림 6.1과 같은 모형 상속 관계에서 각 클래스에 같은 이름의 메서드가 있는 경우를 생각해 볼 수 있습니다. 이 그림의 구조를 코드로 나타내면 다음과 같습니다.

```
>>> class A:
...     def hello(self):
...         print('Hello')
...
>>> class B(A):
...     def hello(self):
...         print('Hola')
...         super().hello()   # 베이스 클래스의 메서드를 실행
...
>>> class C(A):
...     def hello(self):
...         print('안녕하세요')
...         super().hello()   # 베이스 클래스의 메서드를 실행
...
>>> class D(B, C):
...     def hello(self):
...         print('Xin Chao')
...         super().hello()   # 베이스 클래스의 메서드를 실행
...
```

그럼 여기에서 D 클래스의 인스턴스인 d를 만들고, 인스턴스 메서드 d.hello()를 실행하면 그 출력 결과는 어떻게 될까요? 실제로 실행하고 결과를 확인해 봅니다.

```
>>> d = D()
>>> d.hello()
Xin Chao   # 클래스 D의 메서드
Hola   # 클래스 B의 메서드
안녕하세요   # 클래스 C의 메서드
Hello   # 클래스 A의 메서드
```

예상한 결과가 나왔습니까? 다중 상속 기능을 지원하는 언어에서는 여러 상속원이 같은 이름의 메서드를 가지고 있을 때 경쟁을 해결해야만 합니다. 이를 일반적으로 다이아몬드 문제diamond problem라고 부릅니다. 파이썬에서는 이 문제를 메서드 결정 순서Method Resolution Order에 따라 해결합니다.

■ __mro__ 속성을 이용한 메서드 결정 순서 확인

메서드 결정 순서는 그 이름대로 메서드를 검색할 때의 순서를 의미하는 것으로, 클래스 객체의 튜플로 표현합니다.[8] 여기에서는 그 순서를 결정하는 알고리즘까지는 상세히 다루지 않으므로 자세한 내용을 알고 싶은 분은 'The Python 2.3 Method Resolution Order'[9]를 참조하기 바랍니다.

메서드 결정 순서는 클래스 객체의 __mro__ 속성에서 확인할 수 있으며, 파이썬은 이 __mro__ 속성에 저장되어 있는 튜플의 앞에서부터 순서대로 메서드를 검색합니다. 예를 들어, 앞의 D 클래스의 __mro__ 속성을 확인해 보면 다음과 같습니다.

```
>>> D.__mro__  # 메서드 결정 순서 확인
(<class '__main__.D'>, <class '__main__.B'>, <class '__main__.C'>, <class
'__main__.A'>, <class 'object'>)  실제로는 1행
```

여기에서 한 번 더 인스턴스 메서드 d.hello()의 실행 결과를 확인해 봅니다. D.__mro__의 순서와 비교해 보면 그 순서가 일치합니다. 다중 상속을 이용할 때 원하는 동작을 하지 않는다면 해당 클래스의 __mro__ 속성을 확인하기 바랍니다.

```
>>> d.hello()
Xin Chao  # 클래스 D의 메서드
Hola  # 클래스 B의 메서드
안녕하세요  # 클래스 C의 메서드
Hello  # 클래스 A의 메서드
```

클래스 계층 구조가 깊어지거나 복잡해지면 코드 유지보수성이 낮아집니다. 따라서 불필요한 상속은 피하고, 클래스 계층 구조는 가능한 단순하게 유지하는 것이 좋습니다.

---

8 이름은 메서드 결정 순서이지만, 파이썬에서는 메서드 외의 속성 검색에서도 이용하고 있습니다.
9 URL https://www.python.org/download/releases/2.3/mro/

6.5 정리

이번 장에서는 클래스와 인스턴스 사용법을 소개했습니다.

파이썬의 클래스는 구문은 물론 구조도 비교적 단순합니다. 그중에서도 클래스나 인스턴스가 가진 메서드의 기반은 앞 장에서 소개한 함수입니다. 파이썬은 간단한 처리라면 함수만으로도 대응할 수 있습니다. 하지만 규모가 커지면 클래스나 인스턴스를 이용할 수밖에 없습니다. 더 많은 문제를 해결해 나가기 위해서도 클래스나 인스턴스 그리고 메서드에 관해 잘 이해하기 바랍니다.

7

모듈, 패키지, 이름 공간, 스코프

파이썬 코드를 기술한 파일을 모듈이라고 부르며
재사용성reusability과 유지보수성maintainability 및 이식성portability을
높이기 위해 사용합니다. 여러 모듈을 정리하고 집약해 패키지로
만들면 그 편리함은 한층 커집니다.

이번 장에서는 모듈과 패키지를 만드는 방법 그리고 이들을 사용하기 위해 필요한
임포트의 구조에 관해 설명합니다. 또한, 임포트를 할 때는 이름 공간과 변수의 스
코프에 대해서도 이해해야 하므로 해당 내용도 함께 알아봅니다.

모듈 ─ 코드를 기술한 .py 파일

소스 코드를 파일에 기술하여 반복 실행을 지원하는 것을 일반적으로 스크립트_{script}라고 부릅니다. 파이썬에서는 대화형 모드나 실행 중에 다른 파일에서 정의한 클래스나 함수를 읽어 들여 사용할 수 있습니다. 이처럼 파이썬의 클래스나 함수를 사용하는 파일을 모듈이라고 부르며, .py라는 확장자 파일로 만듭니다. 연관된 처리별로 모듈을 만들면 프로그램 재사용성이나 유지보수성이 높아지며, 여러분이 만든 프로그램을 다른 사람과 공유할 수도 있습니다.

그리고 파이썬에서는 스크립트와 모듈 사이에는 명확한 차이가 없습니다. 이 책에서는 주요한 용도로써 python3 명령어로 직접 실행하는 것을 스크립트, 파이썬 코드 안에서 읽어 들여 사용하는 것을 모듈이라고 부릅니다. 하지만 모듈을 python3 명령어로 실행하거나, 스크립트를 모듈로 임포트할 수도 있습니다. 이들의 구조에 관해서는 이번 장에서 순서대로 설명합니다.

7.1.1 모듈 작성

실제 모듈을 만들어 봅니다. 다음의 내용으로 encoder.py를 작성합니다. 이 모듈에서는 넘겨받은 문자열을 Base64 형식의 바이너리 데이터로 변환하는 str_to_base64() 함수를 정의합니다.[1]

```
encoder.py
import base64


def str_to_base64(x):
    """문자열을 base64 표현으로 변환함

    b64encode()는 bytes-like object를 인수로 받으므로
    문자열은 encode()로 bytes 타입으로 변환해 전달함
    """
    return base64.b64encode(x.encode('utf-8'))
```

---

[1] Base64는 'RFC 3548 – The Base16, Base32 and Base64 Data Encodings'에 정의되어 있는 인코딩 방식입니다. 이미지 파일 등 바이너리의 데이터도 인코딩 가능하며, 인코딩 결과를 영문자 및 숫자 그리고 몇 가지 기호를 사용한 문자열로 다룰 수 있습니다.
URL https://tools.ietf.org/html/rfc3548.html

간단한 내용이지만 encoder 모듈을 만들었습니다. 이 모듈에서는 다음에 설명할 import 문을 이용해 표준 라이브러리인 base64 모듈을 읽어 들입니다.

7.1.2 모듈 임포트

모듈을 사용하려면 해당 모듈을 읽어 들여야 합니다. 이를 모듈 임포트라고 부르며, import 문을 사용해서 수행합니다.

그럼 encoder.py가 있는 디렉터리에서 대화형 모드를 실행한 뒤 encoder 모듈을 임포트해 봅니다. 모듈을 올바르게 임포트하면 해당 모듈 이름을 이용해 모듈 안의 최상위 레벨에서 정의되어 있는 객체에 접근할 수 있습니다.

```
>>> import encoder  # 모듈 임포트

# 변수 encoder는 module 클래스의 인스턴스
>>> type(encoder)
<class 'module'>

# encoder 모듈의 최상위 레벨 객체를 확인할 수 있음
>>> dir(encoder)
['__builtins__', ..., '__name__', '__package__', '__spec__', 'base64',
'str_to_base64']  실제로는 1행
```

위 결과로부터 모듈 객체는 module 클래스의 인스턴스인 점, 모듈 최상위 레벨의 객체를 속성으로 가지고 있는 점을 알 수 있습니다. 즉, encoder.py에 기술된 str_to_base64() 함수는 다음과 같이 실행할 수 있습니다.

```
# 모듈 안에서 정의된 함수 호출
>>> encoder.str_to_base64('python')
b'cHl0aG9u'  # 맨 앞의 b는 bytes 타입을 의미함
```

7.1.3 python3 명령어로 직접 실행하기

작성한 모듈을 대화형 모드에서 사용할 수 있지만, 매번 대화형 모드를 실행해서 import 문과 str_to_base64() 함수를 실행하기는 매우 번거롭습니다. 여기에선 encoder.py를 python3 명령어를 사용해 스크립트로 직접 실행할 수 있도록 합니다.

encoder.py를 다음과 같이 수정합니다.

```
encoder.py
import base64


def str_to_base64(x):
    """문자열을 base64 표현으로 변환함

    b64encode()는 bytes-like object를 인수로 받으므로
    문자열은 encode()로 bytes 타입으로 변환해 전달함
    """
    return base64.b64encode(x.encode('utf-8'))


print(str_to_base64('python'))
```

이제 python3 명령어를 사용해 실행할 수 있게 되었습니다. 실제로 동작을 확인해 봅니다.

```
$ python3 encoder.py
b'cHl0aG9u'
```

앞과 동일한 결과를 확인할 수 있습니다. 하지만 이 상태로는 변환하고자 하는 문자열이 바뀔 때마다 모듈 내용을 수정해야 하기 때문에 번거롭습니다. 따라서 변환 대상 문자열을 커맨드 라인 인수로 받도록 합니다.

■ 인수 얻기

python3 명령어 인수로 변환 대상 문자열을 받습니다. encoder.py를 다음과 같이 수정합니다.

```
encoder.py
import base64
import sys


def str_to_base64(x):
    """문자열을 base64 표현으로 변환함
```

```
    b64encode()는 bytes-like object를 인수로 받으므로
    문자열은 encode()로 bytes 타입으로 변환해 전달함
    """
    return base64.b64encode(x.encode('utf-8'))


target = sys.argv[1]
print(str_to_base64(target))
```

인수는 target = sys.argv[1] 행에서 얻습니다. 표준 라이브러리 sys 모듈의 인수 argv에는 python3 명령어의 인수가 리스트로 저장되어 있습니다. 이 리스트의 맨 처음 엘리먼트는 python3 명령어에 전달한 파일명입니다. 예를 들어, python3 encoder.py book을 실행하면 sys.argv에는 ['encodyr.py', 'book']이 저장됩니다.

그럼 실제로 실행해 봅니다. 가장 마지막 인수로 전달한 문자열을 바꾸면 출력 결과도 바뀌는 것을 확인합니다.

```
$ python3 encoder.py python
b'cHl0aG9u'
$ python3 encoder.py book
b'Ym9vaw=='
```

문자열 python을 전달하면 앞과 같은 결과가 출력되며, 다른 문자열인 book을 전달하면 결과가 달라지는 것을 확인할 수 있습니다. 스크립트로는 문제없어 보입니다.

대화형 모드에서 한 번 더 모듈로 사용해 봅니다.

```
>>> import encoder
Traceback (most recent call last):
  File "<stdin>", line 1, in <module>
  File "/Users/.../encoder.py", line 9, in <module>
    target = sys.argv[1]
IndexError: list index out of range
```

import 문을 실행하기만 해도 오류가 발생합니다. 오류 내용을 확인해 보면 오류가 발생한 위치는 target = sys.argv[1]인 것으로 보입니다. 이 행은 인수로부터 변환 대상 문자열을 얻는 처리를 합니다. 하지만 잘 생각해 보면 모듈로 사용할 때는 인수를 전달할

수 없습니다. 그러므로 encoder.py를 모듈로 사용할 때는 인수를 다루는 처리가 실행되지 않도록 해야 합니다.

■ 직접 실행할 때만 동작하는 코드

스크립트로 직접 실행할 때만 커맨드 라인 인수로부터 변환 대상 문자열을 얻는 처리를 실행하도록 합니다. encoder.py를 다음과 같이 수정합니다.

```python
encoder.py
import base64
import sys


def str_to_base64(x):
    """문자열을 base64 표현으로 변환함

    b64encode()는 bytes-like object를 인수로 받으므로
    문자열은 encode()로 bytes 타입으로 변환해 전달함
    """
    return base64.b64encode(x.encode('utf-8'))


def main():
    target = sys.argv[1]
    print(str_to_base64(target))


if __name__ == '__main__':
    main()
```

이것으로 encoder.py 작성을 마쳤습니다. 코드를 설명하기 전에 실제로 동작시켜 봅니다. 먼저, 스크립트로 직접 실행해 봅니다.

```
# python3 encoder.py python
b'cHl0aG9u'
```

앞과 똑같은 결과가 나옵니다. 계속해서 대화형 모드에서 모듈로 사용 가능한지 확인해 봅니다.

```
>>> import encoder
>>> encoder.str_to_base64('python')
b'cHl0aG9u'
```

이번에는 모듈로 이용해도 정상적으로 동작합니다. 그럼 여기에서 수정한 내용에 관해 자세하게 살펴보겠습니다.

■ if __name__ == '__main__': 블록의 의미

if __name__ == '__main__': 행이 모듈을 스크립트로 사용할 때 필요한 파이썬 이디엄idiom입니다. 파이썬에서는 모듈을 임포트하거나 스크립트로 python3 명령에 전달할 때는 해당 파일의 최상위 레벨의 코드를 위에서부터 순서대로 실행합니다. 즉, python3 encoder.py book의 실행 순서는 다음과 같습니다.

❶ base64 모듈을 임포트한다.
❷ sys 모듈을 임포트한다.
❸ str_to_base64() 함수를 정의한다.
❹ main() 함수를 정의한다.
❺ if 문의 조건식 __name__ == '__main__' 평가 결과가 참이 된다.
❻ main() 함수를 호출한다.
❼ 인수로부터 변환 대상 문자열을 얻는다.
❽ 변환 대상 문자열을 전달해 str_to_base64() 함수를 실행한 결과를 출력한다.

여기에서 __name__ == '__main__' 평가 결과가 참이 된다는 점에 주목해야 합니다. 이 식의 결과는 파이썬이 암묵적으로 정의하는 변수 __name__에 따라 결정됩니다. 즉, 어떤 모듈이 python3 명령어에 전달되면 해당 모듈 안의 변수 __name__의 값은 문자열 __main__이 됩니다.

■ 변수 __name__에 저장되는 값

대화형 모드나 다른 모듈에서 임포트하면 변수 __name__의 값은 어떻게 될까요? 대화형 모드를 실행한 뒤 실제 확인해 봅니다.

```
# 대화형 모드에서 정의되어 있으며, 값은 __main__
>>> __name__
'__main__'
```

```
# 임포트한 모듈에서의 값은 모듈 이름이 됨
>>> import encoder
>>> encoder.__name__
'encoder'
```

대화형 모드의 전역 변수 __name__은 __main__, 임포트된 모듈이 가진 속성 __name__
은 해당 모듈의 이름이 됩니다. 즉, 변수 __name__과 그 값의 관계는 표 7.1과 같습니다.

표 7.1 **변수 __name__의 종류와 그 값**

변수 __name__의 종류	변수 __name__에 저장된 문자열
대화형 모드의 전역 변수 __name__	__main__
스크립트로 실행될 때의 __name__	__main__
모듈로서 임포트될 때의 __name__	모듈 이름

파이썬에서는 이 구조를 사용해 하나의 파일을 모듈로도, 실행 가능한 스크립트로도 사
용할 수 있습니다. 또한, 이 구조 때문에 python3 명령어를 사용해 직접 실행한 스크립
트는 main 모듈이라고도 불립니다.

7.2 패키지 — 모듈의 집합

프로젝트 규모가 커질수록 모듈은 자연히 그 숫자가 늘어납니다. 모듈 수가 늘어나면 그
모듈들을 적절하게 관리해야 합니다. 이를 위해 파이썬에서는 여러 모듈을 모으는 기능
을 제공합니다. 이를 패키지package라고 부릅니다.

패키지의 실체는 모듈 또는 서브 패키지를 모아둔 디렉터리입니다. 일반적으로 패키지임
을 표시하기 위해 __init__.py를 배치합니다.[2] __init__.py에는 아무런 내용이 없어도
괜찮습니다. 관련된 모듈을 모아 적절하게 패키지를 만들면 프로젝트 규모가 커지더라도
유지보수성을 지킬 수 있습니다.

---

2 '일반적'이라 표기한 이유는 __init__.py가 없는 패키지도 만들 수 있기 때문입니다. 단, __init__.py가 없는 패키지는 이름 공간
패키지라고 불리는 특수한 패키지이며, 일반적으로는 __init__.py를 준비합니다.

또한, 패키지와 모듈은 프로그램상에서는 거의 차이가 나지 않기 때문에 패키지 또한 모듈이라 부르기도 합니다.

7.2.1 패키지 작성

패키지를 만들어 봅니다. 여기에서는 앞에서 작성했던 encoder.py에 대응하는 decoder.py를 준비한 뒤, b64 패키지로 사용할 수 있도록 합니다. 패키지를 만들려면 먼저 디렉터리가 필요합니다. b64/ 디렉터리를 만들고, 패키지임을 나타내는 __init__.py를 작성합니다.

```
$ mkdir b64

# 빈 __init__.py 작성
# Windows에서는 type nul > b64/__init__.py
$ touch b64/__init__.py
```

지금은 __init__.py밖에 없지만 이 상태로 충분히 패키지로서 임포트할 수 있습니다. 시험 삼아 패키지를 임포트해 봅니다. 모듈을 임포트할 때와 마찬가지로 import 문을 사용합니다. 패키지 객체는 모듈 객체와 거의 같지만 __path__ 속성을 가지고 있다는 차이가 있습니다.

```
>>> import b64  # 패키지 임포트
>>> type(b64)
<class 'module'>

# dir(encoder)의 결과에는 없었던 __path__를 확인할 수 있음
>>> dir(b64)
['__builtins__', ..., '__package__', '__path__', '__spec__']

# 결과는 실행 환경에 따라 다름
>>> b64.__path__ b64.__path__
['/Users/<YOUR_ACCOUNT>/workspace/b64']
```

이 패키지에는 아직 빈 __init__.py 파일 이외에는 아무것도 없습니다. 앞에서 작성한 encoder.py를 b64/ 디렉터리로 옮겨 패키지에 포함시킵니다.

```
$ mv encoder.py b64
```

또한, encoder.py에 대응하는 decoder.py도 추가합니다. 64/ 디렉터리 안에 다음과 같은 내용의 파일을 작성합니다. decoder.py에는 넘겨받은 Base64 형식의 바이너리 데이터를 문자열로 변환하는 base64_to_str() 함수를 정의합니다.

```
b64/decoder.py
import base64


def base64_to_str(x):
    """"base64 표현을 문자로 변환함

    b64decode()의 반환값은 bytes 타입이므로
    decode()로 문자열로 바꾼 뒤 변환함
    """
    return base64.b64decode(x).decode('utf-8')
```

이것으로 b64 패키지 작성을 마쳤습니다.

7.2.2 패키지 안에 있는 모듈 임포트

앞에서 만든 b64 패키지를 바로 사용해 봅니다. 앞에서와 마찬가지로 import b64로 임포트할 수도 있지만, from b64 import encoder와 같이 패키지 안에 있는 모듈이나 속성을 직접 임포트할 수도 있습니다. 또한, 같은 패키지 안에 여러 모듈을 임포트할 때는 콤마(,)로 구분해서 나열합니다. 그럼 b64 패키지 안에 있는 encoder 모듈과 decoder 모듈을 임포트해서 사용해 봅니다.

```
>>> from b64 import encoder, decoder

# 문자열의 base64 형식 표현
>>> encoder.str_to_base64('python')
b'cHl0aG9u'

# base64 형식 표현의 원래 문자열
# 인수는 bytes 타입이므로 앞에 b를 붙임
>>> decoder.base64_to_str(b'cHl0aG9u')
'python'
```

b64 패키지에서 encoder 모듈과 decoder 모듈을 임포트할 수 있으며, 각 모듈 안에 정의한 함수를 호출할 수 있습니다.

■ __init__.py ─ 패키지 초기화 수행

__init__.py에는 패키지를 표시하는 기능 외에 다른 중요한 기능이 하나 있습니다. 바로 패키지 초기화입니다. 패키지를 임포트할 때 __init__.py에 입력된 코드를 가장 먼저 실행합니다. 이를 확인해 봅니다. __init__.py에 다음을 추가합니다.

```
b64/__init__.py
print(f'init: {__name__}')
```

이 상태에서 앞에서와 마찬가지로 패키지를 임포트해 봅니다. 만약 대화형 모드를 실행한 상태라면 대화형 모드를 다시 한번 실행한 뒤 임포트합니다. 파이썬은 이미 임포트한 모듈은 다시 임포트하지 않습니다.[3]

import 문을 실행하면 __init__.py에 추가한 행을 실행하는 것을 알 수 있습니다.

```
>>> from b64 import encoder, decoder
init: b64   # b64/__init__.py가 실행됨
```

■ __init__.py의 편리한 사용법

__init__.py를 조금 더 활용해 봅니다.

예를 들어, b64 패키지를 라이브러리로 공개하는 상황을 생각해 봅니다. 다음과 같이 {패키지 이름}.{속성 이름}으로 참조할 수 있는 API를 준비하면 더 쉽게 사용할 수 있습니다.

```
>>> import b64
>>> b64.str_to_base64('ham')   # 지금은 에러
>>> b64.base64_to_str(b'aGFt')  # 지금은 에러
```

---

3 코드에서 명시적으로 다시 로딩할 때는 표준 라이브러리인 importlib.reload()를 이용합니다.

이것은 __init__.py의 최상위 레벨에서 str_to_base64()나 base64_to_str()를 사용할 수 있도록 하면 구현할 수 있습니다.

우선 __init__.py에 아무런 내용이 없는 것을 확인합니다. __init__.py를 빈 파일로 만들고 대화형 모드를 다시 실행한 뒤 b64 패키지를 임포트합니다. 이 상태에서 b64의 속성 목록을 확인하면 다음과 같습니다. str_to_base64 또는 base64_to_str 속성은 아직 존재하지 않습니다.

```
>>> import b64
>>> dir(b64)   # str_to_base64와 base64_to_str은 아직 없음
['__builtins__', ..., '__name__', '__package__', '__path__', '__spec__']
```

이제 __init__.py를 다음과 같이 변경합니다.

```
b64/__init__.py
from .encoder import str_to_base64
from .decoder import base64_to_str
```

여기에서는 뒤에서 설명할 상대 임포트를 이용해 encoder 모듈의 속성인 str_to_base64와 decoder 모듈의 속성 base64_to_str을 임포트합니다. 대화형 모드를 다시 실행하고, 다시 b64 패키지를 임포트한 뒤 속성 목록을 확인해 봅니다. 이번에는 b64의 속성 목록에서 str_to_base64, base64_to_str을 확인할 수 있습니다.

```
>>> import b64

# str_to_base64와 base64_to_str을 확인할 수 있음
>>> dir(b64)
['__builtins__', ..., 'base64_to_str', 'decoder', 'encoder', 'str_to_base64']
```

실제로 b64.str_to_base64()처럼 함수를 호출하면 의도한 대로 동작합니다. 이렇게 __init__.py의 최상위 레벨에 있는 속성은 {패키지 이름}.{속성 이름}과 같이 참조할 수 있습니다.

```
# b64의 속성으로 참조
>>> b64.str_to_base64('python')
b'cHl0aG9u'
>>> b64.base64_to_str(b'cHl0aG9u')
'python'
```

import 문 비교

지금까지 변형된 형태의 여러 가지 import 문을 사용했습니다. 여기에서는 앞에서 만들었던 b64 패키지를 사용해 import 문의 각 사용법을 설명합니다.

■ import 문만을 이용한 임포트

가장 단순하게 import 문만 이용한 임포트입니다. b64 패키지가 있는 디렉터리에서 다음 코드를 실행해 봅니다. 패키지를 사용할 때는 __init__.py, 단일 모듈에서는 해당 모듈을 임포트합니다. 임포트한 모듈을 통해 그 모듈의 최상위 레벨 객체를 참조할 수 있습니다.

```
# 패키지(모듈) 임포트
>>> import b64

# 최상위 레벨 객체 참조
>>> b64.str_to_base64('python')
b'cHl0aG9u'
```

■ from 절을 이용한 특정 속성 임포트

from 절을 이용하면 패키지나 모듈에서 특정 속성만을 직접 임포트할 수 있습니다. 직접 임포트한 속성은 접두사를 붙이지 않고 참조할 수 있습니다. b64 패키지에서 str_to_base() 함수를 직접 임포트해 봅니다. 다음과 같이 임포트하면 앞에서와 달리 b64.을 붙이지 않고도 함수를 실행할 수 있습니다.

```
# 모듈 속성을 직접 임포트
>>> from b64 import str_to_base64
>>> str_to_base64('python')
b'cHl0aG9u'
```

여러 속성을 동시에 임포트할 때는 임포트할 속성을 콤마(,)로 구분해서 나열합니다.
또한, 그 수가 많을 때는 ()로 감싼 뒤 줄바꿈을 할 수 있습니다. 다음 예시에서의 두
import 문의 동작은 동일합니다.

```
# 여러 속성 동시 임포트
>>> from b64 import str_to_base64, base64_to_str

# 위와 동일함
>>> from b64 import (
...     str_to_base64,
...     base64_to_str,
... )
```

from 절은 패키지 안의 모듈을 임포트할 때도 사용할 수 있습니다. b64 패키지의
encoder 모듈을 임포트해 봅니다. 모듈을 임포트하면 지금까지와 마찬가지로 모듈 안의
속성에 접근할 수 있습니다.

```
# 패키지 내부 모듈 임포트
>>> from b64 import encoder
>>> encoder.str_to_base64('python')
b'cHl0aG9u'
```

from 절에서는 점(.)으로 구분해 서브 패키지나 모듈을 지정할 수 있습니다.[4] 여기에서는
b64 패키지 안에 있는 encoder 모듈의 str_to_base64() 함수를 직접 임포트합니다.

```
# 속성을 재귀적으로 지정해 임포트
>>> from b64.encoder import str_to_base64
>>> str_to_base64('python')
b'cHl0aG9u'
```

■ .을 이용한 상대 임포트

UNIX의 cd 명령어나 cp 명령어처럼 점(.)을 사용해서 위치 관계를 지정해 모듈을 임포

---

4 점(.) 구분으로 서브 패키지나 모듈을 지정하는 방법은 from 절이 없는 import 문을 이용해 import b64.encoder.str_to_
base와 같이 기술할 수 있습니다. 이때는 호출할 때도 b64.encoder.str_to_base64('Python')과 같이 이름 전체를 지정해야
합니다.

트할 수 있습니다. from 절에서 점을 한 개(.)만 쓰면 현재 패키지, 두 개(..) 쓰면 현재 패키지의 한 단계 상위 패키지를 의미합니다.

b64 패키지의 __init__.py에서는 이미 상대 임포트를 사용했습니다. 이 __init__.py에는 __init__.py와 encoder.py, decoder.py가 같은 디렉터리에 있기 때문에 문제없이 동작합니다.

```
b64/__init__.py
from .encoder import str_to_base64
from .decoder import base64_to_str
```

상대 임포트는 상위 계층에 있는 패키지 이름이 변경되어도 영향을 받지 않는 장점이 있습니다. 예를 들어, b64/라는 디렉터리의 이름을 변경해도 __init__.py의 from .encoder import str_to_base64 행을 변경할 필요가 없습니다.

■ 와일드카드 문자를 이용한 여러 속성 일괄 임포트

모듈 안의 여러 속성을 일괄적으로 임포트할 때는 와일드카드(*)와 함께 import *를 사용할 수 있습니다. from b64.encoder import *라고 기술하면 encoder 모듈 안에서 정의한 모든 이름이 정의됩니다.[5]

```
>>> dir()  # 임포트 전 상태
['__annotations__', ..., '__package__', '__spec__']
>>> from b64.decoder import *
>>> dir()  # base64_to_str 이외의 base64도 포함됨
['__annotations__', ..., '__package__', '__spec__', 'base64', 'base64_to_str']
```

패키지나 모듈을 공개할 때는 모듈의 최상위 레벨에 속성 __all__을 준비한 뒤 공개할 속성 이름만을 포함하는 시퀀스를 만듭니다. import 문에서 와일드카드를 이용할 때, 속성 __all__이 정의되어 있으면 파이썬은 그 안에 포함되어 있는 이름만 임포트합니다. 그럼 decoder.py의 가장 마지막에 속성 __all__을 정의해서 실제 움직임을 확인해 봅니다.

---

5 6.2절에서 소개한 것처럼 _ 혹은 __로 시작하는 이름은 내부 API로 취급하고자 하는 속성에 붙입니다. 따라서 와일드카드를 사용한 import 문으로는 임포트되지 않습니다.

```
b64/decoder.py
__all__ = ['base64_to_str']
```

이 상태로 앞에서와 같이 임포트하면 decoder 모듈에서는 속성 base64_to_str만 임포트됩니다.

```
# __all__로 지정한 이름을 일괄 임포트
>>> from b64.decoder import *
>>> dir()
['__annotations__', ..., '__package__', '__spec__', 'base64_to_str']
```

와일드카드를 이용한 임포트는 가독성이 낮아지거나, 의도치 않은 이름을 덮어쓰는 에러가 발생할 수 있습니다. 그러므로 라이브러리나 프레임워크를 개발할 때 이외에는 가급적 이용하지 않는 편이 좋습니다.

라이브러리를 만들 때는 서브 모듈에서 정의한 이름 공개 시 사용하면 편리합니다. 먼저, encoder.py 맨 마지막에 모듈 속성 __all__을 추가합니다.

```
b64/encoder.py
__all__ = ['str_to_base64']
```

이어서 __init__.py에 이를 임포트합니다.

```
b64/__init__.py
from .encoder import *
from .decoder import *
```

이런 방식을 사용하면 의도한 이름만 간단하게 공개할 수 있고, 서브 모듈 업데이트 시에도 __init__.py를 업데이트하지 않아도 됩니다. 다음 예시에서는 실제로 지정한 이름만 임포트되고 그 외의 서브 모듈 안의 이름들은 임포트되지 않음을 확인할 수 있습니다.

```
>>> import b64
>>> dir(b64)
['__builtins__', ..., 'base64_to_str', 'decoder', 'encoder', 'str_to_base64']
```

■ as 절을 사용한 별명 부여

import 문 마지막에 as 절을 붙이면 임포트한 객체에 별명을 붙일 수 있습니다. 임포트
할 객체와 같은 이름의 변수가 이미 존재할 때는 별명을 붙여 임포트하면 기존 변수를
덮어쓰는 것을 방지할 수 있습니다.

예를 들어, 표준 라이브러리인 gzip 모듈의 open() 함수를 임포트할 때 다음과 같은 코
드를 사용하면 내장 함수 open()을 덮어쓰게 됩니다.

```
>>> open  # 내장 함수 open
<built-in function open>
>>> from gzip import open  # gzip의 open을 임포트
>>> open  # open()은 gzip.open()으로 지정되어 있음
<function open at 0x10587bf28>
```

이는 다음과 같이 as 절을 사용해 해결할 수 있습니다. 이 예시에서는 gzip 모듈의
open() 함수에 별명 gzip_open을 붙여서 임포트합니다. 대화형 모드를 재시동한 뒤 실
행하기 바랍니다.

```
>>> open  # 내장 함수 open
<build-in function open>

# gzip의 open을 gzip_open으로서 임포트
>>> from gzip import open as gzip_open
>>> gzip_open  # gzip의 open
<function open at 0x10bbc2f28>
>>> open  # 내장 함수 open을 계속 이용할 수 있음
<built-in function open>
```

7.3 임포트의 구조

파이썬은 import 문이 실행되면 여러 경로를 차례대로 검색하면서 원하는 패키지나 모
듈을 찾습니다. 예를 들어, 대화형 모드를 실행하고 import base64를 실행하면 일
반적으로는 표준 라이브러리인 base64 모듈이 임포트됩니다. 하지만 현재 디렉터리에
base64.py가 있다면 현재 디렉터리의 base64 모듈(base64.py)이 임포트되기 때문에 표

준 라이브러리인 base64 모듈은 임포트되지 않습니다. 여기에서는 이처럼 임포트 구조
와 모듈이 검색되는 경로에 관해 설명합니다.

또한, 이 절에서 설명하는 내용은 운영체제에 따라 출력 결과가 서로 다릅니다. 여기에
서는 2.1절에서 소개한 docker 명령어를 사용해서 실행한 결과를 표시했습니다. 운영체
제에 설치된 파이썬에서 실행할 때는 python3 명령어 이후를 그대로 실행하고 그 결과
에 맞춰서 읽기 바랍니다.

7.3.1 모듈 검색 흐름

import 문이 실행되면 파이썬은 가장 먼저 빌트인 모듈built-in module에 원하는 모듈이 있는
지 확인합니다. 빌트인 모듈은 파이썬에 내장되어 있는 표준 라이브러리 중 일부 모듈을
의미합니다. 예를 들어, sys 모듈이나 types 모듈 등이 이에 해당합니다. 그러나 일반적
으로 임포트하려는 표준 라이브러리가 빌트인 모듈인지 아닌지를 의식하지는 않을 것입
니다.

빌트인 모듈 중에서 원하는 모듈을 찾지 못하면 sys 모듈의 sys.path 속성을 확인합
니다. sys.path 속성은 파이썬이 모듈을 검색하는 경로 목록입니다. 앞에서부터 순
서대로 검색을 수행하며, 마지막까지 해당하는 이름의 모듈을 발견하지 못할 때는
ModuleNotFoundError 예외가 발생합니다.

7.3.2 sys.path — 모듈 검색 경로

모듈 검색 경로의 목록이 저장된 변수 sys.path의 내용을 확인해 봅니다. 대화형 모드
에서 변수 sys.path의 값은 다음처럼 맨 앞에 빈 문자가 들어있는 리스트가 됩니다. 맨
앞이 빈 문자라면 우선 현재 디렉터리를 검색하고 이후 목록 순서에 따라 검색을 시작합
니다.

```
$ docker run -it --rm python:3.8.1 python3
>>> import sys
>>> sys.path  # 맨 앞은 빈 문자
['', '/usr/local/lib/python38.zip',
 '/usr/local/lib/python3.8',
 '/usr/local/lib/python3.8/lib-dynload',
 '/usr/local/lib/python3.8/site-packages']
```

이어서 스크립트로 실행했을 때의 sys.path 변수의 내용을 확인해 봅니다. 다음과 같이 syspath.py를 준비합니다.

```
syspath.py
import sys
print(sys.path)
```

이 스크립트를 다음과 같이 실행해 봅니다.

```
$ docker run -it --rm -v $(pwd):/usr/src/app -w /usr/src/app python:3.8.1
python3 syspath.py  (실제로는 1행)
['/usr/src/app',
 '/usr/local/lib/python38.zip',
 '/usr/local/lib/python3.8',
 '/usr/local/lib/python3.8/lib-dynload',
 '/usr/local/lib/python3.8/site-packages']
```

스크립트 파일이 위치한 디렉터리가 변수 sys.path의 맨 앞에 들어갑니다. 다시 말해 스크립트 파일과 같은 디렉터리가 가장 처음 검색되며, 이후 대화형 모드와 마찬가지로 리스트 순서대로 검색을 수행합니다.

■ 검색 경로의 우선순위

모듈 검색 경로의 우선순위를 확인해 봅니다. 다음 코드와 같이 sys.py를 작성합니다.

```
sys.py
print('imported my sys.py')
```

다음과 같이 base64.py도 작성합니다.

```
base64.py
print('imported my base64.py')
```

이들은 모두 표준 라이브러리에 동일한 이름의 모듈이 정의되어 있습니다. 그러나 표준 라이브러리의 sys 모듈은 앞에서 설명한 것처럼 빌트인 모듈이지만, 같은 표준 라이브러리인 base64 모듈은 빌트인 모듈이 아닙니다. 대화형 모드를 실행하고 각 모듈을 임포트해 이 차이를 확인해 봅니다.

```
$ docker run -it --rm -v $(pwd):/usr/src/app -w /usr/src/app python:3.8.1
python3 실제로는 1행

# 빌트인 sys 모듈이 임포트됨
>>> import sys

# 사용자 정의 base64 모듈이 임포트됨
>>> import base64
imported my base64.py
```

빌트인 모듈인 sys 모듈은 표준 라이브러리인 sys 모듈을 임포트합니다. 한편, base64 모듈은 현재 디렉터리에 만들어 둔 base64 모듈을 임포트했습니다. 이 실험에서 파이썬의 검색 우선순위가 다음과 같음을 알 수 있습니다.

❶ 빌트인 모듈
❷ 현재 디렉터리의 모듈
❸ 빌트인 모듈이 아닌 표준 라이브러리

우선순위를 확인했다면 여기서 만든 sys.py와 base64는 삭제합니다. 표준 라이브러리는 여러 위치에서 사용하고 있으며, 파이썬의 일부라 할 수 있습니다. '에러 원인을 확인해 보니 표준 라이브러리와 동일한 이름의 사용자 모듈이 임포트되어 있었기 때문이었다'와 같은 이야기도 자주 들을 수 있습니다.

7.3.3 PYTHONPATH — sys.path에 검색 경로를 추가

변수 sys.path는 리스트 객체입니다. 리스트는 변경할 수 있는 객체이기 때문에 변수 sys.path를 직접 수정해 모듈 검색 경로를 원하는 대로 바꿀 수 있습니다.

변수 sys.path를 수정하기 위한 다른 방법으로 환경 변수 PYTHONPATH를 이용할 수 있습니다. 환경변수 PYTHONPATH에 검색 경로로 추가하고자 하는 디렉터리를 지정하면 파이썬 실행 시 해당 디렉터리가 변수 sys.path에 자동으로 추가됩니다. 디렉터리 지정 방법은 환경변수 PATH와 같이 디렉터리 경로를 콜론(:)으로 구분해 나열합니다.

그럼 앞의 syspath.py를 사용해 환경변수 PYTHONPATH의 동작을 확인해 봅니다.

```
# 옵션으로 현재 디렉터리와 PYTHONPATH를 지정해서 실행
$ docker run -it --rm -v $(pwd):/usr/src/app -w /usr/src/app -e PYTHONPATH=/
usr/bin:/bin python:3.8.1 python3 syspath.py  실제로는 1행
['/usr/src/app', '/usr/bin', '/bin', '/usr/local/lib/python38.zip',
 '/usr/local/lib/python3.8', '/usr/local/lib/python3.8/lib-dynload',
 '/usr/local/lib/python3.8/site-packages']
```

출력 결과를 보면 현재 디렉터리 뒤에 환경변수 PYTHONPATH에 추가한 경로가 나와 있습니다. 이 결과를 보면 환경변수 PYTHONPATH가 변수 sys.path에 영향을 준다는 것을 알수 있습니다. 또한, 실행한 스크립트가 위치한 디렉터리가 환경변수 PYTHONPATH에 기술한 내용보다 우선하며, 여러 디렉터리를 지정하면 그 순서대로 추가되는 것도 확인할 수있습니다.

7.4 이름 공간과 변수의 스코프

파이썬에서는 이름 공간namespace이라는 용어를 자주 사용합니다. 1.3절에서 소개한 'PEP 20 -- The Zen of Python'[6]에도 'Namespaces are on honking great idea -- let's do more of those!'[7]라고 기술되어 있습니다. 이 절에서는 이름 공간에 관해 설명합니다. 또한, 이와 깊은 관련이 있는 변수 스코프에 관해서도 알아봅니다.

7.4.1 이름 공간 — 이름과 객체의 매핑

파이썬에서는 이름에서 객체로의 매핑을 이름 공간이라고 부릅니다.[8] 이름 공간은 변수가 저장되는 장소라고 할 수 있습니다.

이름 공간이 다르면 같은 변수명으로 다른 객체를 참조할 수 있습니다. 예를 들어, 표준라이브러리 os 모듈과 gzip 모듈에는 open이라는 같은 이름의 각각 다른 객체가 정의되어 있습니다. 이를 호출할 때는 os.open()이나 gzip.open()과 같이 모듈 이름을 지정함으로써 원하는 객체를 참조할 수 있습니다.

---

6 URL https://www.python.org/dev/peps/pep-0020/
7 atsuoishimoto의 'The Zen of Python 번역 - 후편(일본어)'에는 '브라보 이름 공간, 역시 이런 것'이라는 내용이 게재되어 있습니다.
   URL https://atsuoishimoto.hatenablog.com/entry/20100926/1285508015
8 파이썬의 이름 공간은 현재 딕셔너리로 구현되어 있습니다.
   URL https://docs.python.org/ko/3.8/tutorial/classes.html#python-scopes-and-namespaces

```
>>> import os
>>> os.open
<build-in function open>

# 같은 open이라도 gzip.open과 os.open은 다른 객체임
>>> import gzip
>>> gzip.open
<function open at 0x10631b400>
```

이름 공간은 다양한 시점에 만들어집니다. 예를 들어, 내장 객체의 이름 공간은 파이썬 실행 시 생성되며, 모듈별 전역 이름 공간은 해당 모듈이 최초에 로딩될 때 만들어집니다. 또한, 로컬 이름 공간은 변수 호출 시 생성되며, 함수에서 벗어나면 그 이름 공간은 삭제됩니다. 클래스 정의 역시 로컬 이름 공간을 만들고, 클래스 변수와 메서드는 이 이름 공간에 속하게 됩니다. 만들어진 클래스 객체에서 이 이름 공간을 참조합니다.

■ 이름 공간 활용

이름 공간을 활용해 관련된 객체들끼리 모으거나 관련이 없는 객체를 분리하면 유지 보수성이 높은 프로그램이 됩니다. 예를 들어, gzip.open()을 보면 이 함수 open()은 gzip 모듈과 관련된 처리임을 한눈에 알 수 있습니다. 또한, 다른 이름 공간에서 정의되어 있는 이름을 의식할 필요가 없으므로 gzip_open() 등과 같이 장황한 이름을 붙일 필요 없이 간단한 이름을 사용할 수 있습니다.

7.4.2 스코프 — 직접 접근할 수 있는 영역

점(.)을 붙이지 않고 변수명만을 지정해 호출하면 파이썬은 직접 접근할 수 있는 이름 공간부터 해당 이름을 가진 객체를 검색합니다. 직접 접근할 수 있는 이름 공간은 해당 코드의 위치에 따라 결정됩니다. 그리고 특정 위치에 쓰인 코드가 어느 이름 공간에 직접 접근할 수 있는지 결정하는 텍스트상의 영역을 스코프scope라고 부릅니다.[9] 그림 7.1은 파이썬에서의 스코프 예시를 표시합니다.

---

9   스코프는 텍스트상에서의 영역이며, 코드를 작성한 단계에서 정적으로 결정됩니다.

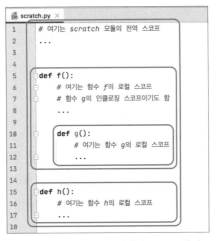

```
scratch.py  ×
1      # 여기는 scratch 모듈의 전역 스코프
2      ...
3
4
5    ┌ def f():
6    │     # 여기는 함수 f의 로컬 스코프
7    │     # 함수 g의 인클로징 스코프이기도 함
8    │     ...
9    │
10   │   ┌ def g():
11   │   │     # 여기는 함수 g의 로컬 스코프
12   │   └     ...
13
14
15   ┌ def h():
16   │     # 여기는 함수 h의 로컬 스코프
17   └     ...
18
```

그림 7.1 scratch 모듈에서의 스코프 예시

스코프는 좁은 순으로 다음 네 가지 종류가 있습니다. 단, 빌트인 스코프는 전역 스코프
보다 나중에 검색되므로 그림 7.1에서는 표시되어 있지 않습니다.

- 로컬 스코프
- 인클로징 스코프
- 전역 스코프
- 빌트인 스코프

이름 검색은 좁은 스코프에서 참조하는 이름 공간부터 넓은 스코프로 순서대로 일어나
며, 가장 먼저 발견한 이름의 객체를 참조합니다. 만약 검색할 이름을 마지막까지 발견하
지 못하면 NameError 예외가 발생합니다.

새로운 변수를 만들면 해당 변수는 그 코드가 쓰인 위치의 가장 좁은 스코프 안에 정의
됩니다. 예를 들어, 함수 안에 변수를 정의하면 해당 함수의 로컬 스코프 안에 정의되며,
모듈의 최상위 레벨에서 변수를 정의하면 해당 모듈의 전역 스코프 안에 정의됩니다.

■ 로컬 스코프 — 함수 안에 국한된 스코프

로컬 스코프local scope는 주로 함수(메서드 포함)를 정의하면 만들어집니다. 함수 안에서 정
의한 변수를 로컬 변수라고 합니다. 로컬 변수는 해당 함수의 로컬 스코프 안에 정의되
므로 해당 함수 안에서만 참조할 수 있습니다. 스코프는 함수별로 나누어지므로 다른

함수에서 같은 이름의 로컬 변수를 정의해도 다른 객체가 됩니다.

```
>>> def f():
...     value = 'f_function'
...     print(value)
...
>>> def g():
...     value = 'g_function'
...     print(value)
...

# 함수 안에서는 value에 접근할 수 있음
>>> f()
f_function

# 함수 f에서 정의된 value와
# 함수 g에서 정의된 value는 다른 객체임
>>> g()
g_function

# 함수 밖에서 value에는 접근할 수 없음
>>> print(value)
Traceback (most recent call last):
  File "<stdin>", line 1, in <module>
NameError: name 'value' is not defined
```

컴프리헨션 역시 로컬 스코프를 만듭니다.

```
# 변수 value는 리스트 컴프리헨션으로 만들어진 스코프를 가지는 로컬 변수
>>> [value for value in range(1)]
[0]

# 리스트 컴프리헨션 바깥에서는 value를 참조할 수 없음
>>> value
Traceback (most recent call last):
  File "<stdin>", line 1, in <module>
NameError: name 'value' is not defined
```

현재 로컬 스코프 안에서 정의되어 있는 로컬 변수 목록은 내장 함수 locals()를 사용
해 얻을 수 있습니다. 또한, 모듈의 최상위 레벨에서 내장 함수 locals()의 결과는 전역
스코프와 일치합니다.

```
>>> def f(x):
...     # 현재 로컬 스코프 내용을 표시
...     print(locals())
...     value = 'book'
...     # 변수 value 정의 후 로컬 스코프 내용 표시
...     print(locals())
...
>>> f('python')
{'x': 'python'}
{'x': 'python', 'value': 'book'}

# 모듈 최상위 레벨에서는
# 글로벌 스코프와 일치
>>> locals()
{'__name__': '__main__', '__doc__': None, ..., 'g': <function g at 0x105dc37b8>}
```

■ 전역 스코프 ─ 모듈 최상위 레벨의 스코프

파이썬에서의 전역 스코프global scope는 모듈의 최상위 레벨 스코프를 의미합니다. 그리고 전역 변수란 이 전역 스코프에 정의되어 있는 변수를 의미합니다. 다른 모듈에서 정의한 값은 스코프가 다르므로 참조하기 위해서는 명시적으로 임포트해야 합니다.

함수나 클래스, 메서드는 반드시 모듈 내부에 정의해야 합니다. 그러므로 같은 모듈 안에서는 항상 해당 모듈의 전역 변수를 참조할 수 있습니다. 단, 처리 중 전역 변수와 같은 이름의 변수에 대입을 수행하면 로컬 스코프 안에서의 새로운 객체가 만들어집니다.

```
>>> x = 'python'
>>> print(x)
python

# 전역 변수를 참조
>>> def f():
...     print(x)
...
>>> f()
python

# 전역 변수의 업데이트가 아닌 로컬 변수 작성
>>> def g():
...     x = 'g_function'
...     print(x)
...
```

```
>>> g()
g_function
>>> print(x)
python  # 전역 변숫값은 그대로임
```

함수 안에서 전역 변수를 참조한 뒤에는 그 함수 안에서 같은 이름의 로컬 변수를 정의
할 수 없습니다. 이 기능 덕분에 의도치 않은 전역 변수 덮어쓰기를 방지할 수 있습니다.

```
>>> x = 'python'
>>> def f():
...     # 전역 변수 참조
...     print(x)
...     # 전역 변수를 먼저 참조하면
...     # 같은 이름의 로컬 변수는 정의할 수 없음
...     x = 'f_function'
...     print(x)
...
>>> f()
Traceback (most recent call last):
  File "<stdin>", line 1, in <module>
  File "<stdin>", line 2, in f
UnboundLocalError: local variable 'x' referenced before assignment
```

함수 안에서 전역 변수의 값을 덮어쓰고 싶을 때는 해당 이름이 전역 변수를 가리킨다
는 것을 global 문을 이용해 선언해야 합니다.

```
>>> x = 'python'
>>> def f():
...     global x  # 전역 변수임을 선언
...     x = 'book'
...     print(x)
...
>>> f()
book
>>> print(x)  # 전역 변숫값이 업데이트됨
book
```

단, 전역 변수가 컨테이너 객체이며, 그 컨테이너 객체가 유지하는 값을 덮어쓸 때는
global 문이 필요하지 않습니다. 컨테이너 객체의 대입 시에는 참조를 수행한 뒤 그 값
을 업데이트하기 때문입니다. 다음 코드의 x[0] = 2 행에서는 객체 x를 먼저 검색하고,

발견하면 해당 객체의 인덱스 0의 값을 업데이트합니다.

```
>>> x = [0, 1]
>>> def f():
...     x[0] = 2
...
>>> x
[0, 1]
>>> f()
>>> x
[2, 1]
```

전역 변수 치환 기능은 편리하긴 하지만 값이 변경된 위치를 확인하기 어렵습니다. 코드 가독성이나 유지보수성을 저하하는 원인이 되므로 사용 시 주의해야 합니다.

현재 전역 변수 목록은 내장 함수 globals()를 이용해서 얻을 수 있습니다.

```
>>> globals()  # 현재 전역 스코프 내용 표시
{'__name__': '__main__', '__doc__': None, ..., 'f': <function f at 0x104e7d378>}
>>> def f():
... print(globals())
...
>>> f()  # 함수 안에서도 같은 결과를 얻을 수 있음
{'__name__': '__main__', '__doc__': None, ..., 'f': <function f at 0x104e7d378>}
```

■ 빌트인 스코프 — 내장 객체의 스코프

빌트인 스코프built-in scope는 가장 마지막에 검색되는 스코프입니다. 내장 함수나 True, False, None 등의 내장 객체 이름 공간을 참조합니다. 이 스코프에 있는 내장 객체는 builtins 모듈에 정의되어 있습니다. 전역 변수 __builtins__로 이 모듈에 대한 참조를 얻을 수 있으며, 내장 객체 목록은 dir(__builtins__)로 확인할 수 있습니다.

```
>>> dir(__builtins__)
['ArithmeticError', 'AssertionError', ..., 'type', 'vars', 'zip']
```

■ 인클로징 스코프 — 현재 로컬 스코프의 1계층 바깥쪽의 스코프

인클로징 스코프enclosing scope는 로컬 스코프와 전역 스코프의 중간 스코프입니다. 삽입된 함수의 입장에서 보면 한 단계 바깥쪽 함수의 로컬 스코프와 일치합니다.

```
>>> def f():
...     x = 'x'
...     def g():
...         print(x)    # 인클로징 스코프 안의 변수 x를 참조
...     g()
...
>>> f()
x
```

삽입된 함수 안에서 바깥쪽 스코프의 값을 치환할 때는 해당 이름이 로컬 변수가 아니라는 것을 nonlocal 문으로 선언해야 합니다.

```
>>> def f():
...     x = 'x'
...     def g():
...         nonlocal x   # x가 로컬 변수가 아님을 선언
...         x = 1
...         print(x)
...     g()
...     print(x)
...
>>> f()
1
1   # 함수 f의 로컬 변수 x의 값이 업데이트됨
```

nonlocal 문이 없으면 새로운 로컬 변수로 정의됩니다.

```
>>> def f():
...     x = 'x'
...     def g():
...         x = 1  # 로컬 변수로서 정의됨
...         print(x)
...     g()
...     print(x)  # 원래 x의 값은 변하지 않음
...
>>> f()
1  # 함수 g의 로컬 변수 x의 값
x  # 함수 f의 로컬 변수 x의 값은 그대로임
```

nonlocal 문은 편리한 기능이지만, 변수를 치환할 수 있는 영역을 늘리면 코드 추적 시 고려할 사항이 많아지므로 주의해서 사용해야 합니다.

클로저 — 작성 시 환경을 기억하는 함수 객체

클로저(closure)는 함수 객체의 한 종류입니다. 자신이 만들어졌을 때의 환경(바깥쪽 스코프)에 있는 변수에 대한 참조를 유지하는 특징을 갖고 있습니다. 파이썬에서는 클로저를 의식해서 사용하는 때가 그리 많지 않지만, 클로저는 프로그래밍에서 일반적으로 사용하는 용어입니다.[a]

파이썬에서의 클로저 예시를 하나 소개합니다. 다음은 클로저를 이용해 카운터를 구현한 코드입니다.

```
>>> def counter():
...     count = 0
...     def _increment():
...         nonlocal count
...         count += 1
...         return count
...     return _increment
...
```

counter() 함수에서는 로컬 변수 count를 정의하고 함수 객체 _increment를 반환합니다. 함수 안의 로컬 변수는 일반적으로 해당 함수를 마지막으로 실행한 시점에서 사라집니다. 그러나 클로저 함수 객체 _increment는 자신이 정의된 시점에 바깥쪽 스코프에 정의되어 있던 변수 count에 대한 참조를 계속 유지합니다. 즉, _increment() 함수를 실행할 때마다 로컬 변수 count값이 증가합니다.

실제 동작을 확인해 봅니다. 이 카운터는 다음과 같이 사용합니다.

```
# 카운터 작성
>>> counter1 = counter()
>>> counter1
<function counter.<locals>._counter at 0x10b8c3510>

# _increment의 바깥쪽에 정의되어 있던
# count에 대한 참조를 계속 유지하고 있음
>>> counter1()
1
>>> counter1()
2
```

다른 카운터를 만들어도 각각 다른 변수를 참조하므로 서로 영향을 주지 않습니다.

```
# 다른 카운터 작성
# counter1이 참조하고 있는 count에는 영향이 없음
>>> counter2 = counter()
>>> counter2()

1
```

```
>>> counter1()
3
```

a   9.2절에서 소개할 데커레이터 기능에서는 클로저를 활용하기도 합니다.

7.5 정리

이번 장에서는 모듈이나 패키지 작성 방법과 각각의 사용법을 소개했습니다.

모듈이나 패키지를 만들면 대화형 모드에서는 생각할 수 없던 규모의 프로그램을 만들 수 있고, 팀에서의 개발도 유연하게 수행할 수 있습니다. 많은 사람들이 사용하기 쉽고 유지보수성이 높은 프로그램을 만들기 위해서는 적절한 수준의 패키지 만들기, 임포트 구조 및 스코프에 대해 반드시 이해해야 합니다. 이 책뿐만 아니라 공식 문서나 다른 참고 서적 등도 활용해서 더 깊이 이해하기 바랍니다.

8

내장 함수와
특수 메서드

내장 함수embedded function는 이름 그대로 파이썬에 내장되어 있는 함수입니다. 아무것도 임포트하지 않은 상태에서도 사용할 수 있습니다.

특수 메서드는 메서드 이름 앞뒤로 언더스코어가 두 개(__) 붙어있는 메서드로 파이썬이 암묵적으로 호출합니다. 언제 어떤 특수 메서드를 사용하는지 알고 이를 올바르게 구현하면 내장 객체가 가진 많은 기능을 여러분이 정의하는 클래스에서도 활용할 수 있습니다.

이번 장에서는 파이썬에서 제공하는 내장 함수와 특수 메서드 중 대표적인 것들을 소개합니다.

8.1 내장 함수 — 항상 이용할 수 있는 함수

이 책에서도 이미 dir()이나 type(), print()와 같은 내장 함수를 사용했습니다. 이 절에서는 지금까지 소개하지 않은 내장 함수들 중에서 편리한 함수를 몇 가지 소개합니다.

8.1.1 객체 타입을 조사하는 함수

먼저 isinstance(), issubclass(), callable()이라는 세 개의 내장 함수를 소개합니다. 이 함수들은 모두 객체 타입을 조사하는 함수입니다. 인수 체크나 함수, 메서드의 반환 값을 확인할 때 이용합니다.

■ isinstance(), issubclass() — 동적 타입 판정

isinstance()는 첫 번째 인수에 전달한 인스턴스 객체가 두 번째 인수에 전달한 클래스에 속해있으면 True를 반환합니다. 두 번째 인수에는 튜플을 사용해 여러 클래스에서 동시에 비교할 수 있습니다. 여러 클래스에 대해 비교할 때는 어느 한 클래스에라도 속해있으면 True를 반환합니다.

```
>>> d = {}  # 빈 딕셔너리 생성

# 첫 번째 인수는 인스턴스 객체
>>> isinstance(d, dict)
True
>>> isinstance(d, object)
True
>>> isinstance(d, (list, int, dict))
True
```

issubclass()는 isinstance()와 거의 비슷하지만 첫 번째 인수에 클래스 객체를 전달한다는 점이 다릅니다.

```
# 첫 번째 인수는 클래스 객체
>>> issubclass(dict, object)
True

# bool 타입은 int 타입의 서브 클래스
>>> issubclass(bool, (list, int, dict))
True
```

isinstance()를 사용한 예시를 하나 소개합니다. 다음의 get_value() 함수는 딕셔너리에서 값을 꺼낼 때 isinstance()를 사용해 인수 타입이 dict 타입인지 체크합니다.

```
# 딕셔너리로부터 값을 꺼내는 함수
>>> def get_value(obj, key):
...     if not isinstance(obj, dict):
...         raise ValueError
...     return obj[key]
...
```

이 함수에 다음 MyDict 클래스의 인스턴스를 전달해 봅니다. MyDict 클래스의 베이스 클래스 collections.UserDict는 사용자 정의 딕셔너리 스타일의 객체를 만들기 위한 클래스입니다.[1] 단, UserDict는 dict 타입의 서브 클래스가 아니므로 이 함수에 MyDict의 인스턴스를 전달하면 에러가 발생합니다.

```
# 딕셔너리와 비슷한 객체 작성
>>> from collections import UserDict
>>> class MyDict(UserDict):
...     pass
...

# 딕셔너리처럼 사용할 수 있음
>>> my_dict = MyDict()
>>> my_dict['a'] = 1
>>> my_dict['a']
1

# dict의 서브 클래스가 아니므로 에러 발생
>>> get_value(my_dict, 'a')
Traceback (most recent call last):
  File "<stdin>", line 1, in <module>
  File "<stdin>", line 3, in get_value
ValueError
```

하지만 MyDict 클래스도 딕셔너리처럼 사용 가능하므로 get_value() 함수에서 이용할 수 있습니다. 이는 isinstance()를 이용해 비교할 때 dict 타입 대신 딕셔너리의 추상

---

1 파이썬 3에서는 내장 타입 dict를 서브 클래스화할 수 있지만, 내장 메서드로부터 오버라이드한 특수 메서드를 호출할 수 없는 등 주의할 점도 있습니다. 예를 들어, dict.get()은 오버라이드된 __getitem__()을 호출할 수 없습니다. 이는 collections. UserDict를 사용해 해결할 수 있습니다.

베이스 클래스abstract base class인 coolections.abc.Mapping을 이용해서 해결할 수 있습니다. 추상 베이스 클래스란 인터페이스를 선언하기 위한 클래스입니다. 다시 말해, 딕셔너리의 추상 베이스 클래스인 Mapping 클래스에는 딕셔너리로 동작하기 위해 필요한 메서드 그룹이 정의되어 있습니다.

isinstance() 판정에서 추상 베이스 클래스를 사용하면 직접적인 상속 관계가 아니라 필요한 메서드가 구현되어 있는지 아닌지를 판정할 수 있습니다.

```
>>> from collections import abc

# MyDict 클래스의 베이스 클래스 UserDict는
# 딕셔너리로 동작할 때 필요한 메서드가 모두 구현되어 있음
>>> def get_value(obj, key):
...     if not isinstance(obj, abc.Mapping):
...         raise ValueError
...     return obj[key]
...
>>> get_value(my_dict, 'a')
1
```

이처럼 추상 베이스 클래스를 사용하면 프로그램이 더 유연해집니다. collections.abc 모듈에는 Mapping 이외에도 Container 클래스, Sequence 클래스, Iterable 클래스 등 많은 추상 베이스 클래스가 있습니다. 추상 베이스 클래스의 목록은 공식 문서 'collection.abc -- 컬렉션 추상 베이스 클래스[2]에서 확인할 수 있습니다.[3]

■ callable() — 객체의 호출 가능 여부 판정

파이썬에서는 함수나 클래스, 메서드 등 ()를 붙여 호출할 수 있는 객체를 호출 가능 객체callable object라고 부릅니다. callable()은 인수에 전달한 객체가 호출 가능 객체인지를 판정하는 내장 함수입니다.

```
>>>callable(isinstance)  # 함수
True
```

---

2 URL https://docs.python.org/ko/3.8/library/collections.abc.html

3 단순히 숫잣값 여부를 판정할 때는 numbers 모듈에서 숫자의 추상 베이스 클래스로 정의되어 있는 numbers.Number를 사용합니다.

```
>>> callable(Exception)  # 클래스
True
>>> callable(''.split)  # 메서드
True
```

4.9절에서 소개한 것처럼 특수 메서드 __call__()을 가진 인스턴스도 ()를 붙여 호출할 수 있습니다. 그렇기 때문에 함수나 클래스, 메서드와 마찬가지로 특수 메서드 __call__()을 가진 인스턴스일 때도 callable()은 True를 반환합니다. 다음 예시에서는 실제로 특수 메서드 __call__()을 구현한 인스턴스를 callable()로 판정합니다.

```
>>> class Threshold:
...     def __init__(self, threshold):
...        self.threshold = threshold
...     def __call__(self, x):
...        return self.threshold < x
...

# 인스턴스화 시 임곗값 지정
>>> threshold = Threshold(2)

# __call__() 메서드가 호출됨
>>> threshold(3)
True
>>> callable(threshold)
True
```

8.1.2 객체 속성에 관한 함수

isinstance()와 비슷한 용도로 사용할 수 있는 내장 함수로 hasattr()가 있습니다. hasattr()은 그 이름대로 객체가 특정한 속성을 가지고 있는지를 판정하기 위해 사용합니다. 여기에서는 이 hasattr()에서 시작해 객체 속성에 관한 내장 함수를 소개합니다.

■ hasattr() — 객체의 속성 유무 판정

hasattr()은 첫 번째 인수에 전달한 객체가 두 번째 인수에 전달한 이름의 속성을 가지고 있을 때만 True를 반환합니다. 이용할 속성이 한정되어 있는 때는 isinstance()를 사용한 클래스 확인보다 hasattr()를 이용해 필요한 속성만 확인하는 편이 유연성이 높습니다.

```
>>> import json
>>> import os

# 패키지 객체는 반드시 __path__를 가짐
>>> def is_package(module_or_package):
... return hasattr(module_or_package, '__path__')
...

# json 모듈은 패키지
>>> is_package(json)
True

# os 모듈은 단일 파일
>>> is_package(os)
False
```

8.1.3 getattr( ), setattr( ), delattr( ) — 객체 속성 조작

getattr(), setattr(), delattr()은 속성 이름 문자열을 사용해 객체 속성을 조작하는 내장 함수입니다. 이들을 사용하면 첫 번째 인수로 전달한 객체 속성을 동적으로 조작하는 것이 가능해 매우 유연한 프로그램을 만들 수 있습니다. 단, 너무 많이 사용하면 코드의 가독성이나 유지보수성이 떨어지므로 주의해야 합니다.

```
>>> class Mutable:
...     def __init__(self, attr_map):
...         # 딕셔너리의 키를 속성 이름으로 한 인스턴스 변수를 준비
...         for k, v in attr_map.items():
...             setattr(self, str(k), v)
...
>>> m = Mutable({'a': 1, 'b': 2})
>>> m.a
1

# m.b와 같음
>>> attr = 'b'
>>> getattr(m, attr)
2

# del m.a와 같음
>>> delattr(m, 'a')
>>> m.a
Traceback (most recent call last):
```

```
  File "<stdin>", line 1, in <module>
AttributeError: 'Mutable' object has no attribute 'a'
```

getattr()은 인스턴스 변수뿐만 아니라 메서드도 얻을 수 있습니다. 이때 반환값인 메
서드 객체는 원래의 인스턴스에 속한 상태를 유지합니다. 그렇기 때문에 getattr()로 얻
은 메서드를 호출할 때는 첫 번째 인수 self를 명시적으로 전달할 필요가 없습니다.

```
>>> text = 'python'
>>> instance_method = getattr(text, 'upper')
>>> instance_method
<built-in method upper of str object at 0x10d7cd340>

# text.upper()와 같음
>>> instance_method()
'PYTHON'
```

8.1.4 이터러블 객체를 받는 함수

이터러블 객체(이하 이터러블)에 대한 처리를 수행하는 내장 함수가 몇 가지 있습니다. 이
들은 함수형 프로그래밍 언어에 익숙한 분들에게 특히 친숙할 것입니다. 앞으로 소개할
함수를 사용하며 프로그램의 일부를 함수형 스타일로도 기술할 수 있습니다.[4]

■ zip() ─ 다수의 이터러블 엘리먼트를 동시에 반환

zip()은 여러 이터러블을 받아 튜플을 반환하는 이터레이터를 만드는 내장 함수입니다.
i번째 튜플에는 각각 이터러블의 i번째 엘리먼트들이 모여있습니다. 또한, 튜플 안의 엘
리먼트의 순서는 zip() 인수의 순서와 일치합니다.

```
>>> x = [1, 2, 3]
>>> y = [4, 5, 6]
>>> zip(x, y)
<zip object at 0x10c307408>

# 내용을 확인하기 위해 리스트로 변환
>>> list(zip(x, y))
```

---

4 파이썬의 함수형 프로그래밍에 관한 정보에 흥미가 있는 분들은 공식 문서의 '함수형 프로그래밍 HOWTO'를 참고하기 바랍니다.
    URL https://docs.python.org/ko/3.8/howto/functional.html

```
[(1, 4), (2, 5), (3, 6)]
```

zip()은 가장 짧은 이터러블의 길이만큼만 결과를 반환합니다. 가장 긴 이터러블 길이에 맞추고 싶을 때는 표준 라이브러리인 `itertools.zip_longest()` 함수를 사용합니다.

```
>>> x = [1, 2, 3]
>>> y = [4, 5, 6, 7]
>>> z = [8, 9]

# 짧은 이터러블 길이로 만듦
>>> list(zip(x, y, z))
[(1, 4, 8), (2, 5, 9)]

# fillvalue는 부족한 값을 메울 때 사용함
>>> from itertools import zip_longest
>>> list(zip_longest(x, y, z, fillvalue=0))
[(1, 4, 8), (2, 5, 9), (3, 6, 0), (0, 7, 0)]
```

■ **sorted()** — 이터러블 엘리먼트를 정렬

sorted()는 이터러블 엘리먼트를 정렬하는 내장 함수입니다. 스스로를 정렬하는 메서드인 list.sort()와 달리 결과는 항상 새로운 객체로 반환됩니다. 인수에는 변경할 수 없는 타입도 전달할 수 있으며, 반환값은 인수 타입과 관계없이 항상 리스트입니다.

```
>>> x = [1, 4, 3, 5, 2]
>>> y = [1, 4, 3, 5, 2]

# list.sort()는 자신을 정렬함
>>> x.sort()
>>> x
[1, 2, 3, 4, 5]

# sorted()는 새로운 리스트를 반환함
>>> sorted(y)
[1, 2, 3, 4, 5]
>>> y
[1, 4, 3, 5, 2]

# reverse=True를 지정하면 역순이 됨
>>> sorted(y, reverse=True)
[5, 4, 3, 2, 1]
```

sorted()에서는 엘리먼트들끼리 직접 비교하기 때문에 숫잣값과 문자열이 섞여있는 상태에서는 에러가 발생합니다.

```
>>> x = ['1', '4', 3, 1, '1']
>>> sorted(x)
Traceback (most recent call last):
  File "<stdin>", line 1, in <module>
TypeError: '<' not supported between instances of 'int' and 'str'
```

이런 상황에서는 인수 key에 인수를 하나만 얻는 함수를 지정합니다. 정렬을 수행할 때 이 함수에 각 엘리먼트를 전달하고 비교에 사용할 값을 반환합니다. 또한, sorted()는 안정 정렬stable sorting이므로 비교 결과가 같으면 원래 순서를 유지합니다.

```
# 비교 결과가 같으면 원래 순서를 유지함
>>> x = ['1', '4', 3, 1, '1']

# 각 엘리먼트를 int 타입 값으로 비교
>>> sorted(x, key=lambda v: int(v))
['1', 1, '1', 3, '4']
```

column

LBYL 스타일과 EAFP 스타일

파이썬에서는 isinstance()나 hasattr(), in 연산자 등을 이용한 사전 판정을 수행하지 않고 try:except:를 이용해서 항상 의도한 처리를 실행하는 코딩 스타일도 자주 사용합니다. 파이썬의 예외 처리 블록은 예외가 발생하지 않을 때는 매우 효율적이지만, 예외 포착 시에는 그 비용이 매우 높습니다. 그런고로 예외가 발생할 가능성이 낮을 때는 try:except:를 사용하고, 그 이외에는 판정 처리를 넣도록 합니다. 공식 문서 'timeit -- 작은 코드 정리 실행 시간 측정'[a]에는 hasattr()과 try:except:의 비교 내용도 실려있으므로 참고하기 바랍니다.

또한, isinstance()나 hasattr(), in 연산자 등을 사전에 사용해 에러를 회피하는 코드 작성 방법은 '뛰기 전에 보라(Look Before You Leap)'를 줄여 LBYL 스타일[b]이라고 부릅니다. 한편, 사전 판정은 수행하지 않고 try:except:를 이용해 에러 처리를 하는 코드 작성 방법은 '허락보다는 용서를 구하기가 쉽다(Easier to Ask for Forgiveness than Permission)'를 줄여 EAFP 스타일[c]이라고 부릅니다.

a [URL] https://docs.python.org/ko/3/library/timeit.html#examples
b [URL] https://docs.python.org/ko/3.8/glossary.html#term-lbyl
c [URL] https://docs.python.org/ko/3.8/glossary.html#term-eafp

■ filter() ― 이터러블 엘리먼트를 필터링

filter()는 조건에 맞는 엘리먼트만 포함한 이터레이터를 반환하는 내장 함수입니다. 필터링 조건은 인수를 하나만 받은 함수를 첫 번째 인수로 지정합니다. 필터링 시에는 이 함수에 각 요소가 전달되므로 남기고 싶은 요소에서만 True를 반환합니다.

```
>>> x = (1, 4, 3, 5, 2)
>>> filter(lambda i: i > 3, x)
<filter object at 0x10f3fa198>
>>> list(filter(lambda i: i > 3, x))
[4, 5]
```

필터링 조건인 첫 번째 인수는 생략할 수 없습니다. 단, None을 전달하면 요소 자체의 논릿값 평가 결과를 사용해 필터링을 수행합니다.

```
>>> x = (1, 0, None, 2, [], 'python')

# 참이 되는 객체만 남김
>>> list(filter(None, x))
[1, 2, 'python']
```

■ map() ― 모든 엘리먼트에 함수를 적용

map()은 이터러블의 모든 엘리먼트에 대해 같은 함수를 적용하는 내장 함수입니다. map()의 반환값은 함수를 적용한 결과를 반환하는 이터레이터입니다. 다음과 같이 적용할 함수를 첫 번째 인수로 지정합니다.

```
>>> x = (1, 4, 3, 5, 2)
>>> map(lambda i: i * 10, x)
<map object at 0x10f3fa28>
>>> list(map(lambda i: i * 10, x))
[10, 40, 30, 50, 20]
```

map()에는 두 번째 인수 이후에 여러 이터러블을 전달할 수 있습니다. 이때 첫 번째 인수로 지정한 함수에서 받은 인수의 수는 두 번째 인수 이후에 전달한 이터러블의 수와 일치해야 합니다. 다음 예시에서는 keys와 values에 저장된 값에서 쿼리 문자열을 만듭니다.

```
>>> keys = ('q', 'limit', 'page')
>>> values = ('python', 10, 2)

# 함수가 받는 인수의 값과 전달되는 이터러블의 값을 일치시킴
>>> list(map(lambda k, v: f'{k}={v}', keys, values))
['q=python', 'limit=10', 'page=2']

# join()과 조합해 쿼리 문자열을 작성
>>> '?' + '&'.join(
...     map(lambda k, v: f'{k}={v}', keys, values))
'?q=python&limit=10&page=2'
```

column

sorted()와 조합하면 편리한 operator 모듈

표준 라이브러리인 operator.itemgetter() 함수는 sorted()와 조합하면 편리합니다. operator.
itemgetter() 함수는 키가 되는 값을 받아, 내부에서 만든 특정 함수를 반환값으로 전달합니다. 이
반환값 함수에 딕셔너리를 전달하면 앞에서 전달해 두었던 키를 사용해, 해당 딕셔너리로부터 키에 대
응하는 값을 반환해 줍니다. 여러 키를 지정하거나, 키와 딕셔너리 대신 인덱스와 리스트도 사용할 수
있습니다.

```
# itemgetter의 동작을 확인
>>> from operator import itemgetter
>>> d = {'word': 'python', 'count': 3}
>>> f = itemgetter('count')
>>> f(d)   # d['count']를 반환함
3
>>> f = itemgetter('count', 'word')
>>> f(d)   # (d['count'], d['word'])를 반환함
(3, 'python')
```

이 operator.itemgetter() 함수와 sorted()를 조합하면 딕셔너리의 값을 사용한 정렬을 다음과 같
이 구현할 수 있습니다.

```
# 딕셔너리의 값을 사용한 정렬
>>> counts = [
...     {'word': 'python', 'count': 3},
...     {'word': 'practice', 'count': 3},
...     {'word': 'book', 'count': 2},
... ]
>>> sorted(counts, key=itemgetter('count'))
[{'word': 'book', 'count': 2}, {'word': 'python', 'count': 3}, {'word':
'practice', 'count': 3}] 실제로는 1행
```

```
# count값으로 정렬한 뒤 word값으로도 정렬함
>>> sorted(counts, key=itemgetter('count', 'word'))
[{'word': 'book', 'count': 2}, {'word': 'practice', 'count': 3}, {'word':
'python', 'count': 3}]  실제로는 1행
```

operator.itemgetter() 함수는 인덱스나 키를 통해 접근이 가능한 객체와 함께 사용하지만, 인덱스나 키 대신 속성을 사용하는 operator.attrgetter()도 있습니다.

📗 **all( ), any( )** ─ 논릿값 반환

all(), any() 함수 모두 이터러블을 한 개씩만 인수로 받아, 논릿값을 반환하는 내장 함수입니다. all()은 이터러블의 모든 엘리먼트가 참일 때는 True를 반환하고, 그 이외는 False를 반환합니다.

```
# all()은 모든 엘리먼트가 참일 때 True임
>>> all(['python', 'practice', 'book'])
True

# 빈 문자가 거짓이므로 결과는 False
>>> all(['python', 'practice', ''])
False
```

이에 비해 any()는 이터러블 중에 참인 엘리먼트가 한 개 이상이면 True를 반환하고, 그 외에는 False를 반환합니다.

```
# any()는 하나라도 참이면 True임
>>> any(['python', '', ''])
True

# 참이 없으므로 False
>>> any(['', '', ''])
False
```

기타 내장 함수

내장 함수에는 여기에서 소개한 것 이외에도 open()이나 input(), max() 등 편리한 함수가 많습니다. 내장 함수 목록은 공식 문서의 '내장 함수[5]'를 참조하기 바랍니다.[6]

덧붙여 내장 함수 목록에는 str()이나 int() 등도 포함되어 있으나, 이들은 str 클래스나 int 클래스 등의 클래스 객체에 ()를 붙인 것입니다. 클래스명을 소문자로 시작해 함수처럼 보이도록 한 것이므로 내장 함수 목록에 포함되어 있더라도 어색하게 보이지 않습니다.

8.2 특수 메서드
— 파이썬이 암묵적으로 호출하는 특별한 메서드

특수 메서드special method 혹은 비공식적으로 magic method는 파이썬이 암묵적으로 호출하는 특수한 메서드입니다. 그 표시로 메서드 이름의 앞뒤에 언더스코어 두(__) 개가 붙어있습니다. 예를 들어, 내장 함수 len()은 암묵적으로 인수에 전달한 객체의 특수 메서드 __len__ ()을 이용합니다.

```
>>> class A:
...   def __len__(self):
...     return 5
...
>>> a = A()
>>> len(a)
5
```

이렇게 자신이 정의한 클래스에서도 특수 메서드를 구현하면 많은 연산자나 구문을 사용할 수 있습니다.

또한, 각각의 특수 메서드는 어떤 구현을 해야 하는지 결정되어 있습니다. 예를 들어, __len__()은 0 이상의 정수를 반환해야 하기 때문에 여기에 따르지 않으면 실행 시 체크

---

5 **URL** https://docs.python.org/ko/3.8/library/functions.html#built-in-functions
6 이 책 집필 시점 기준으로 내장 함수는 모두 69개입니다.

과정에서 에러가 발생합니다.[7]

```
>>> class B:
...    def __len__(self):
...        return -1
...
>>> b = B()
>>> len(b)
Traceback (most recent call last):
  File "<stdin>", line 1, in <module>
ValueError: __len__() should return >= 0
```

특수 메서드는 파이썬의 특징 중 하나입니다. 여기에서는 많은 특수 메서드들 중에서 대표적인 것들을 소개합니다.

8.2.1 __str__(), __repr__() — 객체를 문자열로 표현

대화형 모드에서는 객체 이름을 입력하면 해당 객체의 문자열 표시를 얻을 수 있습니다. 마찬가지로 내장 함수 print()에서도 객체를 문자열로 출력할 수 있습니다. 그러나 이 두 방법을 이용해 얻은 결과는 다음과 같이 일치하지 않는 때가 있습니다.

```
>>> s = 'string'
>>> s
'string'
>>> print(s)
string
```

객체 이름만을 입력했을 때는 __repr__()이 호출되고, 내장 함수 print()에 전달했을 때는 __str__()이 호출되기 때문입니다. 이 두 개의 특수 메서드는 모두 객체의 문자열 표현을 반환하지만 주요 용도가 다릅니다. 다음은 각 용도에 따라 구현한 예시입니다.

```
>>> class Point:
...    def __init__(self, x, y):
...        self.x = x
```

7　이 내장 함수의 체크 기구를 동작시키기 위해서는 len(b)와 같이 호출해야 합니다. 다시 말해, 객체의 길이를 얻기 위해 b.__len__()을 직접 호출하는 방법은 권장하지 않습니다.

```
...        self.y = y
...     def __repr__(self):
...         return f'Point({self.x}, {self.y})'
...     def __str__(self):
...         return f'({self.x}, {self.y})'
...
>>> p = Point(1, 2)
>>> p
Point(1, 2)
>>> print(p)
(1, 2)
```

__repr__()은 디버그 등에 도움이 되는 정보를 제공하기 위해 사용하는 특수 메서드입니다. 가능하다면 해당 객체를 재현하는 데 유효한 파이썬 식을 이용하는 것이 좋을 것입니다.

이에 비해 __str__()은 내장 함수 print()나 str(), f'{}' 등에서 사용하는 사용자 친화적인 문자열을 반환하는 특수 메서드로, 사람의 눈으로 보기 쉬운 문자열 표현을 반환합니다. 만약 __str__()이 구현되어 있지 않다면 __repr__()을 호출하므로 __repr__()보다 앞쪽에서 구현해 주는 것이 좋습니다.

8.2.2 __bool__() ― 객체를 논릿값으로 평가함

파이썬에서는 모든 객체를 논릿값으로 평가할 수 있으며, 거짓이 되는 객체 이외에는 모두 참이 됩니다. 사용자 정의 클래스나 인스턴스는 기본적으로 참으로 평가하지만, 특수 메서드 __bool__()을 구현하면 해당 판정 처리를 변경할 수 있습니다. 다음 QueryParams 클래스는 유지하고 있는 딕셔너리의 평가 결과를 스스로에 대한 평가 결과로 반환합니다.

```
>>> class QueryParams:
...     def __init__(self, params):
...         self.params = params
...     def __bool__(self):
...         return bool(self.params)
...
>>> query = QueryParams({})
>>> bool(query)
False
```

```
>>> query = QueryParams({'key': 'value'})
>>> bool(query)
True
```

__bool__()을 구현하면 논릿값 평가 결과를 제어할 수 있지만, 논릿값 평가에 영향을 주는 특수 메서드가 __bool__()만 존재하는 것은 아닙니다. __bool__()을 구현하지 않고 __len__()가 0을 반환하면 해당 객체는 거짓이 됩니다. 앞에서의 QueryParams 클래스도 __bool__()을 삭제하고, 대신에 __len__()을 구현해도 결과는 같습니다.

```
>>> class QueryParams:
...     def __init__(self, params):
...         self.params = params
...     def __len__(self):
...         return len(self.params)
...

# __len__()가 0이므로 거짓이 됨
>>> bool(QueryParams({}))
False
```

8.2.3 __call__() — 인스턴스를 함수처럼 다룸

특수 메서드 __call__()을 구현한 클래스에서는 인스턴스를 함수와 같이 호출할 수 있습니다. 함수와의 주요한 차이점은 인스턴스라면 상태를 유지할 수 있다는 점입니다. 인스턴스 변수를 사용해 호출 시에 사용할 공통 파라미터나 설정 정보 혹은 호출 횟수나 결과 등을 유지할 수 있습니다.

```
>>> class Adder:
...     def __init__(self):
...         self._values = []
...     def add(self, x):
...         self._values.append(x)
...     def __call__(self):
...         return sum(self._values)
...
>>> adder = Adder()
>>> adder.add(1)
>>> adder.add(3)
>>> adder()
```

```
4
>>> adder.add(5)
>>> adder()
9
```

다음 예시를 확인해 봅니다. 재미있게도 함수 객체의 속성 목록에는 속성 __call__이
있습니다.

```
>>> def f():
...     return 1
...
>>> dir(f)
['__annotations__', '__call__', '__class__', ...]
>>> type(f)
<class 'function'>
```

이 코드에서 함수 객체의 실체가 __call__()을 구현한 function 클래스의 인스턴스라
는 것을 알 수 있습니다. 이처럼 __call__()은 파이썬을 뒤에서 지탱하고 있는 기능 중
하나입니다.

8.2.4 속성으로의 동적 접근

파이썬은 동적 타입 언어이기 때문에 프로그램 실행 중에 객체의 속성을 추가하거
나 삭제할 수 있습니다. 여기에서는 이러한 기능이 있는 특수 메서드로 __setattr__
(), __getattr__(), __getattribute__(), __delattr__()을 소개합니다. 이 메서드들
을 적절히 사용하면 코드 분량을 크게 줄일 수 있습니다. 단, 앞에서 소개한 내장 함수
getattr()이나 setattr()과 마찬가지로 과도하게 사용하면 가독성이나 유지보수성이
떨어지므로 주의해야 합니다.

■ __setattr__() ─ 속성에 대입해 호출

__setattr__()은 p.x = 1과 같이 속성에 대입하여 호출하는 특수 메서드입니다. 이때
__setattr__()의 두 번째 인수에 'x'가, 세 번째 인수에 '1'을 전달하여 호출합니다. 다음
예시에서는 __setattr__()을 활용해, 속성 대입을 속성 이름으로 제어하고 있습니다.

```
>>> class Point:
...     def __init__(self, x, y):
...         self.x = x
...         self.y = y
...     def __setattr__(self, name, value):
...         if name not in ('x', 'y'):
...             raise AttributeError('Not allowed')
...         super().__setattr__(name, value)
...
>>> p = Point(1, 2)
>>> p.z = 3
Traceback (most recent call last):
  File "<stdin>", line 1, in <module>
  File "<stdin>", line 7, in __setattr__
AttributeError: Not allowed
>>> p.x = 3
>>> p.x
3
```

__setattr__() 내부에서 self.x = 1이라고 쓰면 __setattr__()을 다시 호출하는 무한 루프에 빠져 RecursionError 예외가 발생합니다. 그러므로 __setattr__() 내부에서 자신의 속성을 추가해야 할 때는 반드시 내장 함수 super()를 사용해 베이스 클래스의 __setattr__()을 호출합니다.

▌ __delattr__() — 속성의 삭제로 호출

__delattr__()은 속성의 삭제로 호출합니다. 그 이외에는 __setattr__()과 같습니다. 다음 예시에서는 속성 이름을 보고 삭제 실행을 제어합니다.

```
>>> class Point:
...     def __init__(self, x, y):
...         self.x = x
...         self.y = y
...     def __delattr__(self, name):
...         if name in ('x', 'y'):
...             raise AttributeError('Not allowed')
...         super().__delattr__(name)
...
>>> p = Point(1, 2)
>>> del p.x
Traceback (most recent call last):
  File "<stdin>", line 1, in <module>
```

```
  File "<stdin>", line 7, in __delattr__
AttributeError: Not allowed
```

__delattr__()는 앞에서 설명한 __setattr__(), 다음에 소개할 __getattr__()에 비해
그리 많이 사용하지는 않습니다.

■ __getattr__(), __getattribute__() ─ 속성에 접근해 호출

__getattr__()과 __getattribute__()는 모두 p.x와 같은 속성에 접근해서 호출하며,
두 번째 인수에 속성 이름 'x'를 전달합니다. 당연하지만, 두 메서드 모두 움직임은 동일
합니다. 이를 이해하기 위해서는 파이썬 객체가 가진 속성 __dict__에 관해 알아야 합
니다. 다음 예시를 확인해 봅니다.

```
>>> class Point:
...     pass
...
>>> p = Point()
>>> p.__dict__
{}

# p.__dict__['x'] = 1로 변환됨
>>> p.x = 1
>>> p.__dict__
{'x': 1}

# __dict__는 직접 덮어쓸 수 있음
>>> p.__dict__['y'] = 2
>>> p.y
2
```

이처럼 속성 딕셔너리 __dict__에는 대입된 속성이 저장되어 있습니다. 인스턴스 이름
공간은 실제 딕셔너리로 속성 참조 시 가장 먼저 검색합니다.

여기에서 __getattr__()과 __getattribute__()의 차이에 관해 다시 설명하면 __
getattr__()는 속성 접근 시에 대상의 이름이 속성 딕셔너리 __dict__에 존재하지 않
을 때만 호출되며, __getattribute__()는 모든 속성 접근 시 호출됩니다.

이 특수 메서드들을 사용하면 실제로는 인스턴스에 없는 속성이라도 마치 해당 속성을

가지고 있는 것처럼 그 동작을 정의할 수 있습니다. 다음 예시에서는 설정 파일 정보를 인스턴스 속성과 같이 참조합니다. 먼저, 설정 파일을 다음과 같이 작성합니다.

```
config.json
{
  "url": "https://api.github.com/"
}
```

이 파일을 다루는 클래스를 다음과 같이 작성합니다. 인스턴스 config는 속성 url을 가지고 있지 않지만 conf.url과 같이 접근하면 설정 파일에 기록된 값을 반환합니다.

```
>>> import json
>>> class Config:
...     def __init__(self, filename):
...         self.config = json.load(open(filename))
...     def __getattr__(self, name):
...         if name in self.config:
...             return self.config[name]
...         # 존재하지 않는 설정값으로의 접근 시 에러
...         raise AttributeError()
...
>>> conf = Config('config.json')
>>> conf.url
'https://api.github.com/'
```

여기에서 소개한 특수 메서드는 충분한 이해 없이 사용하면 의도대로 호출되지 않는 등의 에러가 발생할 가능성이 있습니다. 실제 사용할 때는 공식 문서 '3 데이터 모델'[8] 등을 확인하기 바랍니다.

8.2.5 이터러블 객체로서 동작

이터러블 객체(이하 이터러블)는 한마디로 for 문이나 컴프리헨션에서 사용할 수 있는 객체라고 표현할 수 있습니다. 사용자 정의 클래스에도 여기에서 소개할 특수 메서드 __iter__()를 구현해 이터러블로 사용할 수 있습니다.

---

8 URL https://docs.python.org/ko/3.8/reference/datamodel.html

■ __iter__() — 이터레이터 객체로 반환

for i in x라고 기술하면 for 문은 x의 __iter__()를 호출해 그 반환값을 사용합니다. 이 반환값은 이터레이터iterator라고 불리는 객체로, 여기에서 소개하는 __iter__()와 다음에 소개할 __next__()가 모두 구현되어 있습니다.

다음 Iterable 클래스는 __iter__()를 구현하고, 그 반환값이 이터레이터가 되므로 for 문이나 컴프리헨션에서 사용할 수 있습니다. __iter__() 안에서는 내장 함수 iter()를 이용해서 내장 함수 range()를 통해 만들어진 객체의 __iter__()를 호출합니다. 즉, 이 클래스가 반환하는 이터레이터는 내장 함수 range()가 반환하는 이터레이터가 되어 range()와 동일하게 동작합니다.

```
>>> class Iterable:
...     def __init__(self, num):
...         self.num = num
...     def __iter__(self):
...         return iter(range(self.num))
...
>>> [val for val in Iterable(3)]
[0, 1, 2]
```

■ __next__() — 다음 엘리먼트 반환

앞에서 설명한 것처럼 특수 메서드 __iter__()와 __next__()를 구현한 객체를 이터레이터라고 부릅니다. 이터레이터의 __iter__()는 반드시 그 이터레이터 자체를 반환합니다. __next__()는 루프마다 호출되며 그 반환값을 for i in x의 i에 전달합니다. __next__()에서의 반환값이 없을 때는 StopIteration 예외를 발생시켜 루프를 종료시킬 수 있습니다. 또한, 내장 함수 next()에 이터레이터를 전달하면 해당 이터레이터의 __next__()가 호출되고, 그 반환값을 그대로 next()의 반환값으로 얻을 수 있습니다.

다음 Reverser 클래스는 인수 객체를 역순으로 반환하는 이터레이터입니다. 이터레이터는 반드시 자신을 반환하는 __iter__()가 구현되어 있으므로 이터러블로도 사용할 수 있습니다.

```
>>> class Reverser:
...     def __init__(self, x):
...         self.x = x
...     def __iter__(self):
...         return self
...     def __next__(self):
...         try:
...             return self.x.pop()
...         except IndexError:
...             raise StopIteration()
...
>>> [val for val in Reverser([1, 2, 3])]
[3, 2, 1]
```

이터러블과 이터레이터는 다른 개념임에 주의하기 바랍니다. 이터레이터는 반드시 이터러블이지만, 이터러블이 반드시 이터레이터는 아닙니다.

- 이터러블
  __iter__()를 구현한 객체
  __iter__()의 반환값은 임의의 이터레이터
- 이터레이터
  __iter__()와 __next__()를 구현한 객체
  __iter__()의 반환값은 자신(self)

8.2.6 컨테이너 객체로서 동작

컨테이너 객체(이하 컨테이너)는 리스트나 튜플, 딕셔너리 등 다른 객체로의 참조를 가지는 객체입니다. 컨테이너로 동작하는 클래스는 많은 특수 메서드를 가지고 있으며, 구현할 특성에 따라서도 달라집니다. 특수 메서드 목록 전체를 확인하고 싶을 때는 공식 문서 '3.3.7. 컨테이너형(본문에서는 type을 '타입'으로 번역했으나 여기에서는 공식 문서의 표현을 그대로 따라 '형'으로 표기합니다 [옮긴이]) 흉내 내기[9]를 확인하기 바랍니다. 여기에서는 그중에서도 특히 자주 사용하는 것들을 소개합니다.

---

9 URL https://docs.python.org/ko/3.8/reference/datamodel.html#emulating-container-types

column ▓▓▓
zip()과 iter()를 사용한 이디엄

이번 장에서 소개한 내장 함수 zip()과 iter()를 조합한 이디엄이 공식 문서[a]에 소개되어 있습니다. 이 이디엄을 사용하면 이터러블의 엘리먼트를 n개씩 분리할 수 있습니다.

```
>>> n = 3   # 1 그룹당 엘리먼트 수
>>> s = [i for i in range(12)]
>>> s
[0, 1, 2, 3, 4, 5, 6, 7, 8, 9, 10, 11]

# zip()과 iter()를 사용한 이디엄
>>> list(zip(*[iter(s)]*n))
[(0, 1, 2), (3, 4, 5), (6, 7, 8), (9, 10, 11)]
```

이디엄은 다소 어렵기는 하지만 조금 머리를 돌려 볼 겸 어떤 일이 일어날지 생각해 보기 바랍니다. 다음 리스트에서는 5.1절에서 소개한 인수 리스트 언팩을 사용해 zip()에 전달하고 있습니다.

```
# 각 엘리먼트는 같은 이터레이터를 참조하고 있음
>>> [iter(s)]*n
[<list_iterator at 0x7fa9d81fa8e0>,
 <list_iterator at 0x7fa9d81fa8e0>,
 <list_iterator at 0x7fa9d81fa8e0>]
```

a **URL** https://docs.python.org/ko/3.8/library/functions.html#zip

▓ __getitem__(), __setitem__() — 인덱스와 키를 사용한 조작

특수 메서드 __getitem__()은 인덱스나 키를 통해 접근(x[1], x['key'] 등)해 호출합니다. 또한, 인덱스나 키를 사용한 대입 시에는 특수 메서드 __setitem__()을 호출합니다.[10]

다음 예시에서는 이들을 사용해 키별로 참조한 횟수와 대입된 횟수를 셉니다. 횟수 기록에는 표준 라이브러리 collections.defaultdict 클래스를 사용합니다. 이는 초깃값을 설정할 수 있는 편리한 딕셔너리 클래스로 defaultdict(int)와 같이 인스턴스화하면 초깃값은 int 타입 값 0이 됩니다.

---

10 본문에서는 다루지 않았지만 삭제에서 호출되는 __delitem__()도 있습니다.

```
>>> from collections import defaultdict
>>> class CountDict:
...     def __init__(self):
...         self._data = {}
...         self._get_count = defaultdict(int)
...         self._set_count = defaultdict(int)
...     def __getitem__(self, key):
...         # c['x'] 등 참조 시 호출됨
...         self._get_count[key] += 1
...         return self._data[key]
...     def __setitem__(self, key, value):
...         # c['x'] = 1 등  대입 시 호출됨
...         self._set_count[key] += 1
...         self._data[key] = value
...     @property
...     def count(self):
...         return {
...             'set': list(self._set_count.items()),
...             'get': list(self._get_count.items()),
...         }
...
>>> c = CountDict()
>>> c['x'] = 1
>>> c['x']
1
>>> c['x'] = 2
>>> c['y'] = 3

# 참조, 대입된 횟수를 반환함
>>> c.count
{'set': [('x', 2), ('y', 1)], 'get': [('x', 1)]}
```

■ __contains__() ─ 객체 유무 판정

특수 메서드 __contains__()를 구현하면 in 연산자에 대응할 수 있습니다. 1 in x를
실행하면 객체 x의 __contains__()의 두 번째 인수에 1을 전달해 호출하고, 그 반환값
의 논릿값을 평가한 결과가 이 식의 결과가 됩니다.

```
>>> class OddNumbers:
...     def __contains__(self, item):
...         try:
...             return item % 2 == 1
...         except:
...             return False
```

```
...
>>> odds = OddNumbers()
>>> 1 in odds
True
>>> 4 in odds
False
```

재미있게도 __contains__()를 구현하지 않은 클래스에서도 in 연산자를 사용할 수 있습니다. 앞에서 설명했던 Reverser 클래스가 그런 클래스 중 하나입니다.

```
>>> class Reverser:
...     def __init__(self, x):
...         self.x = x
...     def __iter__(self):
...         return self
...     def __next__(self):
...         try:
...             return self.x.pop()
...         except IndexError:
...             raise StopIteration()
...
>>> r = Reverser([1, 2, 3])
>>> 2 in r
True
>>> 4 in r
False
```

이처럼 파이썬의 in 연산자는 __contains__()가 구현되지 않았다면 __iter__()를 이용해 얻은 이터레이터의 각 엘리먼트에 일치하는 것이 없는지를 확인합니다. 게다가 __contains__()와 __iter__() 모두 구현하지 않았다면 __getitem__()이 호출됩니다. 하지만 실제 컨테이너를 정의할 때는 in 연산자를 효율적으로 사용할 수 있도록 __contains__()를 구현하도록 합니다.

8.2.7 기타 특수 메서드

파이썬에는 이외에도 많은 특수 메서드가 존재합니다. 예를 들어, __add__()나 __sub__()를 구현하면 숫잣값과 같이 객체를 + 연산자나 - 연산자로 연결할 수 있고, __eq__()를 구현하면 객체 사이의 == 연산 비교 결과를 자유롭게 변경할 수 있습니다.

또한, 다음 장에서 소개할 콘텍스트 관리자나 디스크립터도 특수 메서드를 이용해 구현하고 있습니다. 여기에서 소개하지 않은 것들을 포함해, 각 특수 메서드에 관한 상세한 정보는 공식 문서 '3.3 특수 메서드 이름들'[11]을 확인하기 바랍니다.

8.3 정리

이번 장에서는 파이썬의 대표적인 내장 함수와 특수 메서드를 소개했습니다. 내장 함수는 언제나 사용할 수 있어서 편의성이 매우 뛰어납니다. 꼭 공식 문서에서 목록을 확인하기 바랍니다.

또한, 특수 메서드를 사용하면 시스템이 제공하는 표준 움직임을 파악하거나, 여러분이 정의한 클래스를 파이썬의 다양한 구문에 대응시킬 수 있습니다. 매우 강력한 기능이지만, 표준 동작을 훼손하지 않고 활용하기 위해서는 상당한 지식이 필요한 것들도 있습니다. 따라서 이들을 사용할 때는 세심한 주의를 기울여야 합니다.

11　**URL** https://docs.python.org/ko/3.8/reference/datamodel.html#special—method—names

9

파이썬의 독특한 기능들

조건 분기나 루프, 함수, 클래스 등의 기능은 다른 여러 프로그래밍 언어에서도 제공합니다. 이번 장에서는 파이썬의 독특한 기능을 소개합니다.* 여기에서 소개하는 기능을 활용하면 코드 분량 감소, 성능 향상이나 가독성 향상 등으로 이어집니다. 또한, 코드가 파이썬다워지고 코드의 어색함도 사라질 것입니다. 각 기능별로 어떤 상황에서 응용할 수 있을지 생각하며 읽기 바랍니다.

이번 장에서는 제너레이터, 데커레이터, 콘텍스트 관리자, 디스크립터라는 네 개의 기능에 관해 설명합니다.

* 이 책에서 설명하는 기능 중 제너레이터는 자바스크립트나 C# 등의 언어에도 비슷한 기능이 있습니다.

제너레이터 — 메모리 효율이 높은 이터러블 객체

제너레이터generator는 리스트나 튜플처럼 for 문에서 사용할 수 있는 이터러블 객체(이하 이터러블)입니다. 리스트나 튜플은 모든 엘리먼트를 메모리에 유지하기 때문에 엘리먼트 수가 늘어날수록 메모리 사용량이 커지는 단점이 있습니다. 이에 비해 제너레이터는 다음 엘리먼트가 필요한 순간에 새로운 엘리먼트를 생성해서 반환합니다. 즉, 엘리먼트 수와 관계없이 메모리 사용량을 적게 유지합니다.

9.1.1 제너레이터의 구체적인 예시

다음 예시에서는 값을 계속해서 무한히 반환하는 제너레이터 inf를 만듭니다. 제너레이터 inf는 일반 함수로 보이지만 내부의 yield 식이 제너레이터의 표시입니다. 이 제너레이터를 for 문에서 사용하면 인수에 전달하는 값을 무한히 반환할 수 있습니다. 엘리먼트를 무한히 반환하는 이 동작은 모든 엘리먼트를 메모리에 유지해야 하는 리스트나 튜플로는 구현할 수 없습니다.

```
# yield를 포함한 함수는 제너레이터가 됨
>>> def inf(n):
...     while True:
...         yield n
...

# Ctrl + C로 중단할 수 있음
>>> for i in inf(3):
...     print(i)
...
3
3
(생략)
```

9.1.2 제너레이터 구현

그럼 제너레이터를 구현해 가면서 자세히 살펴보도록 합니다. 제너레이터는 두 가지 방법으로 구현할 수 있습니다. 첫 번째는 제너레이터 함수를 사용하는 방법, 두 번째는 제너레이터 식을 사용하는 방법입니다. 두 방법 모두 제너레이터를 만드는 것 자체는 어렵지 않습니다. 하지만 제너레이터를 사용할 때는 리스트나 튜플과 다른 점이 있으므로 주의해야 합니다. 주의점에 관해서는 9.1.3절에서 소개합니다.

■ 제너레이터 함수 — 함수와 같이 작성

제너레이터 함수란 내부에 yield 식을 사용한 함수를 말합니다. 이를 간단히 제너레이터라고 부르기도 합니다.

제너레이터 함수의 반환값은 제너레이터 이터레이터generator-iterator라 불리는 이터레이터iterator입니다. 이 이터레이터는 특수 메서드 __next__() 호출 시마다 함수 안의 처리가 다음 yield 식까지 수행합니다.[1] 그리고 호출자에게 yield 식에 전달한 값을 반환하고, 그 시점에서의 상태를 유지한 채 다음 행에서 처리를 중지합니다. 다시 특수 메서드 __next__()가 호출되면 다음 행부터 처리를 시작하고 함수를 벗어나면 자동으로 StopIteration 예외가 발생합니다.

```
>>> def gen_function(n):
...     print('start')
...     while n:
...       print(f'yield: {n}')
...       yield n  # 여기에서 일시 중단됨
...       n -= 1
...

# 반환값은 제너레이터 이터레이터
>>> gen = gen_function(2)
>>> gen
<generator object gen_function at 0x10439b9a8>

# 내장 함수 next()에 전달하면
# __next__()가 호출됨
>>> next(gen)
start
yield: 2
2  # next(gen)의 반환값
>>> next(gen)
yield: 1
1
>>> next(gen)
```

---

1 이터레이터 또는 이터레이터가 가진 특수 메서드 __next__()에 관해서는 8.2절에서 설명합니다.

```
Traceback (most recent call last):
  File "<stdin>", line 1, in <module>
StopIteration
```

8.2절에서 소개한 것처럼 for 문은 StopIteration 예외가 발생할 때까지 이터레이터의 특수 메서드 __next__()를 계속 호출합니다. 제너레이터 함수는 이터레이터를 반환하므로 for 문이나 컴프리헨션, 인수에 이터러블을 받는 함수 등에 사용할 수 있습니다.

```
>>> def gen_function(n):
...     while n:
...         yield n
...         n -= 1
...

# for 문에서의 이용
>>> for i in gen_function(2):
...     print(i)
...
2
1

# 리스트 컴프리헨션에서의 이용
>>> [i for i in gen_function(5)]
[5, 4, 3, 2, 1]

# 이터러블을 받는 함수에 전달함
>>> max(gen_function(5))
5
```

■ **제너레이터 식** — 컴프리헨션을 이용해 작성

리스트나 튜플 등의 이터러블이 있다면 컴프리헨션을 이용해 이터러블로부터 제너레이터를 만들 수 있습니다. 이를 제너레이터 식이라고 부르며, 리스트 컴프리헨션과 같은 구문에서 [] 대신에 ()를 사용합니다.

```
>>> x = [1, 2, 3, 4, 5]

# 리스트 컴프리헨션
>>> listcomp = [i**2 for i in x]
>>> listcomp  # 모든 엘리먼트가 메모리상에 전개됨
[1, 4, 9, 16, 25]
```

```
# 제너레이터 식
>>> gen = (i**2 for i in x)
>>> gen  # 각 엘리먼트는 필요할 때까지 계산되지 않음
<generator object <genexpr> at 0x10bc10408>

# 리스트로 만들면 가장 마지막 엘리먼트까지 계산됨
>>> list(gen)
[1, 4, 9, 16, 25]
```

함수 호출 시 전달할 인수가 제너레이터 식 하나뿐일 때는 컴프리헨션의 ()를 생략할 수 있습니다.

```
>>> x = [1, 2, 3, 4, 5]

# max((i**3 for i in x))과 같음
>>> max(i**3 for i in x)
125
```

■ yield from 식 — 서브 제너레이터로 처리를 이첩

제너레이터의 내부에서 추가로 제너레이터를 만들 때는 yield from 식을 사용해 코드를 간략하게 작성할 수 있습니다.

예를 들어, 다음 코드의 chain() 함수는 여러 이터러블을 연속된 하나의 이터러블로 변환하는 제너레이터입니다.[2]

```
>>> def chain(iterables):
...     for iterable in iterables:
...         for v in iterable:
...             yield v
...
>>> iterables = ('python', 'book')
>>> list(chain(iterables))
['p', 'y', 't', 'h', 'o', 'n', 'b', 'o', 'o', 'k']
```

---

2 표준 라이브러리 itertools.chain()는 이와 동일한 일을 수행합니다.
   🔗 https://docs.python.org/ko/3.8/library/itertools.html#itertools.chain

chain() 함수의 마지막 2행은 제너레이터 식으로 치환할 수 있습니다. 제너레이터 식으로 치환해 yield from 식을 조합하면 다음과 같습니다.

```
>>> def chain(iterables):
...     for iterable in iterables:
...         yield from (v for v in iterable)
...
>>> list(chain(iterables))
['p', 'y', 't', 'h', 'o', 'n', 'b', 'o', 'o', 'k']
```

yield from 식의 행에서 chain() 함수로부터 서브 제너레이터 v for in iterable로 처리를 이관합니다. 그리고 이 서브 제너레이터가 StopIteration 예외를 발생시키면 chain() 함수 처리를 실행합니다.

9.1.3 제너레이터 이용 시 주의점

제너레이터는 리스트나 튜플처럼 이터러블로 이용할 수 있습니다. 실제로 8.1절에서 소개한 내장 함수 zip()이나 filter()는 제너레이터를 전달해도 문제없이 동작합니다.

```
>>> def gen(n):
...     while n:
...         yield n
...         n -= 1
...

# zip()에 리스트와 제너레이터를 동시에 전달함
>>> x = [1, 2, 3, 4, 5]
>>> [i for i in zip(x, gen(5))]
[(1, 5), (2, 4), (3, 3), (4, 2), (5, 1)]

# filter()에 제너레이터를 전달함
>>> odd = filter(lambda v: v % 2 == 1, gen(5))
>>> [i for i in odd]
[5, 3, 1]
```

하지만 제너레이터를 전달할 때는 리스트나 튜플과 달리 주의할 점이 있으므로 사례와 함께 살펴봅니다.

■ len()에서 이용 시

리스트나 튜플에서 자주 이용하는 내 함수 len()은 제너레이터에는 사용할 수 없습니다. 다음 예시를 봅니다.

```
>>> len(gen(5))
Traceback (most recent call last):
  File "<stdin>", line 1, in <module>
TypeError: object of type 'generator' has no len()
```

이처럼 내장 함수 len()에 제너레이터를 전달하면 TypeError 예외가 발생합니다. 여러분이 작성한 코드에서 내장 함수 len()을 사용하지 않아도, 라이브러리 내부 등에 len()을 필요로 하는 처리가 있다면 동일하게 예외가 발생합니다. 이런 경우 제너레이터를 리스트나 튜플로 변환해서 사용합니다.

```
>>> len(list(gen(5)))
5
```

하지만 함정이 아직 남아있습니다. 거대한 제너레이터나 값을 무한히 반환하는 제너레이터를 리스트나 튜플에 전달하면 메모리에 과부하가 걸리거나 무한 루프가 발생하므로 주의해야 합니다.

```
# 값을 무한히 반환하는 제너레이터
>>> g = gen(-1)

# 리스트나 튜플로 변환하면 무한 루프가 됨
# Ctrl + C로 중단할 수 있음
>>> list(g)
```

■ 여러 차례 이용 시

제너레이터는 상태를 유지하는 점에도 주의해야 합니다.

```
>>> g = gen(4)
>>> len(list(g))
4
>>> len(list(g))
0
```

여기에서는 첫 번째 len(list(g))에서 마지막까지 도달하기 때문에 두 번째 이후의 결과는 항상 0이 됩니다. 같은 제너레이터를 반복해서 사용하고 싶다면 다음과 같이 리스트나 튜플로 변환한 것을 유지합니다. 단, 변환 후의 리스트나 튜플 크기에 따라 메모리에 부하를 줄 수도 있기 때문에 주의해야 합니다.

```
>>> list_nums = list(gen(4))
>>> len(list_nums)
4
>>> len(list_nums)
4
```

9.1.4 제너레이터 실제 사례 — 파일 내용 변환하기

제너레이터의 실제 사례로 파일 내용을 대문자로 변환하는 프로그램을 소개합니다. 이 프로그램에서는 파일을 한 행씩 읽는 제너레이터 함수 reader()를 만들고, 그 반환값을 writer() 함수에 전달합니다. writer() 함수는 전달받은 이터레이터를 사용해 파일을 한 행씩 읽고 convert() 함수로 변환하여 결과를 새로운 파일에 한 행씩 씁니다. 읽기→변환→쓰기 과정을 한 행씩 수행하기 때문에 대상 파일의 크기가 아무리 크더라도 메모리에 부하를 주지 않고 동작합니다.

```
# 파일 내용을 한 행씩 읽음
>>> def reader(src):
...     with open(src) as f:
...         for line in f:
...             yield line
...
# 행 단위로 실행할 변환 처리
>>> def convert(line):
...     return line.upper()
...
# 읽기→변환→쓰기를 한 행씩 수행
>>> def writer(dest, reader):
...     with open(dest, 'w') as f:
...         for line in reader:
...             f.write(convert(line))
...

# reader()에는 존재하는 파일 경로 반환
>>> writer('dest.txt', reader('src.txt'))
```

9.1.5　기타 이용 사례

제너레이터는 여기에서 소개한 것처럼 값을 무한히 반환하거나 큰 데이터를 다루고자 할 때 특히 효과를 발휘합니다. 최근에는 데이터 분석이나 머신러닝 등에서 대량의 텍스트 데이터나 이미지 파일을 많이 다룹니다. 이럴 때는 제너레이터를 사용해, 행 단위나 파일 단위로 패치 처리를 수행하면 성능을 향상시킬 수 있습니다.

또한, 특정한 이용 사례에 국한하지 않고 구현 중인 코드에서 리스트를 반환하는 곳이 있을 때는 적극적으로 제너레이터로 바꿔 씁니다. 만약 리스트나 튜플로 사용하고 싶다 하더라도, 호출자로 변환하면 문제없습니다. 치환을 할 때는 앞에서 설명한 주의점도 반드시 고려하기 바랍니다.

9.2　데커레이터 — 함수나 클래스명에 처리 추가

데커레이터decorator는 함수나 클래스 앞뒤에 처리를 추가할 수 있는 기능입니다.[3] 6.3절에서 소개한 @classmethod나 @staticmethod도 일종의 데커레이터입니다. 함수나 클래스 정의 앞에 @로 시작하는 문자열을 추가하는 것만으로 간단하게 사용할 수 있습니다.

데커레이터는 함수나 클래스 전후에 임의의 처리를 추가할 수 있는 간단한 기능이지만, 다음과 같은 다양한 용도로 자주 사용합니다.

- 함수 인수 체크
- 함수 호출 결과 캐시
- 함수 실행 시간 측정
- Web API에서의 핸들러handler 등록, 로그인 상태에 따른 제한

9.2.1　데커레이터의 구체적인 예시

데커레이터의 구체적인 예시로 표준 라이브러리에서 두 가지 데커레이터를 소개합니다. 첫 번째는 함수 데커레이터 functools.lru_cache(), 두 번째는 클래스 데커레이터 datablasses.dataclass()입니다.

---

3 데커레이터는 '포장한다'는 의미를 가진 decorate에서 유래되었습니다. 함수 정의나 클래스 정의를 변경하지 않고 새로운 처리를 추가할 수 있다는 점은 그야말로 함수나 클래스를 포장하는 것이라고 말할 수 있습니다.

▣ functools.lru_cache() — 함수의 결과를 캐시하는 함수 데커레이터

표준 라이브러리에 있는 functools.lru_cache()는 함수의 결과를 캐시해 주는 함수 데커레이터입니다. 같은 인수를 전달했던 호출 결과가 이미 캐시되어 있으면 함수를 실행하지 않고 캐시 결과를 반환합니다. 함수의 인수와 결과는 딕셔너리를 사용해 연결하기 때문에 @lru_chche()를 붙인 함수의 인수에는 숫잣값, 문자열, 튜플과 같은 딕셔너리의 키로 사용할 수 있는 변경 불가능한 객체(즉, 해시 가능한 객체)를 사용해야만 합니다.

```
>>> from functools import lru_cache
>>> from time import sleep

# 최근 호출한 인수와 결과를 최대 32회까지 캐시
>>> @lru_cache(maxsize=32)
... def heavy_funcion(n):
...     sleep(3)  # 무거운 처리 시뮬레이션
...     return n + 1
...

# 최초에는 시간이 걸림
>>> heavy_funcion(2)
3

# 캐시된 상태에서는 즉시 결과를 얻을 수 있음
>>> heavy_funcion(2)
3
```

▣ dataclasses.dataclass() — 자주 하는 처리를 자동으로 추가하는 클래스 데커레이터

표준 라이브러리 dataclasses.dataclass()는 클래스를 대상으로 하는 클래스 데커레이터입니다. 이 데커레이터는 대상 클래스에 __init__() 등의 특수 메서드를 자동으로 추가해 줍니다. 사용법은 함수 데커레이터와 마찬가지로, 클래스 정의에 @dataclass를 붙이기만 하면 됩니다. @dataclass를 붙인 클래스에서는 클래스 변수에 5.3절에서 소개한 타입 힌트를 붙여서 인스턴스 정보를 선언합니다.

다음의 Fruit 클래스에는 @dataclass(frozen=True)를 클래스 데커레이터로 붙였습니다. 이처럼 인수 frozen에 True를 전달하면 특수 메서드 __init__()과 함께 특수 메서드 __setattr__()도 자동으로 추가되어 로딩 전용 클래스를 정의할 수 있습니다. 이 클래스의 인스턴스는 로딩 전용이므로 인스턴스화한 뒤에는 상태를 변경할 수 없습니다.

```
>>> from dataclasses import dataclass
>>> @dataclass(frozen=True)
... class Fruit:
...     name: str   # 타입 힌트를 붙여 속성을 정의
...     price: int = 0   # 초깃값도 지정
...

# __init__()나 __repr__()가 추가되어 있음
>>> apple = Fruit(name='apple', price=128)
>>> apple
Fruit(name='apple', price=128)

# frozen=True이므로 읽기 전용임
>> apple.price = 256
Traceback (most recent call last):
  File "<stdin>", line 1, in <module>
  File "<stdin>", line 3, in __setattr__
dataclasses.FrozenInstanceError: cannot assign to field 'price'
```

이처럼 함수 데커레이터 functools.lru_cache()와도 클래스 데커레이터 dataclasses. dataclass()는 단 한 행의 코드를 함수나 클래스 정의에 붙이는 것만으로 매우 편리한 기능을 제공합니다.

9.2.2 데커레이터 구현

여기부터는 데커레이터를 구현하면서 데커레이터의 구조를 소개합니다. 앞의 예시에서도 알 수 있듯이, 함수나 클래스 앞뒤에 임의의 처리를 추가할 수 있는 데커레이터는 그 활용 방법에 따라 강력한 도구가 됩니다. 여기에서는 함수 데커레이터를 구현하지만, 클래스 데커레이터의 구조 또한 이와 동일합니다.

■ 간단한 데커레이터

함수 데커레이터는 실질적으로는 함수 하나를 인수로 받는 호출 가능한 객체입니다. 프로그램 실행 중에는 함수 데커레이터가 반환값을 반환한 새로운 함수가 원래 함수명에 결속됩니다.

함수 호출 시 로그를 출력하는 간단한 데커레이터를 만들어 봅니다. 다음 예시의 deco1() 함수는 데커레이터 대상이 되는 함수 f의 호출 전후로 로그를 출력하는 데커레이터입니다.

```
# 데커레이트할 함수를 받음
>>> def deco1(f):
...     print('deco1 called')
...     def wrapper():
...         print('before exec')
...         v = f()  # 원래 함수를 실행
...         print('after exec')
...         return v
...     return wrapper
...
```

데커레이터 deco1()은 함수 객체 wrapper를 반환하므로 프로그램 실행 중 대상 함수를 호출하면 해당 함수 대신에 wrapper() 함수를 실행합니다.

그럼 이 데커레이터를 사용할 때의 동작을 확인해 봅니다. 내장 함수 print()의 실행 순서를 확인해 봅니다.

```
# 데커레이터 함수 정의 시 실행됨
>>> @deco1
... def func():
...     print('exec')
...     return 1
...
deco1 called  # 데커레이터가 호출됨

# deco1(func)의 결과로 대체되어 있음
>>> func.__name__
'wrapper'

# func() 호출은 wrapper() 호출이 됨
>>> func()
before exec
exec
after exec
1  # wrapper()의 반환값
```

데커레이터 deco1()의 내부에서는 원래 함수를 v = f() 행에서 호출합니다. 그러나 원래 함수는 인수를 전달하지 않고 호출하는 상황만 가정하고 있기 때문에 데커레이트 대상 함수가 인수를 필요로 할 때는 다음과 같이 에러가 발생합니다.

```
>>> @deco1
... def func(x, y):
...     print('exec')
...     return x, y
...
deco1 called

>>> func(1, 2)
Traceback (most recent call last):
  File "<stdin>", line 1, in <module>
TypeError: wrapper() takes 0 positional arguments but 2 were given
```

■ 인수를 받는 함수 데커레이터

데커레이터 deco1()의 단점을 보완해 인수를 받는 함수에도 대응하도록 코드를 수정해 봅니다. 프로그램 실행 중 실제 호출되는 함수는 wrapper()입니다. 따라서 wrapper() 함수가 임의의 인수를 받도록 한 뒤, 원래 함수를 호출할 때 받은 인수를 그대로 전달해 줍니다.

```
>>> def deco2(f):
...     # 새로운 함수가 인수를 받음
...     def wrapper(*args, **kwargs):
...         print('before exec')
...         # 인수를 전달해 원래 함수를 실행
...         v = f(*args, **kwargs)
...         print('after exec')
...         return v
...     return wrapper
...
```

데커레이터 deco2()를 사용해 봅니다. @deco2를 붙인 함수를 func(1, 2)와 같이 호출하면 실제로는 wrapper(1, 2)가 실행됩니다. wrapper() 함수는 받은 인수를 사용해 원래 함수를 호출하므로 이전 절에서의 단점을 해소할 수 있습니다.

```
>>> @deco2
... def func(x, y):
...     print('exec')
...     return x, y
...
>>> func(1, 2)
```

```
before exec
exec
after exec
(1, 2)
```

■ 데커레이터 자체가 인수를 받는 데커레이터

앞에서 소개한 함수 데커레이터 functools.lru_cache()는 @lru_cache(maxsize=32)
처럼 데커레이터 자체도 인수를 받았습니다. @lru_cache()는 인수 maxsize에서 받은
값을 사용해 데커레이터 동작을 바꿉니다. 이것은 lru_cache(maxsize=32)를 호출한
결과가 데커레이터를 반환하는 것으로 구현할 수 있습니다. 다시 말해, 데커레이터를
반환하는 함수를 만들면 마치 데커레이터 그 자체가 인수를 받는 것처럼 구현할 수 있
습니다.

다음 deco3()은 @deco3(z=3)처럼 이용할 수 있는 데커레이터입니다. deco3(z=3)의 반환
값인 _deco3() 함수는 데커레이터 deco2()와 같은 데커레이터입니다.

```
# 인수 z를 받음
>>> def deco3(z):
...     # deco2()와 같음
...     def _deco3(f):
...         def wrapper(*args, **kwargs):
...             # 여기에서 z를 참조할 수 있음
...             print('before exec', z)
...             v = f(*args, **kwargs)
...             print('after exec', z)
...             return v
...         return wrapper
...     return _deco3  # 데커레이터를 반환
...
```

deco3()을 실제로 실행시켜 봅니다. 함수 정의 시에는 우선 가장 먼저 deco3(z=3)을 실
행하고, 그 결과로 데커레이터 _deco3()을 반환합니다. 그리고 데커레이터 _deco3()이
함수 func를 인수로 받아 호출한 결과 wrapper() 함수를 원래 함수로 치환합니다.

```
# deco3(z=3)의 반환값이 데커레이터의 실체,
# 즉, func = deco3(z=3)(func)와 같음
>>> @deco3(z=3)
```

```
... def func(x, y):
...     print('exec')
...     return x, y
...

# z에 전달한 값은 유지되고 있음
>>> func(1, 2)
before exec 3
exec
after exec 3
(1, 2)
```

여러 함수에서 각각 다른 인수 z값을 사용해도 각각의 값은 독립적으로 기억됩니다.[4] 꼭 직접 시험해 보기 바랍니다.

■ 여러 데커레이터를 동시에 이용

하나의 함수 정의에 여러 데커레이터를 사용할 수도 있습니다. 여러 데커레이터를 붙일 때는 다음과 같이 안쪽 데커레이터부터 적용됩니다.

```
# 여러 데커레이터를 이용
>>> @deco3(z=3)
... @deco3(z=4)
... def func(x, y):
...     print('exec')
...     return x, y
...

# @deco3(z=4)가 적용된 결과에
# @deco3(z=3)이 적용됨
>>> func(1, 2)
before exec 3
before exec 4
exec
after exec 4
after exec 3
(1, 2)
```

데커레이터 이용 시의 상황에 따라 순서가 중요합니다. 예를 들어, 12.3절에서 소개할 데커레이터 unittest.mock.patch()는 위치 인수의 가장 마지막에 인수를 추가해 원래 함

---

4 이것은 7.4절에서 소개한 클로저의 실제 사례입니다.

수를 호출하기 때문에 함수 정의의 인수 순서를 데커레이터 순서와 맞춰야 합니다.

■ functools.wraps( )로 데커레이터 결함 해결

데커레이터 deco1()을 이용한 예시에서는 속성 func.__name__값이 'wrapper'였습니다. 하지만 실제 애플리케이션이나 라이브러리 코드를 작성할 때는 원래 함수명을 모르면 불편합니다. 특히, 여러 위치에서 같은 데커레이터를 사용하면 같은 함수명으로 여러 처리가 존재하므로 버그의 원인 조사도 어려워집니다.

그래서 데커레이터를 사용할 때는 일반적으로 표준 라이브러리의 데커레이터 functools.wraps()를 이용해 실제로 실행될 함수의 이름 혹은 독스트링을 원래 함수의 것으로 치환합니다.

```
>>> from functools import wraps
... def deco4(f):
...     @wraps(f)   # 원래 함수를 인수로 받는 데커레이터
...     def wrapper(*args, **kwargs):
...         print('before exec')
...         v = f(*args, **kwargs)
...         print('after exec')
...         return v
...     return wrapper
...
>>> @deco4
... def func():
...     """func입니다"""
...     print('exec')
...
>>> func.__name__
'func'
>>> func.__doc__
'func입니다'
```

9.2.3 데커레이터 실제 사례 — 처리 시간 측정

데커레이터의 실제 사례로 함수 처리 시간을 측정해 봅니다. 데커레이터 elapsed_time()을 다음과 같이 정의합니다.

```
>>> from functools import wraps
>>> import time
```

```
>>> def elapsed_time(f):
...     @wraps(f)
...     def wrapper(*args, **kwargs):
...         start = time.time()
...         v = f(*args, **kwargs)
...         print(f"{f.__name__}: {time.time() - start}")
...         return v
...     return wrapper
```

데커레이터 elapsed_time()을 사용하면 함수 정의 시 @elapsed_time을 붙이는 것만으로 해당 함수의 처리 시간을 측정할 수 있습니다. 함수 로직을 변경할 필요가 없고 여러 함수를 동시에 측정하거나 측정 대상 함수 변경 또한 간단합니다.

```
# 0부터 n-1까지의 총합을 계산하는 함수
>>> @elapsed_time
... def func(n):
...     return sum(i for i in range(n))

# func() 실행 결과 표시
# f-string에서 콤마(,)로 구분해 여러 값을 지정
>>> print(f'{func(1000000)=:,}')
func: 0.08107686042785645
func(1000000)=499,999,500,000
>>> print(f'{func(10000000)=:,}')
func: 0.4961683750152588
func(10000000)=49,999,995,000,000
```

9.2.4 기타 이용 사례

데커레이터는 내장 함수 @classmethod나 @property, 표준 라이브러리 @functools.lru_cache나 @dataclass 등 다양한 용도로 제공합니다. 또한, 다음과 같이 많은 서드파티 라이브러리나 프레임워크가 API로 데커레이터를 제공하고 있습니다.

- Web 프레임워크 플라스크Flask에서는 @app.route('/')를 붙여 Web API 핸들러를 지정
- Web 프레임워크 장고Django에서는 @login_required를 붙여 Web API 실행을 제어
- CLICommand Line Interface 도구 작성 라이브러리 클릭Click에서는 @click.command()를 붙여 함수를 명령어로 사용

9.3 콘텍스트 관리자
― with 문 앞뒤에서 처리를 실행하는 객체

with 문에 대응한 객체를 콘텍스트 관리자라고 부릅니다. 콘텍스트 관리자를 사용하는 대표적인 사례는 3.4절에서 소개한 내장 함수 open()입니다.[5] with 문은 try:finally: 를 대신해 자주 사용하는데, 그 본질은 마치 샌드위치처럼 특정한 처리의 앞뒤 처리를 모아서 재사용 가능하도록 하는 데 있습니다.[6]

9.3.1 콘텍스트 관리자의 구체적인 예시

콘텍스트 관리자의 동작을 내장 함수 open()에서 확인해 봅니다. 다음 예시는 내장 함수 open()을 사용해 파일에 내용을 기록하는 일반적인 코드입니다.

```
# 두 번째 인수로 쓰기 모드 지정
>>> with open('some.txt', 'w') as f:
...     f.write('python')
...
6   # 파일에 쓸 바이트 수
>>> f.closed
True
```

with 문 블록을 벗어나면 파일은 닫힙니다. 다음으로 블록 안에서 예외를 발생시켜 봅니다.

```
>>> with open('some.txt', 'w') as f:
...     f.read()   # 쓰기 모드이므로 예외가 발생함
...
Traceback (most recent call last):
  File "<stdin>", line 2, in <module>
io.UnsupportedOperation: not readable

# 예외 발생 시에도 파일은 닫혀있음
>>> f.closed
True
```

---

5   open() 자체는 콘텍스트 관리자가 아니라, 어디까지나 콘텍스트 관리자를 반환하는 함수입니다.

6   이 샌드위치 비유는 PyCon US 2013의 키노트 스피치에서 파이썬 핵심 개발자 중 한 사람인 레이몬드 헤팅거(Raymond Hettinger)가 발언한 것입니다. URL https://www.youtube.com/watch?v=NfngrdLv9ZQ

예외가 발생했음에도 불구하고 파일은 닫혀있습니다. 다시 말해, 내장 함수 open()을 with 문과 함께 사용하면 다음과 같이 try:finally:를 사용한 코드와 동일한 제어를 수행합니다.

```
>>> try:
...     f = open('some.txt', 'w')
...     f.read()   # 쓰기 모드이므로 예외가 발생함
... finally:
...     f.close()
Traceback (most recent call last):
  File "<stdin>", line 3, in <module>
io.UnsupportedOperation: not readable

# 예외 발생 시에도 파일은 닫혀있음
>>> f.closed
True
```

파일 손상을 방지하기 위해 파일을 연 상태에서 처리 완료가 되거나 예외가 발생했을 때는 파일을 반드시 닫아야 합니다. 다시 말해 try:finally:로 감싸는 것은 내장 함수 open()을 호출할 때의 전형적인 처리이며, with 문을 사용하면 이를 자동으로 수행합니다.

단, with 문의 역할이 try:finally:로 감싸는 것뿐만은 아닙니다. with 문에 대응하는, 콘텍스트 관리자라고 불리는 객체를 이용하면 특정한 처리 앞뒤에 수행하는 임의의 처리를 구현할 수 있습니다.

■ 콘텍스트 관리자 구현

콘텍스트 관리자를 구현해 봅니다. with 문은 'with {콘텍스트 관리자}:'와 같은 구문으로 이루어져 있습니다. 콘텍스트 관리자란 실제로는 __enter__()와 __exit__()라는 두 개의 특수 메서드를 구현한 클래스 인스턴스입니다.

■ __enter__(), __exit__() ─ with 문 앞뒤에서 호출하는 메서드

콘텍스트 관리자에서는 with 블록에 들어갈 때 호출하는 전처리를 특수 메서드 __enter__()에, with 블록을 벗어날 때 호출하는 후처리를 특수 메서드 __exit__()에 기술합니다. 실제로 콘텍스트 관리자를 정의하면 다음과 같습니다.

```
# 이 클래스의 인스턴스가 콘텍스트 관리자임
>>> class ContextManager:
...     # 전처리 구현
...     def __enter__(self):
...         print('__enter__ was called')
...     # 후처리 구현
...     def __exit__(self, exc_type, exc_value, traceback):
...         print('__exit__ was called')
...         print(f'{exc_type=}')
...         print(f'{exc_value=}')
...         print(f'{traceback=}')
...

# with 블록이 정상적으로 종료될 때는
# __exit__()의 인수는 모두 None
>>> with ContextManager():
...     print('inside the block')
...
__enter__ was called
inside the block
__exit__ was called
exc_type=None
exc_value=None
traceback=None
```

■ with 문과 예외 처리

만약 with 블록 안에서 예외가 발생하면 특수 메서드 __exit__()의 변수에 해당 정보를 전달합니다. 예외 재발생을 억제하면 특수 메서드 __exit__()에서 True를 반환하거나, 그렇지 않을 때는 자동으로 재발생합니다. 즉, 특수 메서드 __exit__() 안에서는 raise 문이 필요하지 않습니다. 다음 예시에서는 예외가 재발생하므로 실행 후 트레이스백 정보를 표시합니다.

```
# with 블록 안에서 예외가 발생하면
# 해당 정보가 __exit__()으로 전달됨
>>> with ContextManager():
...     1 / 0
...
__enter__ was called
__exit__ was called
exc_type=<class 'ZeroDivisionError'>
exc_value=ZeroDivisionError('division by zero')
```

```
traceback=<traceback object at 0x7f91a897f840>
Traceback (most recent call last):
  File "<stdin>", line 2, in <module>
ZeroDivisionError: division by zero
```

■ as 키워드 ─ __enter__()의 반환값을 이용

콘텍스트 관리자로부터 with 블록에 전달하고자 하는 값이 있을 때는 그 값을 특수 메
서드 __enter__()의 반환값으로 지정해 as 키워드로 받을 수 있습니다. 반환값 유무와
관계없이 이용하지 않을 때는 as 키워드를 생략할 수 있습니다.

```
>>> class ContextManager:
...     # 반환값이 as 키워드에 전달됨
...     def __enter__(self):
...         return 1
...     def __exit__(self, exc_type, exc_value, traceback):
...         pass
...
... with ContextManager() as f:
...     print(f)
...
1

# as 키워드 생략
>>> with ContextManager():
... pass
...
>>>
```

with 블록 안에서 임의의 값을 특수 메서드 __exit__()에 직접 전달하는 방법은 없습
니다. 그런 때는 다음과 같이 인스턴스 변수 등을 통해 전달해야 합니다.

```
>>> class Point:
...     def __init__(self, **kwargs):
...         self.value = kwargs
...     def __enter__(self):
...         print('__enter__ was called')
...         return self.value  # as 절로 전달됨
...     def __exit__(self, exc_type, exc_value, traceback):
...         print('__exit__ was called')
...         print(self.value)
...
```

```
>>> with Point(x=1, y=2) as p:
...     print(p)
...     p['z'] = 3
...
__enter__ was called
{'x': 1, 'y': 2}
__exit__ was called
{'x': 1, 'y': 2, 'z': 3}
```

■ contextlib.contextmanager로 간단하게 구현

콘텍스트 관리자는 정형 처리를 한데 모으는 데 도움이 되지만, 콘텍스트 관리자 구현 역시 대부분 정형 처리입니다. 표준 라이브러리의 데커레이터 contextlib.contextmanager는 이 정형 처리를 캡슐화해 줍니다. 이를 사용하면 @contextmanager를 붙인 제너레이터 함수를 하나만 기술하는 것만으로 콘텍스트 관리자를 만들 수 있습니다.

데커레이터 contextlib.contextmanager와 제너레이터 함수를 사용해 앞에서의 Point 클래스와 동일한 콘텍스트 관리자를 구현하면 다음과 같습니다.

```
>>> from contextlib import contextmanager
>>> @contextmanager
... def point(**kwargs):
...     print('__enter__ was called')
...     value = kwargs
...     try:
...         # 이곳부터 전처리
...         # value를 as 키워드에 전달
...         yield value
...         # 이곳부터 아래가 후처리
...     except Exception as e:
...         # 에러 시는 이곳도 호출됨
...         print(e)
...         raise
...     finally:
...         print('__exit__ was called')
...         print(value)
...
```

데커레이터 contextmanager를 붙인 제너레이터 함수를 준비하고, yield 식을 통해 앞

쪽에 전처리, 뒤쪽에 후처리를 기술하고 있습니다. 또한, yield 식에 값을 전달하면 그 값을 as 키워드에 전달합니다. with 블록 안에서 예외가 발생하면 그 예외는 일반적인 때와 같은 방법으로 전파됩니다. 따라서 후처리를 적절하게 수행하기 위해서라도 yield 식의 행은 반드시 try:finally:를 이용해 실행합니다.

이 제너레이터 함수 point()를 with 문을 이용해 실행하면 앞의 클래스 베이스 콘텍스트 관리자와 같은 결과를 얻을 수 있습니다.

```
>>> with point(x=1, y=2) as p:
...     print(p)
...     p['z'] = 3
__enter__ was called
{'x': 1, 'y': 2}
__exit__ was called
{'x': 1, 'y': 2, 'z': 3}
```

9.3.2 콘텍스트 관리자 실제 사례 — 일시적인 로깅 수준 변경

콘텍스트 관리자라는 이름에 어울리는 실제 사례 한 가지를 소개합니다. 다음과 같이 debug_context.py를 준비합니다.

```
debug_context.py
import logging
from contextlib import contextmanager

logger = logging.getLogger(__name__)
logger.addHandler(logging.StreamHandler())

# 기본값이 INFO 레벨이므로 DEBUG 레벨 로그는 무시함
logger.setLevel(logging.INFO)

@contextmanager
def debug_context():
    level = logger.level
    try:
        # 로깅 레벨을 변경함
        logger.setLevel(logging.DEBUG)
        yield
    finally:
        # 원래 로깅 레벨로 되돌림
```

```
        logger.setLevel(level)

def main():
    logger.info('before: info log')
    logger.debug('before: debug log')

    # DEBUG 로그를 볼 때의 처리를 with 문 블록 안에서 실행함
    with debug_context():
        logger.info('inside the block: info log')
        logger.debug('inside the block: debug log')

    logger.info('after: info log')
    logger.debug('after: debug log')

if __name__ == '__main__':
    main()
```

이 코드의 변수 logger는 설정되어 있는 로깅 수준logging level 미만의 로그를 무시합니다.
로깅 수준이란 로그의 중요도를 의미하는 값입니다. 표준 라이브러리 logging 모듈에서
는 중요도가 낮은 순서로 DEBUG, INFO, ERROR 등 여러 로깅 수준을 정의하고 있습니다.[7]

이 코드에서는 가장 먼저 INFO 레벨을 지정했으므로 DEBUG 레벨의 로그를 출력하는
logger.debug()의 로그는 무시합니다. 하지만 with 블록 안에 한해서는 일시적으로 로
깅 수준을 DEBUG까지 내렸으므로 with 블록 안에서 실행한 logger.debug()의 로그는
제한적으로 출력됩니다. 실제 이 스크립트를 실행한 결과는 다음과 같습니다.

```
$ python3 debug_context.py
before: info log
inside the block: info log
inside the block: debug log
after: info log
```

9.3.3 기타 이용 사례

콘텍스트 관리자는 특정 처리 앞뒤의 처리를 모아서 재실행할 수 있도록 해줍니다. 이런

---

7 logging 모듈에서 사용하는 로깅 수준은 실제로는 숫잣값입니다. **URL** https://docs.python.org/ko/3.8/library/logging.
html#levels

관점에서 콘텍스트 관리자를 매우 다양하게 활용할 수 있습니다. 예를 들어, 다음과 같은 처리들을 콘텍스트 관리자를 사용해 구현할 수 있습니다.

- 시작/종료 상태 변경이나 알림
- 네트워크나 DB의 접속/연결 해제 처리

또한, 표준 라이브러리 중에도 with 블록 안에서만 출력을 표준 출력으로 리다이렉트하는 contextlib.redirect_stdout, with 블록 안에서만 특정한 객체를 모의mock 객체로 바꾸는 unittest.mock.patch 등을 콘텍스트 관리자로 제공하고 있습니다.

9.4 디스크립터 — 속성 처리를 클래스로 이첩

이번 절에서는 디스크립터descriptor라고 불리는 기능을 소개합니다. 디스크립터는 한마디로 설명하기 어려우므로 먼저 언제 디스크립터를 사용할 수 있는지 설명합니다.

문자열만 설정하고자 하는 인스턴스 변수 text_field를 가진 클래스를 생각해 봅니다. 이는 6.2절에서 소개한 프로퍼티를 사용해 text_field를 정의하고, 그 setter 안에서 문자열 이외의 대입을 방지하도록 구현할 수 있습니다.

하지만 여러 클래스에서 이 text_field 프로퍼티를 필요로 하게 되었을 때, 각 클래스에 대입 방지 처리를 하는 것은 바람직하지 않습니다. 이럴 때 디스크립터를 사용할 수 있습니다. 이때는 방지 처리를 구현한 디스크립터를 TextField 클래스로 정의하고, 그 인스턴스를 각 클래스에서 사용하면 방지 처리 구현을 한 위치에 모을 수 있습니다.

디스크립터를 이용하면 이처럼 프로퍼티를 사용해 구현한 속성 처리를 클래스로 재사용할 수 있는 형태로 정의할 수 있습니다.

9.4.1 디스크립터의 구체적인 예시

디스크립터의 구조에 대해서는 뒤에서 설명하므로 우선 디스크립터의 구체적인 예시를 살펴봅니다. 사실 프로퍼티를 만들 때 사용한 @property는 디스크립터로 구현되어 있습니다.[8] 이는 다음과 같이 속성 목록을 확인해 보면 알 수 있습니다. 특수 메서드 __get__(), __set__(), __delete__() 중 하나 이상을 가지고 있다면 그 객체는 디스크립터라고 부릅니다.

```
# 디스크립터가 가진 메서드가 정의되어 있음
>>> dir(property())
[..., '__delete__', ..., '__get__', ..., '__set__', ...]

# property는 실제로 클래스로 정의되어 있음
>>> type(property())
<class 'property'>
```

일반적인 메서드도 디스크립터로 정의되어 있습니다.[9] 이처럼 디스크립터는 파이썬을 지탱하는 기술의 하나라고 해도 과언이 아닙니다.

```
>>> class A:
...    def f(self):
...        pass
...

# 디스크립터가 가진 메서드가 정의되어 있음
>>> dir(A.f)
[..., '__get__', ...]

# 메서드는 function 클래스임
>>> type(A.f)
<class 'function'>
```

덧붙여 디스크립터 중에서도 __set__()나 __delete__() 중 하나 혹은 둘 모두를 가진 것을 데이터 디스크립터data descriptor라고 부르며, __get__()만 가지고 있는 것을 비데이터 디스크립터non-data descriptor라고 부릅니다. 앞에서 확인한 property 클래스는 __get__() 이외에도 __set__()과 __delete__()도 가지고 있으므로 데이터 디스크립터이지만, 메서드 실체인 function 클래스는 __get__()만 가지고 있으므로 비데이터 디스크립터가

---

8 공식 문서 '디스크립터 사용법 안내서'에서 property()에 관한 더 자세한 설명을 확인할 수 있습니다.
    URL https://docs.python.org/ko/3.8/howto/descriptor.html#properties
9 함수와 메서드에 관해서도 공식 문서 '디스크립터 사용법 안내서'에서 더 자세한 설명을 확인할 수 있습니다.
    URL https://docs.python.org/ko/3.8/howto/descriptor.html#functions—and—methods

됩니다.

9.4.2 디스크립터 구현

디스크립터 인스턴스를 클래스 변수로 사용하면 해당 클래스 변수를 인스턴스 변수와
같이 다룰 수 있습니다. 속성 얻기나 대입, 삭제 시에는 디스크립터가 구현되어 있는 __
get__()이나 __set__(), __delete__()에 대응하는 메서드가 호출됩니다.

여기에서는 실제로 디스크립터를 만들어 봅니다. 또한, __delete__()는 __set__()이나
__get__()만큼 중요하지는 않으므로 자세히 다루지 않습니다.

■ __set__() 구현 — 데이터 디스크립터

__set__()을 구현한 디스크립터를 데이터 디스크립터라고 부르는데, 속성 대입 시의
처리를 오버라이드합니다. 이로부터 데이터 디스크립터를 오버라이드 디스크립터override
descriptor 라고 칭하기도 합니다.

앞의 TextField 클래스를 데이터 디스크립터로 정의하면 다음과 같습니다. 코드의 상세
한 내용은 실제로 동작시키면서 확인해 봅니다.

```python
# __set__()을 가진 클래스는 데이터 디스크립터임
>>> class TextField:
...     def __set_name__(self, owner, name):
...         print(f'__set_name__ was called')
...         print(f'{owner=}, {name=}')
...         self.name = name
...     def __set__(self, instance, value):
...         print('__set__ was called')
...         if not isinstance(value, str):
...             raise AttributeError('must be str')
...         # . 표기법이 아닌 속성 딕셔너리를 사용해 저장
...         instance.__dict__[self.name] = value
...     def __get__(self, instance, owner):
...         print('__get__ was called')
...         return instance.__dict__[self.name]
...
```

이 디스크립터를 사용하는 Book 클래스를 다음과 같이 정의합니다. 디스크립터를 사용
하는 클래스에서는 디스크립터의 인스턴스를 클래스 변수로 사용합니다. 이때 디스크립

터의 특수 메서드 __set_name__()에는 해당 디스크립터를 사용하는 클래스 객체와 디스크립터에 할당된 변수명이 전달됩니다. 여기에서는 Book 클래스와 문자열 'title'을 전달합니다.

```
>>> class Book:
...     title = TextField()
...
__set_name__ was called
owner=<class '__main__.Book'>, name='title'
```

Book 클래스를 사용할 때에는 클래스 변수 title을 마치 인스턴스 변수인 것처럼 다룹니다.

```
>>> book = Book()

# 대입 시에는 __set__()이 호출됨
>>> book.title = 'Python Practice Book'
__set__ was called

# 취득 시에는 __get__()이 호출됨
>>> book.title
__get__ was called
'Python Practice Book'

# 다른 인스턴스를 작성해서 대입
>>> notebook = Book()
>>> notebook.title = 'Notebook'
__set__ was called

# 각 데이터를 유지하고 있음
>>> book.title
__get__ was called
'Python Practice Book'
>>> notebook.title
__get__ was called
'Notebook'
```

book.title = 'Python Practice Book'과 같이 대입을 하면 디스크립터의 __set__()에 인스턴스(여기에서는 book)와 대입할 값(여기에서는 'Python Practice Book')이 전달됩니다. 문제가 없다면 인스턴스 속성 딕셔너리에 대입한 값이 저장됩니다. 만약 __set__

() 안에서 속성 딕셔너리를 사용하지 않고 점(.) 기법을 사용하면 __set__()가 재귀적으로 호출되므로 주의합니다.

또한, TextFields 클래스 __set__()에서는 값이 문자열일 때만 대입하고, 그 외에는 AttributeError 예외를 발생시킵니다.

실제로 문자열 이외에는 대입되지 않는 것을 확인해 봅니다.

```
# 문자열 이외는 대입할 수 없음
>>> book.title = 123
__set__ was called
Traceback (most recent call last):
  File "<stdin>", line 1, in <module>
  File "<stdin>", line 8, in __set__
AttributeError: must be str
```

■ __get__()만 구현 — 비데이터 디스크립터

__get__()만을 구현한 디스크립터를 비데이터 디스크립터라고 합니다. 비데이터 디스크립터는 비오버라이드 디스크립터non-override descriptor라고도 불리며, 그 우선도는 인스턴스 변수보다도 낮게 설정되어 있습니다. 그래서 같은 이름의 인스턴스 변수가 있다면 그 변수를 사용하고, __get__()은 호출하지 않습니다.

여기에서는 TextField 클래스를 비데이터 디스크립터로 구현했습니다. 비데이터 디스크립터는 __set__()을 가지고 있지 않기 때문에 초기화 시 타이틀 문자열을 전달해 줍니다.

```
# __get__()만 있다면 비데이터 디스크립터
>>> class TextField:
...     def __init__(self, value):
...         if not isinstance(value, str):
...             raise AttributeError('must be str')
...         self.value = value
...     def __set_name__(self, owner, name):
...         print(f'__set_name__ was called')
...         print(f'{owner=}, {name=}')
...         self.name = name
...     def __get__(self, instance, owner):
...         print('__get__ was called')
```

```
...        return self.value
...
>>> class Book:
...     title = TextField('Python Practice Book')
...
__set_name__ was called
owner=<class '__main__.Book'>, name='title'
```

비데이터 디스크립터는 속성 대입 시의 동작에는 아무 영향이 없습니다. 그 때문에 대입을 하면 일반적인 인스턴스 변수가 정의됩니다. 우선도 관계에 따라 인스턴스 변수 정의 후에는 비데이터 디스크립터의 __get__()은 호출하지 않습니다.

```
>>> book = Book()

# 대입 전 취득 시에는 __get__()가 호출됨
>>> book.title
__get__ was called
'Python Practice Book'

# 대입하면 인스턴스 변수가 됨
>>> book.title = 'Book'

# 인스턴스 변수가 있으면 __get__()은 호출하지 않음
>>> book.title
'Book'
```

9.4.3 디스크립터 실제 사례 — 프로퍼티 캐시

디스크립터의 이용 사례는 앞에서 소개했으므로 여기에서는 비데이터 디스크립터의 성질을 사용한 캐시의 구조를 소개합니다.

다음 LazyProperty 클래스는 데커레이터로 사용되는 비데이터 디스크립터입니다. 이 디스크립터에서는 __get__() 안에서 원래의 함수를 실행하고, 그 결과를 인스턴스의 속성 딕셔너리에 저장함으로써 인스턴스 변수를 정의합니다. 따라서 두 번째 이후 호출에서는 이미 인스턴스 변수가 정의되어 있으므로 __get__()을 호출하지 않습니다.

```
>>> class LazyProperty:
...     def __init__(self, func):
```

```
...       self.func = func
...       self.name = func.__name__
...   def __get__(self, instance, owner):
...       if not instance:
...         # 클래스 변수로서 접근될 때의 처리
...         return self
...       # self.func는 함수이므로 명시적으로 인스턴스를 전달함
...       v = self.func(instance)
...       instance.__dict__[self.name] = v
...       return v
...
```

이제 이 디스크립터 LazyProperty를 사용해 동작을 확인해 봅니다. @LazyPorperty를 붙인 book.price는 최초 한 번만 계산을 수행한다는 것을 확인할 수 있습니다.

```
>>> TAX_RATE = 1.10
>>> class Book:
...   def __init__(self, raw_price):
...     self.raw_price = raw_price
...   @LazyProperty
...   def price(self):
...     print('calculate the price')
...     return int(self.raw_price * TAX_RATE)
...
>>> book = Book(1980)
>>> book.price
calculate the price
2178
>>> book.price
2178
```

또한, 다음과 같이 클래스 객체로부터 디스크립터에 접근하면 __get__()의 인수 instance에는 None이 전달됩니다. 속성 접근만으로 예외가 발생하는 것은 바람직하지 않으므로 수행하고자 하는 처리가 없다면 자신을 반환하도록 해둡니다.

```
>>> Book.price
<__main__.LazyProperty at 0x7f95c82cee80>
```

기타 이용 사례

디스크립터는 앞에서 설명한 것처럼 메서드나 프로퍼티, 클래스 메서드 등에서 사용합니다. 또한, 다음의 프레임워크나 라이브러리가 제공하는 O/R 매퍼mapper에서도 사용하고 있습니다. O/R 매퍼란 데이터베이스의 데이터와 프로그래밍 언어의 객체의 매핑을 수행하는 것을 의미합니다.

- Web 프레임워크 장고Django의 django.db.models.CharField() 혹은 django.db.models.TextField() 등
- 범용 O/R 매퍼 라이브러리인 SQLAlchemy의 sqlalchemy.Column()

여기에서 소개한 O/R 매퍼는 내부에서 데이터베이스의 각종 데이터 타입과 대응하는 클래스를 디스크립터로 정의하고 있으며, 이를 사용해 정의한 모델의 인스턴스는 속성 처리를 세세하게 제어할 수 있습니다.

9.5 정리

이번 장에서는 제너레이터, 데커레이터, 콘텍스트 관리자, 디스크립터의 기능을 소개했습니다. 구현하고자 하는 기능에 맞춰 이들을 적절하게 활용하면 더 간결하고 파이썬다운 코드를 작성할 수 있습니다.

또한, 이 기능들은 사용자에게 제공하는 것뿐만 아니라 파이썬 자체나 표준 라이브러리에서도 넓게 활용하고 있습니다. 특히 표준 라이브러리는 살아있는 샘플 코드라 해도 과언이 아닙니다. 구현 시에는 꼭 표준 라이브러리의 코드를 참고하기 바랍니다.[10]

---

10 표준 라이브러리 코드는 파이썬 설치 시 포함됩니다. 또한, 깃허브(GitHub)의 python/cpython 저장소에서도 확인할 수 있습니다.
URL https://github.com/python/cpython/tree/master/Lib

10

동시 처리

동시 처리concurrent processing란 여러 처리를 동시에 수행하는 것을
의미합니다. 동시 처리는 복잡하여 이해하기 어려운 영역이지만,
프로그램 실행 시의 성능을 향상시키기 위해서는 반드시 알아야
합니다.

이 장에서는 파이썬에서 동시 처리를 구현하기 위한 선택지로서 다중 스레드
(multi-threaded) 사용법, 다중 프로세스(multi-process) 사용법, 이벤트 루프
(event-loop) 사용법에 관해 설명합니다.

10.1 동시 처리와 병렬 처리 — 여러 처리를 동시에 수행

동시 처리concurrent-processing란 여러 처리를 동시에 수행하는 것을 의미하는 용어입니다. 동시 처리와 비슷한 용어로 병렬 처리parallel-processing도 있습니다. 여기에서는 동시 처리, 병렬 처리 그리고 순차 처리sequential-processing의 차이를 설명합니다.

이번 장을 읽기 위해서는 용어의 정확한 정의보다 머릿속에 이미지를 그리는 것이 중요합니다. 여기에선 세 개의 아티클article을 작성하는 작업을 예로 들어 설명합니다. 아티클을 쓰는 사람이 CPU 코어에 해당하고, 아티클을 쓰는 작업은 각 스레드상에서 코어가 처리하는 내용에 해당합니다.

또한, 이번 장에서 설명하는 스레드와 프로세스는 모두 처리 단위를 의미하는 용어입니다. 프로그램 실행 시 프로세스를 생성하고 CPU나 메모리 등의 자원을 할당합니다. 각 프로세스 안에서는 하나 이상의 스레드를 통해 처리를 수행합니다.

10.1.1 순차 처리 실행

먼저 순차 처리부터 설명합니다. 처음 아티클을 다 쓰고 나서 다음 아티클을 쓰고, 그 아티클을 쓴 뒤 마지막 세 번째 아티클을 쓰는 방식을 순차 처리라고 합니다(그림 10.1). 싱글 코어single core, 싱글 스레드single thread에서 처리를 수행하는 상황이 이에 해당합니다. 파이썬 프로그램에서는 의도적으로 동시 처리로 구현하지 않는 한 항상 순차 처리를 수행합니다.

그림 10.1 **순차 처리 방식 아티클 쓰기**

10.1.2 동시 처리 실행

세 개의 아티클을 한 사람이 조금씩 써나가는 형태를 동시 처리라고 부릅니다(그림 10.2). 특정 시점을 잘라서 보면 한 아티클에 집중하고 있지만, 긴 시간 축으로 보면 여러 아티클을 동시에 쓰고 있다고 할 수 있습니다. 파이썬 프로그램에서는 다중 스레드를 사용하는 상황이 이에 해당합니다.

그림 10.2 동시 처리 방식 아티클 쓰기

10.1.3 병렬 처리 실행

친구 두 명이 가세해 한 사람이 한 아티클씩, 세 개의 아티클을 동시에 쓰는 형태를 병렬 처리라고 부릅니다(그림 10.3). 병렬 처리에서는 특정 시점을 잘라서 보더라도 여러 처리를 함께 수행하고 있습니다. 파이썬 프로그램에서는 멀티 코어로 다중 프로세스를 사용하는 상황이 이에 해당합니다.

그림 10.3 병렬 처리 방식 아티클 쓰기

또한, 병렬 처리는 앞에서의 동시 처리에 포함되는 개념입니다. 즉, 모든 병렬 처리는 동시 처리이기는 하나, 동시 처리라고 해서 모두가 병렬 처리인 것은 아닙니다.

10.1.4 파이썬과 동시 처리

지금까지 설명한 것처럼 동시 처리는 다중 스레드나 다중 프로세스를 사용해 구현합니다. 또한, 다른 한 가지 방법으로 이번 장 후반에서 소개할 이벤트 루프를 사용할 수도 있습니다. 동시 처리를 도입할 때 어느 방법이 적합한가는 그 처리가 CPU 바운드 처리인지 혹은 I/O 바운드 처리인지에 따라 결정됩니다. 각각의 특징은 다음과 같습니다.

- CPU 바운드 처리
  - 암호화(복호화), 숫잣값 계산 등 CPU의 자원을 사용해 계산을 수행하는 처리
  - 여러 코어를 동시에 사용해 병렬 처리를 할 수 있는 다중 프로세스가 유효
  - 파이썬에는 GIL이 있으므로 다중 스레드, 이벤트 루프를 통한 처리 고속화는 기대할 수 없음
- I/O 바운드 처리
  - 데이터베이스 접속, Web API 이용 등 통신에 의한 대기 시간이 발생하는 처리
  - 다중 프로세스, 다중 스레드, 이벤트 루프 모두 유효
  - 어떤 방법을 선택할지는 오버헤드나 구현 난도를 고려해서 결정

일반적으로 실행 시의 오버헤가 큰 순서대로 나열하면 다중 프로세스, 다중 스레드, 이벤트 루프 순입니다. 이번 장에서 각각의 구체적인 구현 방법을 설명하므로 실제로 구현해 보며 구현 난도에 관해서는 직접 느껴보기 바랍니다.

■ 동시 처리와 비동기 처리의 관계

파이썬에서는 함수나 메서드를 호출하면 일반적으로 호출한 대상의 처리를 모두 완료할 때까지 호출자는 다음 처리를 진행하지 않습니다. 이러한 처리를 일반적으로 동기 처리 synchronous processing라고 부릅니다.

한편 비동기 처리asynchronous processing에서는 호출한 대상이 처리를 하는 중이라도, 호출자는 다음 처리를 진행할 수 있습니다. 호출한 대상의 결과를 얻기 전에 호출자는 다음 처리를 진행하기 때문에 처리 완료 알림이나 결과는 콜백callback 함수 등을 사용해 호출자에게 알려줍니다. 호출자와 호출 대상이 동시에 처리를 실행하기 때문에 비동기 처리를 사용할 때는 동시 처리를 한다고 말할 수 있습니다.

10.2 concurrent.futures 모듈
— 동시 처리를 위한 고수준 인터페이스

concurrent.futures 모듈은 동시 처리를 수행하기 위한 표준 라이브러리입니다. 동시 처리에서 실행할 처리를 전달하면 해당 처리를 뒤에서 설명할 future 객체에 캡슐화해서 비동기 처리로 실행해 줍니다. 고수준의 추상화된 API를 제공하므로 다중 스레드와

다중 프로세스를 거의 같은 코드로 구현할 수 있습니다. 과거에는 다중 스레드를 다룰 때는 threading 모듈, 다중 프로세스를 다룰 때는 multiprocessing 모듈을 주로 이용했지만, 지금은 상황과 관계없이 concurrent.futures 모듈을 이용하는 것이 좋습니다.

concurrent.futures 모듈을 이용하기 위해서는 먼저 concurrent.futures.Future 클래스와 concurrent.futures.Executor 클래스에 관해 알아야 합니다.

---

column

다중 스레드와 GIL

파이썬에서 다중 스레드를 사용할 때 등장하는 키워드로 GIL(Global Interpreter Lock, 전역 인터프리터 록)[a]이 있습니다. GIL은 이름 그대로 파이썬 인터프리터 전체에서 공유하는 잠금 기능입니다. 여러 스레드가 있을 때, GIL을 얻은 하나의 스레드만 파이썬의 바이트 코드를 실행할 수 있도록 설계되어 있습니다.[b] 파이썬의 이러한 구조적 특성상 다중 스레드를 이용한 동시 처리에서는 CPU 바운드 처리에서 빠른 속도를 기대할 수 없습니다.

a   **URL** https://docs.python.org/ko/3.8/glossary.html#term−global−interpreter−lock
b   GIL 유무는 처리 계열에 따라 다릅니다. GIL이 없는 처리 계열에는 Jython이나 IronPython 등이 있습니다.

10.2.1 Future 클래스와 Executor 클래스
— 비동기 처리 캡슐화와 실행

concurrent.futures 모듈에서는 비동기로 수행하고 싶은 처리를 호출 가능 객체로 취급합니다. 이 호출 가능 객체를 Executor 클래스의 메서드 submit()에 전달하면 그 처리 실행을 스케줄링한 Future 클래스 인스턴스를 반환합니다.

또한, Executor 클래스는 API를 정의하기 위한 추상 클래스abstract class입니다. 그러므로 실제 사용할 때는 구체적인 처리를 구현한 서브 클래스인 ThreadPoolExecutor 클래스나 ProcessPoolExecutor 클래스를 이용합니다.

```
# ThreadPoolExecutor는 Executor의 구현 서브 클래스
>>> from concurrent.futures import (
...     ThreadPoolExecutor,
...     Future
... )

# 비동기로 수행할 처리
```

```
>>> def func():
...     return 1
...

# 비동기로 수행할 처리를 submit()에 전달
>>> future = ThreadPoolExecutor().submit(func)
>>> isinstance(future, Future)
True
```

Future 클래스의 인스턴스인 future는 스케줄링된 호출 가능 객체를 캡슐화한 것이며, 그 이름대로 실행이 지연되고 있음을 나타내는 것입니다. 실제로 처리를 실행할 때까지 결과는 존재하지 않지만, 다른 스레드나 다른 프로세스에서 처리를 실행한 뒤에는 메서드 future.result()로 호출 가능 객체로부터의 반환값을 얻을 수 있습니다. 또한, 마찬가지로 future.done()이나 future.running(), future.cancelled() 등의 각 메서드로 현재 상태를 얻거나, 실행 전이라면 future.cancel()로 취소할 수도 있습니다.

```
# 비동기로 실행한 처리의 반환값을 취득
>>> future.result()
1

# 현재 상태를 확인함
>>> future.done()
True
>>> future.running()
False
>>> future.cancelled()
False
```

언제 어떤 스레드(혹은 프로세스)로 처리할 것인지 스케줄링하는 것은 어디까지나 concurrent.futures 모듈의 역할입니다. 따라서 사용자는 Executor 클래스의 메서드 submit()을 호출해, 처리를 비동기 실행으로 스케줄링하도록 요청하는 작업만 할 수 있습니다. Future 클래스의 인스턴스는 스케줄링 결과에 따라 만들어지고 사용자가 직접 인스턴스화할 수 없습니다.

10.2.2 ThreadPoolExecutor 클래스 — 스레드 기반 비동기 실행

Executor 클래스는 비동기 실행을 위한 API를 정의한 추상 클래스이기 때문에 실제로 비동기 처리를 수행할 때는 서브 클래스를 구체화해야 합니다. 다중 스레드로 비동기 처리를 수행할 때, 구체화된 서브 클래스에는 concurrent.futures.ThreadPoolExecutor 클래스를 사용합니다.

■ 스레드 기반 비동기 실행이 효과적일 때

앞에서 설명한 것처럼 I/O 바운드한 처리에서는 다중 스레드화가 효과적인 선택지입니다. I/O를 수반한 처리는, 그 처리에 걸리는 시간이 하드웨어나 네트워크 등 외부 환경에 의존적입니다. 그로 인해 프로그램을 변경해도 개별적인 처리 속도의 증가를 기대하기 어렵습니다.

하지만 여러 처리를 할 때는 비동기 실행으로 동시화하면 통신 중 대기 시간을 효과적으로 활용함으로써 전체 시간을 단축할 수 있습니다(그림 10.4). 또한, GIL도 I/O를 수반한 처리를 할 때는 잠금 기능이 해제되도록 설계되어 있습니다. 다중 프로세스 처리에서도 전체 시간을 단축할 수 있지만, 스레드는 프로세스보다 오버헤드가 작다는 장점을 가집니다.

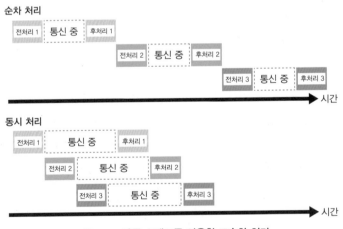

그림 10.4 **다중 스레드를 이용한 고속화 처리**

ThreadPoolExecutor 클래스를 이용한
다중 스레드 처리 실제 사례

그럼 ThreadPoolExecutor 클래스를 사용해 다중 스레드 처리를 구현해 봅니다. 여기에서는 여러 사이트의 최상위 페이지를 다운로드하는 처리를 가정합니다. 다운로드는 대기 시간이 필요한 I/O 처리가 발생하는 전형적인 예입니다. 비교를 위해 먼저 순차 처리를 구현하고, 그 뒤 다중 스레드 처리로 변경합니다.

다음 download() 함수는 URL을 하나씩 받아 해당 페이지를 파일로 저장하는 함수입니다. 이처럼 각 엘리먼트에 대해 수행하는 처리를 하나의 함수로 만들어 두면 동시 처리로 쉽게 변경해서 이용할 수 있습니다.

```
# 대상 페이지 URL 목록
>>> urls = [
...    'https://twitter.com',
...    'https://facebook.com',
...    'https://instagram.com',
... ]
...
>>> from hashlib import md5
>>> from pathlib import Path
>>> from urllib import request
>>> def download(url):
...    req = request.Request(url)
...    # 파일 이름에 / 등이 포함되지 않도록 함
...    name = md5(url.encode('utf-8')).hexdigest()
...    file_path = './' + name
...    with request.urlopen(req) as res:
...        Path(file_path).write_bytes(res.read())
...        return url, file_path
...

# 동작 확인
>>> download(urls[0])
{'https://twitter.com', './be8b09f7f1f66235a9c91986952483f0')
```

■ 순차 처리 구현

먼저 순차 처리로 수행할 때의 시간을 측정합니다. 9.2절에서 구현한 데커레이터 elapsed_time()을 이용해 소요 시간을 측정합니다.

```
>>> import time
>>> def elapsed_time(f):
...     def wrapper(*args, **kwargs):
...         st = time.time()
...         v = f(*args, **kwargs)
...         print(f"{f.__name__}: {time.time() - st}")
...         return v
...     return wrapper
...
>>> @elapsed_time
... def get_sequential():
...     for url in urls:
...         print(download(url))
...
>>> get_sequential()
('https://twitter.com', './be8b09f7f1f66235a9c91986952483f0')
('https://facebook.com', './a023cfbf5f1c39bdf8407f28b60cd134')
('https://instagram.com', './09f8b89478d7e1046fa93c7ee4afa99e')
get_sequential:4.617510080337524
```

필자의 환경에서는 세 사이트의 최상위 페이지를 얻는 데 4.6초가 걸렸습니다.

■ 다중 스레드 구현

그럼 이 처리를 다중 스레드를 이용해 동시에 실행해 봅니다. 다음 get_multi_thread() 함수는 다중 스레드를 사용하고 있습니다.

```
>>> from concurrent.futures import (
...     ThreadPoolExecutor,
...     as_completed
... )
...
>>> @elapsed_time
... def get_multi_thread():
...     # max_workers의 기본값은 코어 수 * 5
...     with ThreadPoolExecutor(max_workers=3) as executor:
...         futures = [executor.submit(download, url)
...                    for url in urls]
...         for future in as_completed(futures):
...             # 완료된 것부터 얻을 수 있음
...             print(future.result())
...
```

ThreadPoolExecutor 클래스 인스턴스는 콘텍스트 관리자이므로 with 문을 사용할 수 있습니다. 또한, 인스턴스화 시에는 인수 max_workers로 최대 스레드 수를 지정할 수 있습니다.

비동기로 실행할 처리는 메서드 executor.submit()으로 등록합니다. 만약 호출 시 전달하고자 하는 파라미터가 있을 때는 두 번째 인수 이후에 지정할 수 있습니다.

비동기 처리 실행 결과는 executor.submit()의 반환값의 메서드 result()를 호출해서 얻을 수 있습니다. 단, 아직 처리가 되지 않은 상태에서는 결과가 None이 되므로 여기에서는 as_completed() 함수를 이용합니다. as_completed() 함수는 처리를 완료한 것부터 순서대로 반환하므로 블록 안에서 메서드 result()를 호출하면 효율적으로 결과를 얻어낼 수 있습니다. 만약 비동기 실행 시에 예외가 발생하면 메서드 result() 호출 시에도 해당 예외가 발생합니다.

코드를 실행해 봅니다.

```
>>> get_multi_thread()
('https://twitter.com', './be8b09f7f1f66235a9c91986952483f0')
('https://instagram.com', './09f8b89478d7e1046fa93c7ee4afa99e')
('https://facebook.com', './a023cfbf5f1c39bdf8407f28b60cd134')
get_multi_thread:1.5012609958648682
```

필자의 환경에서는 1.5초가량 걸렸습니다. 순차 처리에 비해 속도가 빨라졌습니다. 이는 다중 스레드를 이용해 요청request의 응답response을 기다리지 않고, 다음 요청들을 차례로 보내기 때문입니다.

■ 다중 스레드 사용 시 주의점

순차 처리에서는 문제없이 동작하던 코드가 다중 스레드로 바꾸면 기대한 동작을 하지 않을 때가 있습니다. 그런 코드는 다중 스레드에서 실행해도 안전한 구현, 즉 스레드 세이프thread-safe한 구현으로 변경해야 합니다. 여기에서는 실제로 다중 스레드화에 따라 발생하는 문제를 다루어 보고, 그 문제에 대응하기 위한 스레드 세이프한 구현으로 변경하는 예시를 소개합니다.

■ 다중 스레드에서의 동작에 문제가 발생할 때

다음 코드는 두 개의 스레드가 각각 1,000,000번씩 카운터를 증가시킵니다. 단, 이 코드는 스레드 세이프한 구현이 아니기 때문에 처리 완료 후 카운터의 값이 2,000,000이 되지 않습니다.

이는 증가를 수행하는 self.count = self.count + 1이라는 한 행 때문입니다. 코드는 단 한 행이지만, 그 뒤에서는 '현재의 값을 읽는다', '1을 더한다', '결과를 대입한다'는 일련의 처리를 수행합니다. 이 일련의 처리 도중에 스레드가 바뀌면 인스턴스 변수 self.count에 두 개의 스레드가 동시에 접근하는 상황이 발생해 간섭을 일으킬 수 있는 상태가 됩니다(그림 10.5). 이처럼 여러 스레드가 동시에 같은 객체에 접근하면 예상대로 동작하지 않을 수 있으므로 위험합니다.

```python
>>> from concurrent.futures import (
...     ThreadPoolExecutor,
...     wait
... )
...
>>> class Counter:
...     def __init__(self):
...         self.count = 0
...     def increment(self):
...         self.count = self.count + 1
...
>>> def count_up(counter):
...     # 1,000,000회 증가시킴
...     for _ in range(1000000):
...         counter.increment()
...
>>> counter = Counter()
>>> threads = 2
>>> with ThreadPoolExecutor() as e:
...     # 두 개의 스레드를 준비하고, 각각 count_up을 호출함
...     futures = [e.submit(count_up, counter)
...                for _ in range(threads)]
...     done, not_done = wait(futures)
...

# 숫잣값을 ,로 구분해서 표시
# 2,000,0000이 되지 않음
>>> print(f'{counter.count=:,}')
counter.count=1,553,774
```

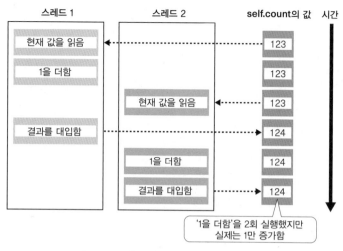

스레드 1   스레드 2   self.count의 값   시간

현재 값을 읽음		123
1을 더함		123
	현재 값을 읽음	123
결과를 대입함		124
	1을 더함	124
	결과를 대입함	124

'1을 더함'을 2회 실행했지만
실제는 1만 증가함

그림 10.5 스레드 세이프하지 않은 구현의 동작

■ 스레드 세이프한 구현

그럼 이 문제를 해결하고 스레드 세이프한 카운터를 구현해 봅니다. 여기에서는
threading.Lock 객체를 이용해서 록을 통해 배타 제어exclusive control를 삽입합니다. 록을
통한 배타 제어 구조는 단순하며, 록을 얻은 스레드만 처리를 실행할 수 있습니다. 특정
한 스레드가 록을 취득하면 해당 록이 해제될 때까지 다른 스레드는 록을 얻을 수 없습
니다. 따라서 배타 제어를 수행할 위치에서 록을 얻은 뒤 처리가 끝나면 빠르게 록을 해
제합니다. 록이 뒤늦게 해제되는 상황을 방지하기 위해 Lock 객체는 with 문과 함께 사
용합니다.[1]

다음 코드는 '현재 값을 읽음', '1을 더함', '결과를 대입함'의 일련의 처리에 대해 배타 제
어를 도입한 것입니다(그림 10.6). 따라서 이 코드는 스레드 세이프한 구현이며, 카운터값
은 기대한 바와 같이 2,000,000이 됩니다.

```
>>> import threading
>>> class ThreadSafeCounter:
...     # 록을 준비함
```

---

1   록이 뒤늦게 해제되면 이전 처리를 완료했음에도 불구하고 계속 다음 처리를 시작하지 않는 상태가 됩니다. 이 상태를 일반적으로
    데드록(deadlock)이라고 부릅니다.

```
...    lock = threading.Lock()
...    def __init__(self):
...        self.count = 0
...    def increment(self):
...        with self.lock:
...            # 배타 제어할 처리를 록 안에 씀
...            self.count = self.count + 1
...
>>> counter = ThreadSafeCounter()
>>> threads = 2
>>> with ThreadPoolExecutor() as e:
...    futures = [e.submit(count_up, counter)
...                for _ in range(threads)]
...    done, not_done = wait(futures)
...

# 기대한 값이 됨
>>> print(f'{counter.count=:,}')
counter=2,000,000
```

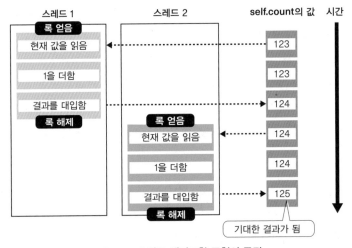

그림 10.6 **스레드 세이프한 구현의 동작**

또한, 이 예시에서는 설명을 간략화하기 위해 메서드 increment()의 처리 전체를 배타 제어 대상으로 했습니다. 실제로 배타 제어를 수행할 때는 성능을 저하시키지 않도록 최소한의 처리를 중심으로 구현하기 바랍니다.

ProcessPoolExecutor 클래스 — 프로세스 기반 비동기 실행

다중 프로세스에서 비동기 처리를 수행할 때, 구체화한 서브 클래스에는 concurrent.futures.ProcessPoolExecutor 클래스를 사용합니다. API나 사용법은 ThreadPoolExecutor 클래스와 거의 같습니다. 즉, 사용할 클래스명을 변경하는 것만으로 다중 스레드와 다중 프로세스 방법을 간단히 전환할 수 있습니다. 이는 concurrent.futures 모듈의 특징 중 하나입니다.

■ 프로세스 기반 비동기 실행이 효과적일 때

다중 프로세스는 I/O 바운드한 처리뿐만 아니라 숫잣값 계산 등 CPU 바운드한 처리의 고속화에도 유효합니다. 이는 다중 프로세스에서는 GIL의 제약을 받지 않고, 여러 코어를 동시에 사용해 병렬 처리를 수행할 수 있기 때문입니다.[2]

10.2.5 ProcessPoolExecutor 클래스를 이용한 다중 프로세스 처리 구현

이 절에서는 다중 프로세스 처리를 구현합니다. 다중 프로세스 처리는 다중 스레드 처리와 달리, 대화형 모드에서 실행하기는 적절하지 않습니다. 따라서 여기에서 실행하는 다중 프로세스 처리는 스크립트로 실행합니다.

그럼 ProcessPoolExecutor 클래스를 사용해 다중 프로세스 처리를 구현해 봅니다. CPU 바운드한 처리에는 암호화(복호화)나 차원 수가 높은 행렬 연산 등이 있지만, 이번에는 간단하게 피보나치fibonacci 수열을 계산합니다.[3]

다음과 같이 fib.py를 작성합니다. 여기에서 정의한 fibonacci() 함수는 인수 n을 받아, n+1번째의 피보나치 수열의 값을 반환하는 함수입니다.[4]

```
fib.py
import sys

def fibonacci(n):
```

---

2 실행할 머신의 CPU가 싱글 코어이면 다중 프로세스 처리를 구현하더라도 CPU 바운드 처리 속도의 향상을 기대할 수 없습니다
3 피보나치 수열이란 0과 1에서 시작해, 앞의 숫자 두 개를 더한 숫자가 다음 숫자가 되는 수열을 의미합니다.
4 효율적인 구현 방법도 있지만, 여기에서는 CPU에 부하를 주는 것이 목적이기 때문에 이 코드를 사용합니다.

```
    a, b = 0, 1
    for _ in range(n):
        a, b = b, b + a
    else:
        return a

def main():
    n = int(sys.argv[1])
    print(fibonacci(n))

if __name__ == '__main__':
    main()
```

인수 n값을 바꾸어 가며 몇 번 실행해서 부하가 느껴지는 수까지 조정을 합니다.[5] 필자의 환경에서는 n=1000000 정도에서 수십 초가량 소요되었으므로 이 값을 사용합니다.

```
# 적당한 값으로 조정할 것
$ python3 fib.py 1000000
(생략) 546875
```

■ 순차 처리 구현

여기에서도 다중 프로세스화를 시험하기 전에 순차 처리로 먼저 시간을 측정합니다. 계산할 횟수는 CPU 코드 수에 따라 조정합니다. get_sequential() 함수를 추가해 순차 처리에서 fibonacci() 함수를 호출합니다.

```
fib.py
import os
import time
(생략)
# elased_time은 앞과 같음
def elapsed_time(f):
    def wrapper(*args, **kwargs):
        st = time.time()
        v = f(*args, **kwargs)
        print(f"{f.__name__}: {time.time() - st}")
        return v
    return wrapper
```

---

5 실행할 머신의 물리적인 코어가 한 개일 때는 기대한 효과를 얻을 수 없으므로 주의합니다. 필자가 사용하는 환경의 물리 코어는 두 개였습니다.

```
@elapsed_time
def get_sequential(nums):
    for num in nums:
        print(fibonacci(num))

def main():
    n = int(sys.argv[1])
    # 반환되는 값은 환경에 따라 다름
    nums = [n] * os.cpu_count()
    get_sequential(nums)
(생략)
```

그럼 실행해 봅니다.

```
$ python3 fib.py 1000000
(생략) 546875
get_sequential:49.07331991195679
```

필자의 환경에서는 함수 os.cpu_count()가 4[6]를 반환했으므로 계산을 4회 수행했으며,
총 49초가 걸렸습니다.

■ 다중 프로세스 구현

이어서 다중 프로세스를 사용해 병렬화해 봅니다. ProcessPoolExecutor 클래스 사용
법은 ThreadPoolExecutor 클래스와 같으므로 자세한 내용은 생략합니다. get_multi_
process() 함수를 추가하고 다중 프로세스 처리에서 fibonacci() 함수를 호출합니다.

```
fib.py
(생략)
from concurrent.futures import (
    ProcessPoolExecutor,
    as_completed
)
(생략)
@elapsed_time
def get_multi_process(nums):
    with ProcessPoolExecutor() as e:
```

---

6 이 숫잣값은 논리 코어 수이며, 필자는 물리 코어가 두 개인 머신을 사용하고 있습니다.

```
        futures = [e.submit(fibonacci, num)
                   for num in nums]
        for future in as_completed(futures):
            print(future.result())

def main():
    n = int(sys.argv[1])
    nums = [n] * os.cpu_count()
    get_multi_process(nums)
(생략)
```

python3 명령어에 전달한 스크립트, 즉 메인 모듈에서 다중 프로세스 처리를 수행할 때는 다중 프로세스 시작 처리를 if __name__ == '__main__': 블록으로 보호합니다. 이는 새롭게 시작되는 파이썬 인터프리터가 메인 모듈을 안전하게 임포트하기 위해서입니다.[7]

그럼 실행해 봅니다.

```
$ python3 fib.py 1000000
(생략) 546875
get_multi_process: 22.11893916130066
```

어떻습니까? 물리적인 코어 수가 두 개 이상이면 순차 처리와 비교해 다소 시간이 짧아졌을 것이라 생각합니다. 필자의 환경에서는 os.cpu_count() 함수의 반환값이 4이지만, 실제 물리 코어는 두 개입니다. 그래서 순차 처리 시와 비교해 보면 소요 시간이 대략 절반으로 줄었습니다.

여기까지 구현했다면 다중 스레드로 처리할 때의 소요 시간도 확인해 봅니다. Process PoolExecutor 클래스를 ThreadPoolExecutor 클래스로 바꾸기만 하면 다중 프로세스에서 다중 스레드로 변경할 수 있습니다.

---

7 프로세스 시작 방식이 spawn 또는 forkserver일 때의 주의점입니다. 다중 프로세스 처리에는 다른 주의점이 있습니다. 더 자세한 정보는 공식 문서 '프로그래밍 지침'을 확인하기 바랍니다.
   URL https://docs.python.org/ko/3.8/library/multiprocessing.html#programming-guidelines

```
fib.py
(생략)
from concurrent.futures import (
    ThreadPoolExecutor,
    as_completed
)
(생략)
@elapsed_time
def get_multi_thread(nums):
    with ThreadPoolExecutor() as e:
        futures = [e.submit(fibonacci, num)
                        for num in nums]
        for future in as_completed(futures):
            print(future.result())

def main():
    n = int(sys.argv[1])
    nums = [n] * os.cpu_count()
    get_multi_thread(nums)
(생략)
```

그럼 실행해 봅니다.

```
$ python3 fib.py 1000000
get_multi_thread:52.78452110290527
```

GIL 제약으로 인해 병렬 처리는 수행되지 않았으며, 스레드 전환에 의한 오버헤드 때문인지 오히려 순차 처리보다 느려졌습니다.

이처럼 처리 내용에 따라 최적의 방법이 달라집니다. 또한, 최적의 병렬 숫자는 스레드, 프로세스 모두에서 다양한 요소의 조합에 따라 결정됩니다. 실제 사용하는 코드, 환경에서 시행착오를 통해 최적의 병렬 숫자를 찾기 바랍니다.[8]

■ 다중 프로세스 주의점

다중 프로세스에서는 다중 스레드와 달리 주의점이 있습니다. 이 주의점들은 주로 프로세스의 구조나 프로세스 간 통신에 그 원인이 있기 때문에 순차 처리나 다중 스레드에서는 고려하지 않고 진행할 수 있습니다.

---

8 구현 비용 이상으로 처리 시간 고속화가 중요할 때는 싸이썬(Cython)이나 파이파이(PyPy) 사용도 검토하기 바랍니다.

■ pickle화 가능한 객체 사용

ProcessPoolExecutor 클래스는 큐queue라고 불리는 데이터 구조를 사용해 프로세스 사이에서 객체 전달을 수행합니다. ProcessPoolExecutor 클래스가 사용하는 큐는 multiprocessing.Queue 클래스로 구현되어 있으며, 이 큐에 추가된 객체는 pickle피클 이라고 불리는 형식으로 직렬화됩니다. 즉, ProcessPoolExecutor 클래스를 사용한 다중 프로세스 처리에서는 pickle화 가능한 객체만 실행, 반환할 수 있습니다.

pickle화할 수 없는 객체의 한 예로 lambda 식으로 정의한 객체가 있습니다. 다음 코드를 unpickle.py에서 확인해 봅니다.

```
unpickle.py
from concurrent.futures import (
    ProcessPoolExecutor,
    wait
)

func = lambda: 1

def main():
    with ProcessPoolExecutor() as e:
        future = e.submit(func)
        done, _ = wait([future])
    print(future.result())

if __name__ == '__main__':
    main()
```

이 코드는 lambda 식으로 정의한 객체 func를 다중 프로세스 처리로 동작하고자 하는 것입니다. 하지만 실제 실행해 보면 PicklingError 예외가 발생합니다.

```
$ python3 unpickle.py
concurrent.futures.process._RemoteTraceback:
(생략)
_pickle.PicklingError: Can't pickle <function <lambda> at 0x10e68e670<005C>>:
attribute lookup <005C> <lambda<005C>> on __main__ failed 실제로는 1행
```

모듈 최상위 레벨 이외에서 정의된 함수나 클래스 등 또한 pickle화할 수 없는 객체입니

다. 더 자세한 내용은 공식 문서 '12.1.4. 어떤 것이 피클 되고 역 피클 될 수 있을까요?[9]
를 참조하기 바랍니다.

■ 난수 사용법

다중 프로세스 처리에서는 난수도 주의해서 다루어야 합니다. 여기에서는 파이썬에서
숫잣값 계산을 수행하는 라이브러리 NumPy[10]를 사용해 설명합니다.[11] numpy 패키지는
표준 라이브러리가 아니므로 다음 코드를 실행할 때는 numpy 패키지를 설치해야 합니
다.[12]

다음 코드 rand.py는 여러 프로세스에서 난수를 다루는 코드입니다. 난수는 각각의 프
로세스 안에서 numpy.random.random() 함수를 사용해 생성합니다.

```
rand.py
from concurrent.futures import (
    ProcessPoolExecutor,
    as_completed
)
import numpy as np

def use_numpy_random():
    # 난수 생성기를 초기화하면 이 행을 실행함
    # np.random.seed()
    return np.random.random()

def main():
    with ProcessPoolExecutor() as e:
        futures = [e.submit(use_numpy_random)
                   for _ in range(3)]
        for future in as_completed(futures):
            print(future.result())

if __name__ == '__main__':
    main()
```

---

9 **URL** https://docs.python.org/ko/3.8/library/pickle.html#what-can-be-pickled-and-unpickled

10 **URL** https://www.numpy.org/

11 NumPy는 표준 라이브러리는 아니지만, 파이썬을 그늘 속에서 지탱하고 있는 역사 깊은 라이브러리입니다. 파이썬 공식 문서나
   PEP에서도 여러 차례 다루고 있으며, 파이썬으로 데이터 분석이나 머신러닝을 수행할 때는 꼭 필요한 존재입니다.

12 외부 패키지를 설치하는 방법에 관해서는 11.2절에서 설명합니다.

그럼 실행해 봅니다.

```
# macOS에서는 Python3.8로 실행
$ python3 rand.py
0.872739344075816
0.6594229729207359
0.8611274769935813
```

macOS 환경에서는 특별히 문제가 보이지는 않습니다. 그러나 같은 코드를 도커를 이용해 실행해 보면 다음과 같은 결과가 나옵니다.

```
$ docker run -it --rm -v $(pwd):/usr/src/app -w /usr/src/app python:3.8.1 bash -c
'pip install numpy; python3 rand.py'  실제로는 1행
Collecting numpy
(생략)
0.7975864177045324
0.7975864177045324
0.6414462645148985
```

난수를 생성하고자 했지만 같은 값이 여럿 생성됩니다. 이는 프로세스 시작 방식이 fork로 설정되어 있을 때 발생하는 현상[13]으로, Unix 환경에서는 fork가 기본값으로 설정되어 있습니다.[14] 코드와 실행 예시는 생략하지만, 이 상황은 각 프로세스 안에서 numpy.random.seed() 함수를 사용해 난수 생성기의 초기화를 수행해서 해결합니다. 또한, 표준 라이브러리 random 모듈의 random.random() 함수를 사용할 때는 이런 걱정을 할 필요가 없습니다. 프로세스를 포크할 때는 자동으로 난수 생성기가 초기화됩니다.

다음 standard_rand.py는 rand.py를 random.random() 함수를 사용하는 형태로 바꿔 작성한 것입니다.

```
standard_rand.py
from concurrent.futures import (
    ProcessPoolExecutor,
```

---

13 fork는 부모 프로세스를 복제해서 자녀 프로세스를 만드는 방식입니다.

14 macOS에서는 파이썬 3.8부터 프로세스 기본 시작 방식이 Windows와 마찬가지로 spawn으로 변경되었습니다. 파이썬 3.7 이전에서는 fork가 기본이므로 파이썬 3.7 이전에서 rand.py를 실행하면 도커에서 실행할 때와 같은 결과를 얻게 됩니다.
URL https://docs.python.org/ko/3.8/library/multiprocessing.html#contexts-and-start-methods

```
    as_completed
)
import random

def use_starndard_random():
    return random.random()

def main():
    with ProcessPoolExecutor() as e:
        futures = [e.submit(use_starndard_random)
                    for _ in range(3)]
        for future in as_completed(futures):
            print(future.result())

if __name__ == "__main__":
    main()
```

이 스크립트를 실행해 보면 앞에서와 달리 도커 환경에서도 다른 숫자가 생성되는 것을
확인할 수 있습니다.

```
[42]:
!docker run -it --rm -v $(pwd):/usr/src/app -w /usr/src/app python:3.8.1
python3 standard_rand.py  (실제로는 1행)
0.6786645651853637
0.30093100706828446
0.10288197183970882
```

10.3 asyncio 모듈
— 이벤트 루프를 사용한 동시 처리 수행

파이썬에서 동시 처리를 실현하는 또 한 가지 방법으로 이벤트 루프를 사용하는 방법
이 있습니다. asyncio 모듈은 이를 지원해 주는 표준 라이브러리입니다. 이 방법을 사용
하면 단일 스레드에서도 동시 처리가 가능하여 성능 면에서도 효율성이 높아집니다. 또
한, 코드를 동기 처리와 같이 기술할 수 있어 높은 가독성을 쉽게 유지할 수 있습니다.
asyncio 모듈은 규모가 크며, 저수준에서 고수준까지 넓은 범위에 걸쳐 API를 제공합니
다. 여기에서는 기본적인 사용법에 한해 소개합니다. 가장 먼저 간단한 코드를 동작시켜
본 뒤 이벤트 루프의 개요를 설명합니다.

asyncio 모듈을 사용하려면 반드시 코루틴coroutine이 필요합니다. 코루틴은 서브 루틴subroutine과 같이 일련의 처리를 모아둔 것입니다. 서브 루틴은 파이썬에서는 함수에 해당하고, 한번 호출되면 앞에서부터 마지막까지(혹은 도중에 무언가를 반환할 때까지) 한 번에 실행합니다. 이 특성을 이용하면 여러 처리가 동시에 이루어지도록 구현할 수 있습니다.

예를 들어, Web API를 사용하는 코루틴은 HTTP 요청을 송신하면 응답이 돌아올 때까지 다음 처리를 진행하지 않습니다. 이럴 때는 이 코루틴을 중단시켜, 다른 코루틴을 동작시키는 것에 CPU 자원을 활용할 수 있습니다. 물론, 응답이 돌아오면 중단한 코루틴도 적절한 타이밍에서 다시 처리하기 시작합니다.

■ async 구문을 사용한 코루틴 구현

파이썬에서 코루틴은 간단하게 정의할 수 있습니다. 함수 정의 시 사용하는 def를 async def로 바꾸는 것만으로 코루틴을 반환할 수 있습니다.[15] 이 동작은 9.1절에서 소개한 제너레이터 함수와 비슷합니다.[16]

```
>>> async def coro():
...     return 1
...

# 반환값은 1이 아닌 코루틴 객체
>>> coro()
<coroutine object coro at 0x10f779f48>
```

코루틴을 정의하기 위해 필요한 것은 이것이 전부입니다. 이어서 이 코루틴을 실행해 봅니다. 이제 실행할 asyncio.run() 함수로 전달하면 간단하게 코루틴을 실행할 수 있습니다.

---

15 coro()는 코루틴 함수로, 그 반환값은 코루틴 객체입니다. 단, 엄밀하게 구별하지 않고 단순히 코루틴이라고 자주 부르므로 이 책에서도 단순히 코루틴이라고 부릅니다.

16 현재의 코루틴은 파이썬 3.5에서 네이티브 코루틴으로서 지원하고 있는 것입니다. 그 이전은 제너레이터를 기반으로 한 코루틴이 구현되어 있었습니다. 또한, 제너레이터 베이스 코루틴은 이미 deprecated(권장하지 않음) 상태이며, 파이썬 3.10에서는 삭제할 예정입니다. **URL** https://docs.python.org/ko/3.8/library/asyncio-task.html#generator-based-coroutines

```
>>> import asyncio

# 경고가 표시되지만 여기에서는 무시함
>>> asyncio.run(coro())
__main__:1: RuntimeWarning: cocoutine 'coro' was never awaited
RuntimeWarning: Enable tracemalloc to get the object allocation traceback
1
```

실행 후 1을 반환합니다. 단, 이것만으로는 아직 중단하는 포인트가 없으므로 본질적으로는 코루틴이라 부를 수 없을 것입니다. 경고에 표시된 'coroutine 'coro' was never awaited' 또한 이 점을 지적하는 문장입니다. 이를 해결하기 위해 코루틴 내부에 처리를 중단할 수 있는 포인트를 만듭니다.

■ await 문을 사용한 코루틴 호출과 중단

처리를 중단시키는 포인트는 I/O 처리에 의한 대기 시간이 발생하는 위치와 그 처리를 호출하는 위치입니다. 여기에서는 예시로 Web API를 사용합니다.

먼저 Web API를 사용하는 처리를 코루틴으로 정의합니다. 그리고 그 코루틴을 호출하는 처리도 역시 코루틴으로 정의합니다. 이와 같이 구현해 가면 필연적으로 코루틴 안에 코루틴을 호출하는 위치가 생깁니다. 이곳이 처리를 중단할 수 있는 포인트로, 코드상에서는 await 키워드를 기술합니다. await 키워드가 있더라도 반환값은 일반적인 함수를 호출할 때와 동일하게 다룰 수 있습니다.

구체적인 구현 사례를 확인해 봅니다. 다음 코드는 Web API를 사용하는 call_web_api()와 그것을 사용한 async_download()라는 두 개의 코루틴을 정의하고 있습니다. 단, 이 책에서의 코루틴 call_web_api()는 실제로는 요청을 던지지 않고, 코루틴 asyncio.sleep()을 호출해 시간이 걸리는 처리를 시뮬레이션했습니다. 또한, 응답이 돌아올 때까지 걸리는 시간은 요청마다 다르므로 random.random() 함수를 사용해 구현합니다.

```
>>> import asyncio
>>> import random
>>> async def call_web_api(url):
...     # Web API 처리를 여기에서는 슬립(sleep)으로 대신함
...     print(f'send a request: {url}')
```

```
...     await asyncio.sleep(random.random())
...     print(f'got a response: {url}')
...     return url
...
>>> async def async_download(url):
...     # await를 사용해 코루틴을 호출
...     response = await call_web_api(url)
...     return response
...
```

두 코루틴 모두 다른 코루틴을 호출할 때 await 키워드를 이용하고 있습니다. 또한, 이 코드에서 await 키워드가 있어도 일반적인 함수 호출과 같은 형태로 반환값을 받을 수 있다는 것을 알 수 있습니다. await 키워드가 없으면 코루틴 객체만 생성될 뿐 실행은 되지 않으므로 주의해야 합니다. 이것으로 처리 중단, 재개 가능한 코루틴을 정의했습니다.

앞에서와 마찬가지로 실행해 봅니다.

```
>>> result = asyncio.run(
...     async_download('https://twitter.com/'))
send a request: https://twitter.com/
got a response: https://twitter.com
>>> result
'https://twitter.com/'
```

문제없이 동작하며 경고도 사라졌습니다. 하지만 아직 한 가지 처리만 실행하므로 일반적인 함수와 크게 다르지 않습니다. 그래서 다음은 접속 대상을 세 개로 늘려, 코루틴을 사용한 동시 처리를 실행해 봅니다.

■ 코루틴 동시 실행

다음 main() 코루틴을 추가합니다. asyncio.gather()는 여러 코루틴을 받아, 각각의 실행을 스케줄링합니다. 그 반환값은 awaitable한 객체[17]이며, 처리를 완료하면 순서를 유지한 상태로 전달한 코루틴의 결과를 리스트로서 반환합니다.

17　await 키워드가 필요한 객체를 가리킵니다.

```
>>> async def main():
...    task = asyncio.gather(
...        async_download('https://twitter.com/'),
...        async_download('https://facebook.com'),
...        async_download('https://instagram.com'),
...    )
...    return await task
...
```

코루틴을 실행해 봅니다. 로그를 확인해 보면 세 개의 요청이 gather() 함수에 전달된 순서대로 동시에 송신되지만, 응답은 먼저 반환된 것부터 순서대로 처리되고 있습니다. 한편, asyncio.run() 함수의 반환값 result를 확인해 보면 응답 처리 순서와 관계없이 gather() 함수에 전달한 순서가 유지되고 있습니다. gather() 함수를 사용하면 이처럼 적절하게 반환값을 관리할 수 있습니다.

```
>>> result = asyncio.run(main())
send a request: https://twitter.com/
send a request: https://facebook.com
send a request: https://instagram.com
got a response: https://facebook.com
got a response:https://instagram.com
got a response: https://twitter.com/
>>>result
['https://twitter.com/','https://facebook.com','https://instagram.com']
```

처리 흐름을 따라가 봅니다. 먼저, gather() 함수의 인수로 전달한 최초의 코루틴을 실행합니다. 그 처리 중에 ayncio.sleep()까지 진행한 뒤 처리를 중단하고, 두 번째 코루틴 동작을 시작합니다. async.sleep()으로 처리를 중단한 이유는 I/O 처리에 따른 대기 시간이 발생하기 때문입니다. 같은 형태로 두 번째 코루틴도 asyncio.sleep()까지 진행한 뒤 처리를 중단하고, 세 번째 코루틴 동작을 시작합니다. 그리고 세 번째 코루틴이 asyncio.sleep()까지 진행한 뒤 처리를 중단한 뒤에는, 응답이 올 때까지 대기합니다. 그 뒤 응답이 돌아오면 재개할 수 있는 코루틴부터 다시 순차 처리를 시작합니다. 가장 마지막의 응답 처리까지 완료하면 gather() 함수는 리스트를 반환합니다. 이때 리스트 순서는 gather() 함수에 전달한 코루틴 순서와 일치합니다.

코루틴을 사용한 동시 처리를 구현했으므로 계속해서 내부 구조를 살펴봅니다.

10.3.2 코루틴 스케줄링과 실행

코루틴을 동작시키기 위해서는 이벤트 루프와 태스크가 필요합니다. 코루틴은 실행이 스케줄링되면 태스크가 됩니다. 그리고 이벤트 루프가 I/O 이벤트에 맞춰 태스크 실행을 제어합니다. 한 개의 이벤트 루프는 동시에 한 개의 태스크밖에 실행할 수 없지만, 실행 중 태스크가 중단되었을 때 실행 가능한 다른 태스크를 실행할 수 있습니다.

■ **이벤트 루프** — asyncio 모듈의 핵심 구조

이벤트 루프는 asyncio 모듈의 핵심 구조입니다. asyncio.run() 함수를 호출하면 새로운 이벤트 루프가 만들어지고, 이 이벤트 루프가 코루틴 실행을 제어합니다. 코루틴 내부에서는 현재 실행 중인 이벤트 루프를 asyncio.get_running_loop() 함수로 얻을 수 있습니다.

```
>>> import asyncio
>>> async def main():
...     loop = asyncio.get_running_loop()
...     print(loop)
...
>>> asyncio.run(main())
<_UnixSelectorEventLoop running=True closed=False debug=False>
```

이벤트 루프의 실제 구현은 플랫폼 등에 따라 달라지지만, 이 이벤트 루프가 다양한 I/O 이벤트에 맞춰 스케줄링 처리를 실행합니다.

■ **태스크** — 스케줄링한 코루틴을 캡슐화

코루틴을 세 가지 방법으로 실행할 수 있습니다. 첫 번째는 asyncio.run()에 전달하는 방법, 두 번째는 코루틴 내부에서 await 코루틴으로 실행하는 방법, 마지막 세 번째는 이제부터 설명할 태스크를 만들어 실행하는 방법입니다.

태스크task는 스케줄링한 코루틴을 캡슐화한 것입니다. 태스크의 실체는 asyncio.Task 클래스의 인스턴스로, 이 클래스는 asyncio.Future 클래스의 서브 클래스입니다. asyncio.Future 클래스는 이번 장 전반에서 설명했던 concurrent.futures.Fugure 클래스와 마찬가지로 실행이 연기되는 것을 표현하고 있습니다. 두 클래스는 거의 비슷한 메서드를 가지고 있지만, asyncio.Future 클래스에서는 concurrent.future.Future 클

래스와 달리 result() 메서드를 사용해 결과를 얻지 않습니다. 대신 await 키워드로 실행해, 동기 처리와 같이 반환값을 얻는 것이 일반적입니다.

태스크는 다음과 같이 asyncio.create_task() 함수를 사용해 작성합니다. 이 호출 뒤에는 앞서 설명한 asyncio.get_running_loop() 함수로 구한 루프를 사용해 태스크를 작성합니다.

```
>>> async def coro(n):
...     await asyncio.sleep(n)
...     return n
...
>>> async def main():
...     task = asyncio.create_task(coro(1))
...     print(task)
...     return await task
...

# print() 시점에서는 아직 Pending 상태
>>> asyncio.run(main())
<Task pending coro=<coro() running at <stdin>:1>>
1
```

태스크를 작성하면 다음과 같이 동시에 실행할 수 있습니다. 코루틴 상태에서 호출한 때와 비교하면 그 차이를 알 수 있습니다.

```
# 태스크를 작성해 실행
# 3초에 완료됨
>>> async def main():
...     task1 = asyncio.create_task(coro(1))
...     task2 = asyncio.create_task(coro(2))
...     task3 = asyncio.create_task(coro(3))
...     print(await task1)
...     print(await task2)
...     print(await task3)
...
>>> asyncio.run(main())
1
2
3

# 코루틴인 상태로 실행
```

```
# 6초에 완료됨
>>> async def main():
...     print(await coro(1))
...     print(await coro(2))
...     print(await coro(3))
...
>>> asyncio.run(main())
1
2
3
```

■ 비동기 I/O — 이벤트 루프에 적합한 I/O 처리

이벤트 루프는 비동기 I/O를 사용해 코루틴을 실행합니다. 비동기 I/O에서는 I/O 처리를 비동기로 수행하기 때문에 I/O 처리를 수행하고 있는 동안에도 이벤트 루프는 다른 처리를 동시에 진행할 수 있습니다. I/O 처리 완료나 에러 등의 I/O 이벤트는 시그널이나 콜백 구조로 구현되어 있습니다. 이벤트 루프는 이 I/O 이벤트를 받으면 I/O 처리로 중단했던 코루틴을 재개합니다.

이와 같은 구조를 갖추고 있기 때문에 이벤트 루프에서 동기 I/O를 사용하면 I/O 처리 중이라 하더라도 코루틴이 중단되지 않고 모든 처리가 블록됩니다. 가능한 이벤트 루프에서 다루는 모든 I/O에서 비동기 I/O를 사용하는 것이 좋지만, 많은 라이브러리가 동기 I/O를 사용하고 있으며, 비동기 I/O에 관한 대응을 하지 않는 것들도 있을 것입니다. 그러므로 사용할 라이브러리의 대응 상황을 어느 정도는 확인해야 할 필요가 있습니다.

또한, 비동기 I/O에 대응하지 않는 처리를 이벤트 루프에서 사용하고 싶을 때는 다음에 소개하는 방법으로 대응할 수 있습니다.

■ 동기 I/O를 이용하는 처리 태스크화

이벤트 루프가 가진 메서드 loop.run_in_executor()를 사용하면 동기 I/O를 수반하는 처리라 할지라도 코루틴을 다룰 수 있습니다. Loop.run_in_executor()는 첫 번째 인수로 concurrent.futures.Executor 클래스의 인스턴스, 두 번째 인수에 실행할 처리, 세 번째 인수에 해당 처리에 전달할 인수를 지정합니다.[18] 그러면 전달한 Executor 클래스

---

18 위치 인수일 때는 그대로 전달해도 괜찮으나, 키워드 인수일 때는 functools.partial()을 사용해 전달합니다.

인스턴스를 이용해 두 번째 인수로 전달한 처리를 실행하는 태스크가 만들어집니다. 첫 번째 인수를 None으로 전달하면 이벤트 루프에 지정되어 있는 기본값을 사용합니다.[19]

이제 실제로 실행해 봅니다. 다음 예시에서는 이번 장 전반부에서 이용했던 download() 함수와 변수 urls를 이용합니다. 다음 내용만으로는 확인이 다소 어렵지만, 실제로는 동시 처리 방식으로 요청을 수행합니다.

```
>>> async def main():
...     loop = asyncio.get_running_loop()
...     # 동기 I/O를 이용하는 download에서 태스크를 작성
...     futures = [loop.run_in_executor(None, download, url)
...                 for url in urls]
...     for result in await asyncio.gather(*futures):
...         print(result)
...
>>> asyncio.run(main())
('https://twitter.com', './be8b09f7f1f66235a9c91986952483f0')
('https://facebook.com', './a023cfbf5f1c39bdf8407f28b60cd134')
('https://instagram.com', './09f8b89478d7e1046fa93c7ee4afa99e')
```

10.3.3 asyncio 모듈과 HTTP 통신

asyncio 모듈은 다양한 통신을 수행하기 위한 클래스들을 트랜스포트transport라는 타입으로 구현하고 있습니다. 이 책 집필 시점에서 TCPTransmission Control Protocol, UDPUser Datagram Protocol, SSLSecure Socket Protocol, 파이프를 사용한 서브 프로세스와의 통신이 프로토콜로 구현되어 있습니다. 즉, 여기에 없는 HTTP를 사용해야 할 때는 직접 asyncio 모듈을 사용해 HTTP 클라이언트/서버를 구현하거나, 서드파티 라이브러리를 사용해야 한다는 의미입니다. HTTP 통신을 사용하는 상황이 매우 많기 때문에 여기에서 async/await 구문에 대응한 서드파티 라이브러리 하나를 소개합니다.

■ aiohttp — 비동기 I/O를 이용하는 HTTP 클라이언트 겸 서버 라이브러리

aiohttp 라이브러리는 비동기 I/O에 대응한 HTTP 클라이언트 겸 서버 라이브러리입니다. 이 라이브러리에 관한 설명은 이 책의 범위를 벗어나므로 생략하나 공식 문서

---

19 실제로는 concurrent.futures.TehredPoolExecutior()를 많이 이용합니다.

'Getting Started'[20]에 있는 코드를 통해 대강의 이미지를 그려봅니다. 이 코드는 이 책 집필 시점의 공식 가이드에 게재된 것이며, 몇 가지 주석을 추가했습니다.

```python
import aiohttp
import asyncio

async def fetch(session, url):
    # 9.3절에서 소개한 콘텍스트 관리자의 비동기 버전
    async with session.get(url) as response:
        return await response.text()

async def main():
    async with aiohttp.ClientSession() as session:
        html = await fetch(session, 'http://python.org')
        print(html)

# 다음 2행으로 asyncoio.run()과 비슷하게 동작함
loop = asyncio.get_event_loop()
loop.run_until_complete(main())
```

10.4 정리

이번 장에서는 파이썬에서의 동시 처리 수행 방법으로 concurrent.future 모듈을 사용한 다중 스레드를 사용하는 방법과 다중 프로세스를 사용하는 방법, 그리고 asyncio 모듈을 사용한 이벤트 루프를 사용하는 방법을 소개했습니다.

동시 처리는 어려운 분야이며 동기 처리에서는 발생하지 않았던 에러나 예상치 못한 동작이 발생하는 등 디버그 과정에서 많은 노력을 필요로 합니다. 또한, 파이썬이나 표준 라이브러리의 발전도 활발한 분야로 새로운 API 또한 계속 추가되고 있습니다. 본격적으로 사용할 때는 공식 문서 '동시 실행'[21] 혹은 'asyncio -- 비동기 I/O'[22]에서 최신 정보를 확인하기 바랍니다.

---

20 URL https://docs.aiohttp.org/en/stable/#getting-started
21 URL https://docs.python.org/ko/3.8/library/concurrency.html
22 URL https://docs.python.org/ko/3.8/library/asyncio.html

11

개발 환경과
패키지 관리

애플리케이션이나 라이브러리를 지속적으로 개발하거나, 팀에서
개발을 진행하려면 실행 환경의 재현성을 높여야만 합니다. 또한,
원활한 개발을 수행하기 위해서는 릴리스나 배포 방법까지 고려해
프로젝트를 구성해 두는 것이 중요합니다.

이번 장의 전반에는 실행 환경의 재현성을 높이기 위해 필요한 가상 환경의 사용법
과 패키지 관리, 환경 재현 방법을 설명합니다. 후반에는 여러분이 개발한 프로그램
을 패키지로 배포하는 방법을 설명합니다.

11.1 가상 환경 — 격리된 파이썬 실행 환경

특정한 프로젝트에서 사용하는 라이브러리 버전이 다른 프로젝트에서 필요한 버전과 다를 때를 생각해 볼 수 있습니다. 이때 하나의 환경에서는 이 프로젝트들을 동시에 개발할 수 없습니다. 또한, 개인적으로 사용하는 패키지와 각각의 프로젝트에서 필요한 패키지를 구별하지 않으면 여러분의 환경에서만 동작하는 프로젝트가 될 것입니다.

파이썬에서는 이 문제를 해결하기 위해 가상 환경virtual environment을 사용하는 것을 권장하고 있습니다. 가상 환경이라고 하면 VMVirtual Machin, 가상 머신이나 컨테이너를 사용한 가상화를 떠올리는 분도 많을 것입니다. 하지만 파이썬에서 가상 환경 작성을 위해 표준 라이브러리로 제공하는 venv 모듈은 이와는 다른 방식으로 접근합니다. 여기에서는 이 venv 모듈을 사용한 파이썬에서의 가상 환경 사용법을 소개합니다.

이번 장에서 설명하는 예시는 macOS에서 실행한 것입니다. Windows에 대한 내용은 파이썬 공식 가이드 'venv – 가상 환경 생성'[1]에 자세히 소개되어 있으므로 해당 내용을 참조하기 바랍니다.

11.1.1 venv — 가상 환경 생성 도구

파이썬에서는 가상 환경 작성이나 관리를 위해 표준 라이브러리 venv 모듈을 제공하고 있습니다.[2] 여기에선 venv 모듈을 사용해, 실제로 가상 환경을 만들어 봅니다. 예시로 Web 애플리케이션 프레임워크인 장고Django를 사용한 두 개의 프로젝트를 가정합니다. 하나는 이 책의 집필 시점에서 파이썬 3계열의 최신 버전인 장고 3.0.1로 개발하는 hobby 프로젝트, 다른 하나는 동일하게 파이썬 2계열의 최신 버전인 장고 2.2.9로 개발하는 work 프로젝트입니다.

작업용 디렉터리 안에 각 프로젝트의 루트 디렉터리를 만들고, 그 안에 가상 환경을 작성합니다. 가상 환경을 작성하기 위해서는 venv 모듈을 스크립트로 실행하고, 작성할 가

---

1 **URL** https://docs.python.org/ko/3.8/library/venv.html

2 Linux 배포 버전에 따라 venv를 사용하기 위해 파이썬 본체 이외의 패키지가 필요할 때도 있습니다. 예를 들어, Ubuntu에서는 2.1절에서 설명한 것처럼 python3.8-venv와 python3-pip를 설치해야 합니다. 자세한 내용은 각 배포 버전별 문서를 참조하기 바랍니다.

상 환경 이름을 인수로 전달합니다. 다소 혼동되기는 하지만, 여기에서는 작성할 가상 환경의 이름을 venv로 합니다. 그 이유는 뒤에서 설명합니다.

```
# 프로젝트용 디렉터리 작성
$ mkdir -p workspace/hobby
$ mkdir -p workspace/work
$ cd workspace/hobby

# -m 옵션으로 vevn 모듈을 지정하고
# 가장 마지막 인수에 가상 환경 이름 'venv'를 지정
$ python -m venv venv
$ ls
venv
```

명령어를 실행하면 지정한 가상 환경 이름의 디렉터리가 만들어집니다. 이 디렉터리가 파이썬 가상 환경입니다. 사실 venv 모듈이 만드는 가상 환경이란, 실행할 파이썬 인터프리터나 설치한 패키지를 하나의 디렉터리에 모아둔 것을 의미합니다.

■ venv의 구조

venv 모듈은 가상 환경 PATH를 치환하는 단순한 구조로 가상 환경을 구현하고 있습니다. 가상 환경을 활성화하면 PATH 앞에 가상 환경 디렉터리 안에 있는 bin/ 디렉터리 (Windows에서는 Scripts\)가 추가됩니다. bin/ 디렉터리 안에는 다음의 파일이 저장되어 있습니다.

```
# Windows에서는 venv\Scripts\가
# venv/bin/에 해당하나 그 내용은 크게 다름
$ ls venv/bin
Activate.ps1      activate   activate.csh   activate.fish   easy_install
easy_install-3.8  pip        pip3           pip3.8          python python3
실제로는 1행
```

환경별로 준비된 activate 스크립트는 bin/ 디렉터리를 PATH의 앞에 추가하는 스크립트입니다. 다시 말해 activate 스크립트를 실행해 가상 환경을 활성화하면 이 디렉터리에 해당하는 명령어를 가장 우선적으로 사용합니다.

■ 가상 환경 활성화 및 비활성화

activate 스크립트를 실행해서 가상 환경을 활성화해 봅니다. 가상 환경을 활성화하고, PATH를 확인해 보면 가상 환경의 bin/ 디렉터리가 추가되어, 프롬프트 가장 앞에 가상 환경 이름이 표시되어 있는 것을 알 수 있습니다. bash나 zsh에서는 venv/bin/activate 를 실행하면 가상 환경이 활성화됩니다. Windows에서는 cmd.exe를 실행한 뒤 venv\Scripts\activate.bat 혹은 PowerShell을 실행한 뒤 venv\Scripts.Activate.ps1을 실행합니다.

만약 PowerShell에서 PSSecurityException 예외가 발생하면 PowerShelll 실행 정책을 SetExecutionPolicy RemoteSigned -Scope Process 명령어로 변경한 뒤, 다시 한번 venv\Scripts\Activate.ps1을 실행합니다.[3]

```
# 가상 환경 활성화
# 점(.) 대신 source 명령어를 사용해도 동일
$ . venv/bin/activate

# 가상 환경 내
(venv) $ echo $PATH
/Users/<YOUR_ACCOUNT>/workspace/hobby/venv/bin:/usr/local/sbin:/usr/bin:...
```

■ 가상 환경 안에서의 python 명령어

가상 환경을 활성화한 상태에서는 python 명령어와 python3 명령어 모두 bin/ 디렉터리 안에 있는 파일을 사용하며, 모두 동일한 동작을 합니다. 또한, 가상 환경 안에서 사용된 파이썬 버전은 가상 환경 작성 시 사용한 파이썬 버전과 같습니다.

```
# venv/bin/ 디렉터리 안의 명령어를 이용할 수 있으며, 두 명령어 모두 동일하게 동작함
(venv) $ which python
/Users/<YOUR_ACCOUNT>/workspace/hobby/venv/bin/python
(venv) $ which python3
/Users/<YOUR_ACCOUNT>/workspace/hobby/venv/bin/python3
```

pip 명령어도 마찬가지로 pip, pip3, pip3.8 명령어들은 모두 bin/ 디렉터리 안에 있는

---

3 가장 환경을 활성화하기 위한 명령어는 셸에 따라 다릅니다. 자세한 내용은 공식 문서 'venv – 가상 환경 만들기'를 참조하기 바랍니다.
URL https://docs.python.org/ko/3.8/library/venv.html

파일을 참조합니다. pip 명령어의 사용법에 관해서는 다음 장에서 다시 설명합니다.

```
# pip, pip3, pip3.8도 동일함
(venv) $ which pip
/Users/<YOUR_ACCOUNT>/workspace/hobby/venv/bin/pip
(venv) $ which pip3
/Users/<YOUR_ACCOUNT>/workspace/hobby/venv/bin/pip3
(venv) $ which pip3.8
/Users/<YOUR_ACCOUNT>/workspace/hobby/venv/bin/pip3.8
```

■ 가상 환경 안에서의 패키지 이용

시험 삼아 가상 환경에 패키지를 추가 설치해 봅니다.[4] 여기에선 장고 3.0.1을 설치합니다. 패키지의 자세한 설치 방법에 관해서는 뒤에서 설명하므로 여기에선 다음과 같이 pip install 명령어를 실행해 봅니다. 현재 환경에 설치되어 있는 패키지와 그 버전은 pip list 명령어로 확인할 수 있습니다.[5]

```
# 버전을 지정해 패키지를 설치
(venv) $ pip install Django==3.0.1
(venv) $ pip list
Package    Version
---------- -------
asgiref    3.2.3
Django     3.0.1
pip        19.2.3
pytz       2019.3
setuptools 41.2.0
sqlparse   0.3.0
WARNING: You are using pip version 19.2.3, however version 19.3.1 is available.
You should consider upgrading via the 'pip install --upgrade pip' command.

# 비교를 위해 새로운 장고 프로젝트를 만들어 둠
(venv) $ django-admin startproject hobby
```

Django 3.0.1이 설치되어 있음을 확인했습니다.

---

4 가상 환경 안에서 추가한 패키지는 해당 가상 환경의 lib/ 디렉터리 안에 설치됩니다.
5 pip 버전이 오래되었을 때는 경고 표시가 나타납니다. 패키지 업데이트 방법에 관해서는 뒤에서 설명하므로 여기에서는 무시해도 좋습니다.

이제 이 가상 환경을 비활성화해 봅니다. 현재의 가상 환경을 비활성화할 때는 deactivate 명령어를 실행합니다. 가상 환경을 비활성화하면 프롬프트에서 가상 환경 이름이 사라지고, 가상 환경에 설치된 패키지도 보이지 않게 됩니다. 다시 가상 환경을 활성화할 때는 activate 스크립트를 한 번 더 실행합니다.

```
(venv) $ deactivate

# 가상 환경 안과 결과가 달라짐
# 결과는 환경에 따라 다름
$ pip list
```

■ 여러 프로젝트를 동시에 개발

workspace/work에서 지금까지의 과정을 반복해 Django 2.2.9의 환경을 준비합니다. 앞서 python3 명령어를 사용했지만, 이번에는 python3.8 명령어를 사용했습니다. 결과는 동일하나 간혹 여러 파이썬 버전을 설치해 사용하고 있다면 가상 환경을 만들 때 이용할 파이썬 버전을 지정할 수 있습니다.

```
$ cd ../work

# 가상 환경 내 파이썬도 3.8이 됨
$ python3.8 -m venv venv
$ . venv/bin/activate
(venv) $ pip install Django==2.2.9
(venv) $ pip list
Package    Version
---------- -------
Django     2.2.9
pip        19.2.3
pytz       2020.4
setuptools 41.2.0
sqlparse   0.4.1
WARNING: You are using pip version 19.2.3, however version 20.2.4 is available.
You should consider upgrading via the 'pip install --upgrade pip' command.

# 새로운 장고 프로젝트를 작성
(venv) $ django-admin startproject work
```

여기에서 현재 디렉터리 구조를 확인해 보도록 합니다. 여기까지의 순서를 실행하면 그림 11.1과 같이 디렉터리가 구성됩니다.

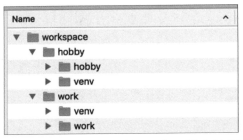

그림 11.1 가상 환경을 포함한 프로젝트 디렉터리 구성

가상 환경 이름은 임의로 지정할 수 있지만 필자는 항상 venv라는 이름을 사용합니다. 여기에는 몇 가지 이유가 있습니다.

우선 .gitignore 등 버전 관리 시스템의 제외 설정 대상 파일에 항상 venv/라고 기술할 수 있습니다.[6] 버전 관리에 가상 환경 디렉터리를 포함할 필요가 없으므로 항상 같은 이름으로 제외 설정을 해놓으면 실수로 커밋되는 것을 막을 수 있습니다. 또한, 가상 환경 이름을 정하는 데 고민하거나 프로젝트별로 가상 환경 이름을 기억하지 않아도 됩니다.

hobby/와 work/ 디렉터리를 사용한 예시는 여기까지입니다. 이후에는 이 hobby/와 work/ 디렉터리는 필요하지 않으므로 가상 환경을 비활성화한 뒤 삭제합니다. venv 모듈에서 작성한 가상 환경은 디렉터리만 삭제하면 간단하게 삭제할 수 있습니다.

```
(venv) $ deactivate
$ cd ../../

# workspace/별 가상 환경 삭제
$ rm -rf workspace
```

---

6 필자가 자주 사용하는 .gitignore 자동 생성 사이트인 gitignore.io에서도 python을 지정하면 venv가 자동으로 설정됩니다.
   URL https://gitignore.io/

11.2 패키지 이용

패키지는 파이썬 프로그램을 모아서 배포할 수 있도록 한 것으로, 더 일반적으로는 라이브러리라고 부릅니다. 이제는 전 세계 많은 개발자들이, 자신이 개발한 패키지를 배포하고 있습니다. 또한, 회사에 따라서는 사내에서 사용하는 공통 패키지를 만들고, 한정된 환경에서 배포를 하는 곳도 있습니다. 이처럼 배포되어 있는 패키지를 활용하면 여러분이 직접 손으로 만들어야 할 프로그램 규모나 범위를 줄일 수 있습니다.

또한, 패키지 이용은 프로그램 품질을 높이는 측면에서도 중요합니다. 특히 보안 측면에서는 상세한 지식이나 기술을 가진 전문가나 개발자들이 유지보수를 하기 때문에 실적이 많은 유명한 패키지를 활용하는 것이 정석이라 할 수 있습니다.

11.2.1 pip — 패키지 관리 도구

파이썬에서 패키지를 설치할 때는 보통 `pip install` 명령어를 사용합니다. `pip` 모듈은 패키지 관련 유지보수나 정비를 수행하는 PyPA Python Packaging Authority[7]가 담당합니다.[8] `pip` 모듈은 표준 라이브러리에는 포함되어 있지 않지만, 공식 인스톨러를 사용해 파이썬을 설치하면 함께 설치됩니다.[9]

■ 기본 사용법

실제로 `pip` 명령어를 사용해 패키지 설치 등을 수행해 봅니다. 우선 글로벌 환경을 손상시키지 않도록 전용 가상 환경을 만듭니다. 이후 작업은 모두 이 가상 환경 안에서 수행합니다.

```
$ mkdir workspace
$ cd workspace
$ python3 -m venv venv
$ . venv/bin/activate
```

---

7 [URL] https://www.pypa.io/en/latest/
8 `python` 명령어 및 `python3` 명령어와 마찬가지로 `pip`에도 `pip` 명령어와 `pip3` 명령어가 있습니다. `pip` 명령어는 환경에 따라 파이썬 2계열용 패키지 설치에도 사용됩니다. 단, `venv`로 만든 가상 환경을 활성화할 때는 `pip` 명령어와 `pip3` 명령어가 동일하게 동작합니다.
9 Linux 배포 버전에 따라서는 `pip`를 사용하기 위해 파이썬 본체 이외의 패키지가 필요할 때도 있습니다. 예를 들어, Ubuntu 18.04에서는 2.1절에서 설명한 것처럼 `python3-pip`를 설치해야 합니다. 자세한 내용은 각 배포 버전의 문서를 확인하기 바랍니다.

그리고 만든 직후의 가상 환경에서는 pip 명령어를 사용할 때 다음과 같은 경고가 표시될 때가 있습니다. 이 경고는 뒤에서 설명할 pip 모듈 업데이트를 수행하면 사라지므로 여기에서는 무시하고 넘어가기 바랍니다. 책의 출력 결과에서도 생략합니다.

```
WARNING: You are using pip version 19.2.3, however version 20.2.4 is available.
You should consider upgrading via the 'pip install --upgrade pip' command.
```

■ 패키지 설치

pip 명령어를 사용해 패키지를 설치해 봅니다. 패키지 설치에 사용하는 명령어는 pip install입니다. -q 옵션을 붙이면 진행 표시가 보이지 않습니다. 여기에서 설치할 패키지는 PyPA에서 샘플 패키지로 공개한 sampleproject 패키지입니다. 설치 시 버전을 지정하지 않으면 공개되어 있는 최신 버전을 설치합니다.[10]

```
# -q를 붙이면 진척 상황이 표시되지 않음
(venv) $ pip install sampleproject
Collecting sampleproject
  Downloading https://files.pythonhosted.org/packages/a4/95/7398f8a08a0e83dc3
9dd4cbada9d22c65bcbb41c36626b2c54a1db83c710/sampleproject-1.3.1-py2.py3-none-
any.whl  실제로는 1행
Collecting peppercorn (from sampleproject)
  Downloading https://files.pythonhosted.org/packages/14/84/d8d9c3f17bda2b6f49
406982546d6f6bc0fa188a43d4e3ba9169a457ee04/peppercorn-0.6-py3-none-any.whl
  실제로는 1행
Installing collected packages: peppercorn, sampleproject
Successfully installed peppercorn-0.6 sampleproject-1.3.1
```

패키지 설치를 마쳤다면 설치된 버전을 확인해 봅니다. 현재 환경에 설치되어 있는 패키지와 그 버전 목록은 pip list 명령어로 확인할 수 있습니다.

```
(venv) $ pip list
Package        Version
-------------- -------
peppercorn     0.6
pip            19.2.3
```

---

10 이 책 집필 시점에서 sampleproject 패키지의 최신 버전은 1.3.1입니다. 현재 최신 버전은 PyPI의 프로젝트 페이지에서 확인할 수 있습니다. URL https://pypi.org/project/sampleproject/

```
sampleproject 1.3.1
setuptools     41.2.0
```

sampleproject 패키지와 함께 peppercorn 패키지도 설치되어 있는 것으로 보입니다. 이처럼 pip install 명령어를 사용하면 지정한 패키지와 의존 관계에 있는 패키지도 함께 설치됩니다.

■ 패키지 제거

패키지 설치를 마쳤다면 패키지 삭제도 해봅니다. 패키지 삭제에서 사용하는 명령어는 pip uninstall 명령어입니다. 이때 -y 옵션을 사용하면 확인 메시지가 표시되지 않습니다.

```
# -y를 붙이면 확인 메시지가 생략됨
(venv) $ pip uninstall sampleproject
Uninstalling sampleproject-1.3.1:
  Would remove:
    /Users/<YOUR_ACCOUNT>/workspace/hobby/venv/bin/sample
    /Users/<YOUR_ACCOUNT>/workspace/hobby/venv/lib/python3.8/site-packages/sample/*
    /Users/<YOUR_ACCOUNT>/workspace/hobby/venv/lib/python3.8/site-packages/
sampleproject-1.3.1.dist-info/* 실제로는 1행
    /Users/<YOUR_ACCOUNT>/workspace/hobby/venv/my_data/data_file
Proceed (y/n)? y # y를 입력
  Successfully uninstalled sampleproject-1.3.1
```

sampleproject 패키지를 삭제했다면 앞에서와 마찬가지로 현재 환경에 설치된 패키지를 확인해 봅니다.

```
# sampleproject가 목록에서 사라짐
(venv) $ pip list
Package     Version
---------- -------
peppercorn 0.6
pip        19.2.3
setuptools 41.2.0
```

sampleproject 패키지와 함께 설치되었던 peppercorn 패키지는 삭제되지 않은 점에 주목합니다. pip 명령어는 의존 관계에 있는 패키지까지 함께 삭제하는 기능은 제공하지

않습니다. 하지만 이런 점은 거의 문제가 되지 않습니다. 간단히 현재 사용하고 있는 가상 환경을 없애고, 새로운 가상 환경에 필요한 패키지만 설치하면 되기 때문입니다.

■ PyPI — 파이썬 패키지 저장소

pip install sampleproject를 실행했을 때, sampleproject 패키지는 PyPIThe Python Package Index[11]에서 다운로드됩니다(그림 11.2). PyPI란 PyPA가 운영하고 있는 파이썬 패키지 저장소입니다. 전 세계 개발자들이 다양한 파이썬 패키지를 PyPI에 업로드하고 있습니다. PyPI에서는 마음에 드는 패키지를 검색하거나, 뒤에서 설명할 방법을 통해 누구나 자신이 개발한 패키지를 전 세계 사용자에게 배포할 수 있습니다. pip install 명령어는 옵션으로 패키지 저장소를 지정하지 않는 한 PyPI에서 패키지를 검색합니다.

그림 11.2 **The Python Package Index(PyPI)의 최상위 페이지**

■ 소스 코드 저장소에 있는 패키지 설치하기

PyPI에는 등록하지 않고 패키지를 배포할 때도 있습니다. 예를 들어, 사내용으로 개발한 패키지는 외부에 공개해서는 안 될 수도 있을 것입니다. 이때는 소스 코드 저장소로부터 설치하는 방법을 권장합니다.

11　URL https://pypi.org/

설치 방법에서 앞과 다른 점은 패키지 이름 지정 방법입니다. 구체적인 예시는 이후 소개하지만, 소스 코드 저장소를 지정할 때는 vcs+protocol://repo_url/#egg=pkg와 같은 구조로 지정합니다. vcs란 버전 관리 시스템Version Control System을 가리키며, 이 책 집필 시점에서는 Git, Subversion, Mercurial, Bazaar에 대응하고 있습니다.

다음 명령어는 GitHub가 호스팅하고 있는 Git 저장소로부터 패키지를 설치한 예시입니다. 내부에서 git 명령어를 사용하려면 git 명령어를 설치해야 합니다(git 명령어가 사전 설치되어 있는 macOS는 예외). 이 책에서는 git 명령어 설치 방법이나 사용법에 관한 설명은 생략하므로 설치 방법이나 사용법에 관해서는 공식 사이트의 'Book'[12]을 확인하기 바랍니다.

```
# vcs+protocol://repo_url/#egg=pkg가 기본 구조
(venv) $ pip install git+https://github.com/pypa/sampleproject#egg=
sampleproject 실제로는 1행
(생략)

# @master로 master 브랜치를 지정해서 실행
(venv) $ pip install git+https://github.com/pypa/sampleproject@master#egg=
sampleproject 실제로는 1행
(생략)
```

여기에서는 @ 뒤에 브랜치 이름인 master를 지정했지만, 태그tag나 커밋commit의 해시도 지정할 수 있습니다. 또한, 소스 코드 저장소 지정 문자열 마지막에 &subdirectory=pkg_dir을 붙이면 서브 디렉터리에서 개발되고 있는 패키지를 지정할 수도 있습니다. 더 자세한 정보는 공식 문서의 'VCS-Support'[13]을 확인하기 바랍니다.

이 방법을 이용하면 설령 프라이빗 저장소private repository라 할지라도, pip 명령어를 실행한 사용자가 해당 저장소에 대한 접근 권한을 가지고 있다면 설치를 할 수 있습니다. 지속적인 통합Continuous Integration을 수행하는 CI 서버에서 실행하고자 할 때는 배포 키deploy-key[14]나 머신 사용자[15]를 만들어 대응할 수 있습니다. 지속적인 통합에 관한 자세한 내용은 13.3절에서 소개합니다.

---

12 URL https://git-scm.com/book/ko/v2
13 URL https://pip.pypa.io/en/stable/reference/pip_install/#vcs-support
14 URL https://developer.github.com/v3/guides/managing-deploy-keys/#deploy-keys
15 URL https://developer.github.com/v3/guides/managing-deploy-keys/#machine-users

▣ 로컬에 있는 패키지 설치하기

개발 중인 패키지의 동작 확인을 하고 싶거나, 사용 중인 라이브러리에 버그가 있어 직접 수정을 하고자 할 때는 로컬에 있는 패키지를 설치하고 싶을 것입니다. 그런 상황에서는 해당 패키지가 위치한 디렉터리로 이동해서 pip install -e .을 실행합니다. -e 옵션을 사용하면 Editable편집 가능 모드[16]로 설치되며, 코드 변경 내용을 즉시 반영합니다.

그럼 소스 코드 저장소로부터 pypa/sampleproject를 다운로드해서 Editable 모드를 시험해 봅니다.

```
# 재설치할 것이므로 삭제해 둠
(venv) $ pip uninstall sampleproject
(venv) $ git clone https://github.com/pypa/sampleproject.git
(venv) $ cd sampleproject

# 현재 디렉터리의 패키지를 설치
(venv) $ pip install -e .
```

코드 변경을 확인하기 위해 sample.main() 함수를 실행해 봅니다. python 명령어의 -c 옵션은 문자열로 받은 코드(프로그램)를 실행하는 옵션입니다.

```
(venv) $ python3 -c 'import sample; sample.main()'
Call your main application code here
```

이어서 출력되는 문자열을 변경합니다. sample/__init__.py를 다음과 같이 수정합니다.

```
sample/__init__.py
def main():
    """Entry point for the application script"""
    print("Editable mode")
```

이 상태에서 다시 한번 sample.main() 함수를 실행해 봅니다. 출력 결과가 달라졌음을 확인할 수 있습니다.

---

16 URL https://pip.pypa.io/en/stable/reference/pip_install/#editable—installs

```
# 다시 설치하지 않아도 수정 결과가 반영됨
(venv)$ python3 -c 'import sample; sample.main()'
Editable mode
```

로컬에 있는 패키지를 사용해야 하는 또 다른 상황으로는 오프라인 환경에서의 설치를 생각할 수 있습니다. 패키지를 사전에 다운로드해 두면 오프라인 환경에서도 설치할 수 있습니다. pip download 명령어로 패키지를 다운로드할 수 있으며, 다운로드한 패키지를 이용해 설치할 때는 --no-index 옵션으로 저장소를 검색하지 않도록 하고, --find-links 옵션으로 패키지가 저장된 디렉터리를 지정합니다.

```
# 재설치할 것이므로 삭제해 둠
(venv) $ pip uninstall sampleproject

# archives/에 다운로드해 둠
(venv) $ cd ../
(venv) $ pip download -d archives sampleproject
(venv) $ ls archives
peppercorn-0.6-py3-none-any.whl sampleproject-1.3.1-py2.py3-none-any.whl

# 오프라인 환경에서도 archives/에서 설치할 수 있음
(venv) $ pip install --no-index --find-links=archives sampleproject
Looking in links: archives
Collecting sampleproject
Requirement already satisfied: peppercorn in ./venv/lib/python3.7/site-packages
(from sampleproject) (0.6) 실제로는 1행
Installing collected packages: sampleproject
Successfully installed sampleproject-1.3.1
```

■ 설치된 패키지 업데이트하기

pip install 명령어는 이미 설치 완료된 패키지를 지정하면 'Requirement already satisfied: (생략)'라고 표시되며 설치가 실행되지 않습니다.

```
(venv) $ pip install sampleproject
Requirement already satisfied: sampleproject in ./venv/lib/python3.8/site-packages
(1.3.1) 실제로는 1행
Requirement already satisfied: peppercorn in ./venv/lib/python3.8/site-packages
(from sampleproject) (0.6) 실제로는 1행
```

하지만 해당 패키지가 구 버전이어서 최신 버전을 설치하고 싶을 때는 -U 옵션 혹은 --upgrade 옵션을 붙여 최신 버전으로 업데이트할 수 있습니다.

패키지 업데이트를 수행해 봅니다. 가상 환경을 만든 직후에는 pip 모듈의 버전이 오래 되었을 때가 많습니다. 이때 pip 명령어를 사용하면 다음과 같은 경고가 표시됩니다.

```
WARNING: You are using pip version 19.2.3, however version 19.3.1 is available.
You should consider upgrading via the 'pip install --upgrade pip' command.
```

이 경고는 pip 모듈을 최신 버전으로 업데이트하면 사라집니다. macOS와 Linux에서 는 pip 모듈 자체의 업데이트 역시 다른 패키지와 마찬가지로 pip install -U pip 명 령어로 수행할 수 있습니다. Windows에서는 실행 중인 exe 파일을 변경하지 못하므로 python -m pip install -U pip 명령어를 사용해서 업데이트합니다.

```
# 현재 pip 버전 표시
(venv) $ pip -V
pip 19.2.3 from /Users/<YOUR_ACCOUNT>/workspace/venv/lib/python3.8/site-
packages/pip (python3.8)  실제로는 1행

# 패키지를 최신 버전으로 업데이트
# Windows에서는 python -m pip install -U pip
(venv) $ pip install -U pip
Collecting pip
  Downloading https://files.pythonhosted.org/packages/00/b6/9cfa56b4081ad138
74b0c6f96af8ce16cfbc1cb06bedf8e9164ce5551ec1/pip-19.3.1-py2.py3-none-any.whl
(1.4MB)  실제로는 1행
     |████████████████████████████████| 1.4MB 1.6MB/s eta 0:00:01
Installing collected packages: pip
  Found existing installation: pip 19.2.3
    Uninstalling pip-19.2.3:
      Successfully uninstalled pip-19.2.3
Successfully installed pip-19.3.1

# 현재 pip 버전 표시
(venv) $ pip -V
pip 19.3.1 from /Users/<YOUR_ACCOUNT>/workspace/venv/lib/python3.8/site-
packages/pip (python3.8)  실제로는 1행
```

앞에서 설명한 것처럼 가상 환경을 만든 직후에는 pip 모듈 버전이 오래되었을 때가 많습니다. 그러므로 가상 환경을 만든 후 가장 먼저 pip install -U pip를 실행해 두는 것이 좋습니다.

■ 현재 사용자용으로만 설치하기

공유 머신이나 서버에서는 사용자 권한으로 시스템 패키지를 설치할 수 없거나 가상 환경을 사용할 수 없기도 합니다. 이런 상황에서는 --user 옵션을 사용하면 사용자 환경 아래 패키지를 설치할 수 있습니다. --user 옵션을 사용했을 때의 설치 위치는 python3 -m site --user-base 명령어로 확인할 수 있습니다. 또한, 패키지는 python3 -m site --user-site 명령어로 확인한 위치에 설치되므로 필요에 따라 7.3절에서 소개한 환경 변수 PYTHONPATH나 sys.path에 추가해 둡니다.

```
# 가상 환경에서 벗어남
(venv) $ deactivate

# 사용자 환경 아래 설치
$ pip3 install --user sampleproject

# 필자의 환경에서는 다음 장소에 위치함
$ python -m site --user-site
/Users/<YOUR_ACCOUNT>/Library/Python/3.8/python/site-packages
$ ls ~/Library/Python/3.8/lib/python/site-packages/
peppercorn                              peppercorn-0.6.dist-info     sample
sampleproject-1.3.1.dist-info  실제로는 1행

# 이후에는 필요하지 않으므로 삭제해 둠
$ pip3 uninstall sampleproject -y
Uninstalling sampleproject-1.3.1:
  Successfully uninstalled sampleproject-1.3.1
Uninstalling peppercorn-0.6:
Successfully uninstalled peppercorn-0.6
```

11.2.2 환경 저장과 재현 — requirements 파일 활용

pip 명령어를 사용한 워크플로에서는 requirements.txt나 requirements.lock 등의 파일을 사용해 실행 환경을 저장하거나 재현할 수 있습니다.[17] 이 구조는 매우 간단합니다. 저장 시에는 설치한 모든 패키지와 버전 목록을 파일에 기록하고, 재현 시에는 그 파일에 기록된 패키지를 지정된 버전으로 설치합니다.

실행 환경 재설정은 다양한 상황에 필요합니다. 예를 들어, 소스 코드 저장소에서 클론 clone한 프로젝트 실행, 팀 개발 환경 통일, CI 서버에서의 테스트 실행, 로컬에서 개발한 소프트웨어의 서버 배포 등을 들 수 있습니다. 이제부터 설명할 내용은 지속적인 개발을 위해 반드시 알아두어야 합니다.

■ requirements 파일에 현재 환경 정보 저장

그럼 requirements 파일을 만들어 봅니다. 개발하는 프로젝트에서 사용할 패키지 이름을 requirements.txt에 입력합니다.

```
requirements.txt
sampleproject
```

이 파일을 사용해 새로운 가상 환경에 패키지를 설치합니다. pip install 명령어의 -r 옵션으로 requirements 파일을 지정하면 파일에 기록한 패키지가 설치됩니다.

```
$ python3 -m venv venv
$ . venv/bin/activate
(venv) $ pip install -U pip

# requirements 파일을 사용한 설치
(venv) $ pip install -r requirements.txt
(생략)

# sampleproject가 설치됨
(venv) $ pip list
```

---

17 이 책에서 소개한 방법은 @methane의 'pip의 constraints의 올바른 용도[pipのconstraintsの正しい用途(URL https://qiita.com/methane/items/11219ceedb44c0ebcc75)]'에서 소개한 방법입니다. 해당 아티클 저자가 쓴 'Python 프로젝트 디렉터리 구성[Pythonプロジェクトのディレクトリ構成, 일본어(URL https://www.rhoboro.com/2018/01/25/project-directories.html)]'에 언급한 형태로 사용한 것입니다.

```
Package       Version
------------- -------
peppercorn    0.6
pip           19.3.1
sampleproject 1.3.1
setuptools    41.2.0
```

sampleproject 패키지 설치를 마쳤다면 이 환경을 다른 requirements 파일에 저장해 봅니다. pip freeze 명령어를 실행하고, 결과를 그대로 requirements.lock으로 저장합니다.

```
# requirements.lock에 환경을 저장
(venv) $ pip freeze > requirements.lock
```

requirements.lock의 내용은 다음과 같습니다. 여기에는 sampleproject 패키지의 정보뿐만 아니라 sampleproject 패키지의 의존성으로 인해 설치된 패키지 정보도 포함되어 있습니다.

requirements.lock
```
peppercorn==0.6
sampleproject==1.3.1
```

지금까지의 설명에 따라 프로젝트가 직접 의존하는 패키지는 requirements.txt에, 현재 환경에 설치된 모든 패키지와 그 버전 목록은 requirements.lock에 저장되었습니다.[18] 이 파일들을 버전 관리 대상에 포함시킵니다.

◼ requirements 파일에서 환경 재현

새로운 멤버가 프로젝트에 참가했거나 CI 서버에서 테스트를 실행할 때 혹은 프로덕션 환경에 배포하는 상황 등에서는 requirements.lock을 이용해 실행 환경을 재현합니다. 앞에서와 마찬가지로 pip install 명령어의 -r 옵션에 requirements.lock을 지정해 실행하면 동일한 버전의 패키지가 설치되어 실행 환경이 재현됩니다. 새로운 가상 환경 newenv를 만들어서 환경을 재현해 봅니다.

---

18 pip와 setuptools는 패키지를 관리하기 위한 패키지이므로 여기에서는 세지 않았습니다.

```
(venv) $ deactivate
$ python3 -m venv newenv
$ . newenv/bin/activate
(newenv) $ pip install -q -U pip

# requirements.lock에서 환경을 재현
(newenv) $ pip install -r requirements.lock
(생략)
```

이제 실행 환경을 재현할 수 있습니다. 설치된 패키지와 그 버전을 확인해 보면 앞에서 설치한 것과 동일합니다.

```
(newenv) $ pip list
Package       Version
------------- -------
peppercorn    0.6
pip           19.3.1
sampleproject 1.3.1
setuptools    41.2.0
```

버전을 확인했다면 가상 환경 newenv는 비활성화한 뒤 삭제합니다.

```
(newenv) $ deactivate
$ rm -rf newenv
```

■ 개발 환경에서만 이용하는 패키지 관리

테스트용 패키지 등 개발 환경에서만 사용하고, 프로덕션 환경에서는 필요하지 않은 패키지들은 실행 환경을 재현하기 위한 requirements 파일이 아닌 다른 파일로 관리합니다. 필자는 주로 requirements_dev.txt라는 이름으로 다음과 같은 파일을 만들어 사용합니다. 테스트를 실행하는 환경에서만 이 파일에 기재된 패키지를 추가로 설치합니다.

`requirements_dev.txt`
```
pytest==5.2.2
```

■ 의존 패키지 업데이트

오래된 패키지를 오랫동안 사용하면 알려진 취약성을 포함하고 있을 위험이 있습니다. 그런고로 라이브러리는 가능한 최신 버전으로 업데이트하는 것이 좋습니다. 하지만 앞에서 설명한 것처럼 pip 명령어는 더 이상 필요하지 않은 패키지를 자동으로 삭제하지는 않습니다. 결국 특정한 패키지만 지정해서 업데이트하면 업데이트로 인해 더 이상 필요 없는 패키지가 계속 존재하는 현상이 발생합니다. 따라서 의존 패키지를 업데이트할 때는 새로운 가상 환경을 만들고 그곳에 새로운 버전의 실행 환경을 만들도록 합니다.

다음과 같이 명령어를 실행하면 직접 의존하는 패키지(여기에서는 sampleproject)의 최신 버전과 그 의존 패키지를 설치하며, 업데이트가 있다면 requirements.lock도 변경해 줍니다. 이것으로 필요한 패키지만 존재하는 새로운 실행 환경을 만들 수 있습니다.

```
# 오래된 환경을 삭제하고 새로운 가상 환경을 작성
$ rm -rf venv
$ python3 -m venv venv
$ . venv/bin/activate
(venv) $ pip install -r requirements.txt
(venv) $ pip freeze > requirements.lock
```

직접 의존하는 패키지의 메이저 버전을 고정하고 싶을 때는 requirements.txt에서 버전을 지정합니다. 예를 들어, 다음과 같이 지정하면 sampleproject 패키지는 1.x의 최신 버전이 설치됩니다.

> requirements.txt

```
sampleproject==1.*
```

버전 1.3 이상에서 1.x의 최신 버전을 지정하고 싶을 때는 sampleproject>=1.3,==1.* 또는 sampleproject~=1.3과 같이 지정합니다. 버전 지정에 사용하는 기호 목록과 자세한 정보는 PEP 400 'Version specifiers'[19]를 참고하기 바랍니다.

실행 환경 업데이트 방법을 확인했다면 이 venv는 비활성화한 뒤 삭제합니다.

---

19 URL https://www.python.org/dev/peps/pep-0440/#version-specifiers

```
(venv) $ deactivate
$ rm -rf venv
```

11.3 패키지 작성

지금까지 배포된 패키지를 사용하는 방법에 대해 알아보았습니다. 여기부터는 여러분이 패키지를 작성해 PyPI에 배포하는 방법을 소개합니다. 패키지 작성이라는 제목을 붙였지만 핵심은 setup.py 파일을 만드는 것입니다.

파이썬의 에코 시스템은 패키징에 필요한 정보를 setup.py에서 얻습니다. setup.py를 제공하는 패키지는 앞에서 설명한 것처럼 소스 코드 저장소로부터 직접 설치할 수 있습니다. 하지만 한 걸음 더 나아가 PyPI에 등록하면 누구나 더 간단하게 해당 패키지를 사용할 수 있습니다. PyPI에 등록하는 것은 다소 긴장되는 작업이지만, 테스트용 환경인 'TestPyPI'[20]도 제공하고 있으므로 여기에서 릴리스 순서와 산출물을 사전에 먼저 확인하고 도전해 보기 바랍니다.

11.3.1 setup.py — 패키지 정보를 모아둔 파일

setup.py는 파이썬 프로그램 한 세트를 패키지로 모아두기 위한 스크립트로 패키징 관련 명령어도 제공합니다. 패키징 관련 에코 시스템이 지금처럼 정비되기 이전에는 python setup.py install 명령어 등을 직접 실행해서 패키지 설치와 관리를 했습니다. setup.py 명령어는 사용자가 내용을 추가할 수도 있으며, 뒤에서 소개할 wheel 패키지와 같이 편리한 명령어를 추가해 주는 패키지도 있습니다.

setup.py에서는 setup() 함수를 호출하는 처리를 작성하고, 그 인수로 패키지 이름이나 버전 정보, 패키지에 포함된 파이썬 모듈 등의 정보를 전달합니다. setup() 함수는 표준 라이브러리 distutils가 가지고 있는 함수이지만, 대부분 PyPI가 관리하는 setuptools 모듈을 확장한 것을 사용합니다.

setup.py는 그 이름에서 알 수 있듯 파이썬 모듈입니다. 그래서 정적으로 설정값을 기

---

20 URL https://test.pypi.org/

술하는 것뿐만 아니라, 필요한 정보를 디렉터리나 다른 파일로부터 전달해 동적으로 얻도록 할 수도 있습니다.[21]

패키지 디렉터리 구성

이제부터 실제로 패키지를 만들어 봅니다. 이 책에서는 pythonbook이라는 패키지 이름으로 진행하지만, 패키지 이름은 여러분이 임의로 정해도 좋습니다. 사용할 수 있는 문자는 영소문자, 숫자, -(하이픈), _(언더스코어)이지만, 가능한 -이나 _는 사용하지 말고 간단한 한 단어로 설정하는 것을 권장[22]합니다. 또한, PyPI에 등록할 수 있는 패키지 이름은 먼저 등록한 사람이 우선권을 가지기 때문에 같은 이름의 패키지가 PyPI에 등록되어 있지 않은지 확인하기 바랍니다.

작성할 패키지 이름이 pythonbook일 때, 디렉터리 구성은 다음과 같습니다. 버전 관리 시스템을 사용한다면 setup.py가 있는 위치가 최상위 레벨이 됩니다.

```
workspace
├──pythonbook
│    └──__init__.py
└──setup.py
```

여러분이 개발한 파이썬 모듈은 모두 pythonbook 패키지 안에 포함됩니다. 여기에서는 __init__.py에 최소한의 코드만 기재했습니다.

```
pythonbook/__init__.py
def main():
    print('pythonbook')
```

---

21 자세하게 다루지는 않지만, 실행 가능한 스크립트에 설정 정보를 기재하고 싶지 않을 때는 **setup.cfg**에 setup.py와 거의 같은 파라미터를 기술할 수 있습니다. 또한, 'PEP 518 -- Specifying Minimum Build System Requirements for Python Projects'에서는 빌드 관련 정보를 pyproject.yml로 모으기 위한 논의를 진행하고 있습니다. **URL** https://www.python.org/dev/peps/pep-0518/

22 파이썬 모듈에서는 단어를 구분하기 위해 언더스코어(_)를 사용하지만, 패키지 이름에서는 하이픈(-)을 사용할 때도 많습니다. 그렇기 때문에 두 단어 이상의 이름을 사용하면 설치나 임포트 시 이름을 착각하는 등의 혼란을 일으키기도 합니다. 패키지 이름을 pytest와 같이 한 단어로 하면 pytest-cov나 pytest-env와 같은 패키지 이름을 사용한 플러그인 구조도 도입하기 쉬워집니다.

■ setup.py 기본

그럼 이 패키지용 setup.py를 구현합니다. 다음은 pythonbook 패키지를 설치 가능한 상태로 만들어 주는 최소한의 구현입니다.

```
setup.py
from setuptool import setup, find_packages

setup(
    name='pythonbook',
    version='1.0.0',
    packages=find_packages(),
)
```

setup.py에서는 이처럼 패키징에 필요한 정보를 인수로 setup() 함수를 호출합니다. 패키지 이름은 인수 name, 패키지 버전은 인수 version으로 지정합니다. 또한, 파이썬 패키지 버전은 major.minor.micro과 같이 시맨틱 버저닝_{Semantic Versioning}에 따른 버저닝을 권장[23]하고 있습니다.

인수 packages에는 이 패키지에 포함되는 파이썬 패키지 이름의 리스트를 전달합니다. 서브 패키지를 포함해 모든 패키지를 나열해야 할뿐더러 수동 관리가 어렵기 때문에 디렉터리 안의 모든 패키지 이름을 나열해 주는 find_packages() 함수를 사용하면 좋습니다. 제외할 패키지가 있을 때는 find_packages(exclude=['tests'])와 같이 지정할 수 있습니다.

새로운 가상 환경을 준비한 뒤 이 패키지를 설치해 봅니다.

```
$ python3 -m venv venv
$ . venv/bin/activate
(venv) $ pip install -q -U pip
(venv) $ pip install -e .
Obtaining file:///Users/<YOUR_ACCOUNT>/workspace
Installing collected packages: pythonbook
  Running setup.py develop for pythonbook
Successfully installed pythonbook
(venv) $ pip list
```

---

23 **URL** https://packaging.python.org/guides/distributing—packages—using—setuptools/#semantic—versioning—preferred

```
Package      Version   Location
----------   --------  --------------------
pip          19.3.1
pythonbook   1.0.0     /Users/<YOUR_ACCOUNT>/workspace
setuptools   41.2.0
```

여기에서 작성한 setup.py는 기본적으로 동작하는 수준이 되었습니다. 실제 사용할 setup.py에서는 setup() 함수에 더 많은 인수를 전달합니다. 여기에서는 이용 사례별로 필요한 인수를 소개합니다.

📖 PyPI에 등록 고려하기

PyPI 등록을 계획하고 있다면 해당 패키지를 사용할 수 있는 파이썬 버전, 의존 패키지, 패키지 설명문, 저자, 라이선스 등의 정보가 필요합니다. 이 정보들을 setup() 함수의 인수에 추가한 setup.py를 아래에 표시했습니다. 각 인수에 관한 상세한 내용은 코드 안에 표시했습니다.

setup.py
```python
from setuptools import setup, find_packages


setup(
    name='pythonbook',
    version='1.0.0',
    packages=find_packages(),

    # 저작자, 프로젝트 정보
    author='rei suyama',
    author_email='rhoboro@gmail.com',

    # 프로젝트 홈페이지 URL
    url='https://github.com/rhoboro/pythonbook',

    # 짧은 설명문과 긴 설명문을 준비
    # content_type은 다음 중 선택
    # text/plain, text/x-rst, text/markdown
    description='This is a test package for me.',
    long_description=open('README.md').read(),
    long_description_content_type='text/markdown',

    # 파이썬 버전은 3.6 이상, 4 미만
    python_requires='~=3.6',
```

```
# PyPI상에서의 검색, 열람을 위해 이용하는
# 라이선스, 파이썬 버전, OS를 포함시킴
classifiers=[
    'License :: OSI Approved :: MIT License',
    'Programming Language :: Python :: 3',
    'Programming Language :: Python :: 3.6',
    'Programming Language :: Python :: 3.7',
    'Programming Language :: Python :: 3.8',
    'Operating System :: OS Independent',
],
)
```

이와 함께 README.md, LICENSE.txt, MANIFEST.in의 세 개 파일을 추가합니다.

현재 시점에서 README.md와 LICENSE.txt에는 아무런 내용이 없어도 문제없지만, 패키지 공개 시점까지는 그 내용을 준비해야 합니다. README.md에는 사용자에게 전달하고자 하는 내용을 자유롭게 기입하고, LICENSE.txt에는 라이선스 정보를 기입합니다. LICENSE.txt를 작성할 때는 GitHub 템플릿[24]을 사용하면 편리합니다.

MANIFEST.in은 배포물에 포함되는 파일을 지정하는 파일입니다. 여기에서는 다음과 같은 내용으로 작성합니다.

MANIFEST.in
```
include LICENSE.txt
include *.md
```

여기까지 진행한 디렉터리의 구성은 다음과 같습니다.

```
workspace
├── LICENSE.txt
├── MANIFEST.in
├── README.md
├── pythonbook
│       └── __init__.py
└── setup.py
```

---

24 URL https://help.github.com/en/articles/adding-a-license-to-a-repository#including-an-open-source-license-in-your-repository

■ 의존 패키지 고려하기

만약 표준 라이브러리 이외의 패키지를 사용할 때 해당 정보를 setup() 함수의 인수 install_requires에 기입하면 패키지 설치 시 부족한 의존 패키지를 함께 설치해 줍니다.

예를 들어, 직접 의존하는 패키지가 Click과 sampleproject라면 다음과 같이 기재합니다.[25] pip install 명령어와 마찬가지로 버전이나 취득 소스도 지정할 수 있습니다. 버전 관리 시스템으로부터 취득하는 기능은 출시 전 패키지에서의 동작 확인 등에 편리합니다.

```
setup.py
(생략)
setup(
(생략)
    install_requires = [

        # Click 버전은 7.0 이상 8 미만
        'Click~=7.0',

        # sampleproject의 커밋을 지정해서 얻음
        'sampleproject@git+https://github.com/pypa/sampleproject#sha1=0754c8ab
224f0886f4939cca3f4ca9e5fd5e5d90',   (실제로는 1행)
    ],
)
```

또한, 마찬가지로 setup() 함수의 인수 extras_require를 사용하면 특정 기능에서만 사용한 패키지를 기술할 수 있습니다. 예를 들어, 개발 중인 패키지에 저장 공간storage 선택 기능이 있고, Amazon S3Simple Storage Service 혹은 Google Cloud Storage 중 하나를 선택할 수 있다고 가정해 봅니다. 이때는 다음과 같이 각각의 의존 패키지를 지정할 수 있습니다.

```
setup.py
(생략)
setup(
```

---

25 Click 패키지는 13장에서 만들 애플리케이션에서도 사용합니다.

```
(생략)
    extras_require = {
        's3': ['boto3~=1.10.0'],
        'gcs': ['google-cloud-storage~=1.23.0'],
    },
)
```

Amazon S3를 사용한다면 `pip install pythonbook[s3]`, `Google Cloud Storage`를 사용한다면 `pip install pythonbook[gcs]`를 실행해서 필요한 추가 패키지만 설치할 수 있습니다.[26]

■ .py 이외의 파일 고려하기

패키지를 동작시키기 위해 설정 파일이나 이미지 파일 등 파이썬 모듈 이외의 파일이 필요할 때도 있습니다. 하지만 기본적으로 배포물 패키지에는 파이썬 모듈 이외에는 복사되지 않습니다. 그런고로 파이썬 모듈 이외의 파일을 패키지에 포함시키는 방법을 소개합니다.

여기에서는 다음 패키지 구성을 예시로 생각해 봅니다. pythonbook/data/ 디렉터리 이하의 파일은 패키지에 포함해서 배포하지만, pythonbook/testdata/ 디렉터리 이하의 파일은 배포하지 않습니다.

```
pythonbook
├── __init__.py
├── data
│   └── data_file   # 배포함
└── testdata
        └── data_file   # 배포하지 않음
```

이때는 setup() 함수에 인수 package_data를 추가합니다. package_data값은 패키지 이름과 패키지에 포함되는 파일의 경로를 포함한 리스트로 만든 딕셔너리입니다. 패키지에 포함되는 파일의 경로는 상대 경로로 입력합니다.

---

26 사용하는 셸의 종류에 따라 `pip install pythonbook\[s3\]`과 같이 이스케이프가 필요할 때도 있습니다. 또한, 로컬에서의 설치도 `pip install -e .[s3]`과 같이 실행할 수 있습니다.

```
setup.py
(생략)
setup(
(생략)
    package_data={'pythonbook': ['data/*']},
)
```

이 내용으로 설치 명령어를 실행해 봅니다. site-packages/ 디렉터리에 설치된 패키지에서 data/ 디렉터리를 확인할 수 있습니다. testdata/ 디렉터리를 포함하지 않는 것도 확인해 봅니다.

```
# 복사된 내용을 확인할 것이므로 -e 옵션은 필요하지 않음
(venv) $ pip install .
Processing /Users/<YOUR_ACCOUNT>/work/pythonbook
Installing collected packages: pythonbook
  Running setup.py install for pythonbook ... done
Successfully installed pythonbook-1.0.0

# pythonbook/data/만 포함되어 있음
(venv) $ ls venv/lib/python3.8/site-packages/pythonbook/
__init__.py __pycache__ data
(venv) $ ls venv/lib/python3.8/site-packages/pythonbook/data/
data_file
```

인수 package_data는 이름 그대로 패키지 내부에 포함되는 데이터를 의미합니다. 자세한 설명은 생략하지만 패키지 외부에 있는 파일을 메타데이터metadata로 배포하고자 할 때는 set() 함수의 인수 data_files를 사용합니다.

이 책에서 소개하지 않은 인수를 포함해 setup() 함수에 관한 자세한 내용은 'Python Packaging and distributing projects'[27]를 참조하기 바랍니다.

11.3.2 PyPI에 패키지 등록

여러분이 개발한 파이썬 프로그램을 다른 사람도 사용할 수 있도록 하기 위해서는 가장 먼저 해당 패키지를 PyPI에 등록해야 합니다. setup.py를 준비한 뒤 패키지 설치를 확인했다면 PyPI에 등록합니다.

---

27 **URL** https://packaging.python.org/guides/distributing−packages−using−setuptools/#setup−args

■ PyPI 계정 작성

PyPI에 패키지를 등록하기 위해서는 계정을 만들어야 합니다. 계정은 PyPI의 오른쪽 위에 있는 'Register'[28]에서 만들 수 있습니다. 또한, 테스트용 환경인 TestPyPI[29]에도 같은 순서로 계정을 만들어 줍니다.

계정을 만들었다면 PyPI 설정 파일을 작성합니다. 홈 디렉터리에 다음 내용으로 .pypirc를 만듭니다.

```
~/.pypirc
[distutils]
index-servers =
  pypi
  testpypi

[pypi]
username=<등록한 계정>

[testpypi]
repository=https://test.pypi.org/legacy/
username=<등록한 계정>
```

■ 배포물 작성

PyPI 패키지를 등록하기 위해서는 setup.py가 제공하는 명령어를 통해 소스 코드로부터 배포물을 만들고, 해당 배포물을 PyPI에 업로드합니다. 배포물 형식에는 몇 가지 종류가 있는데, 이 책에서는 공식 문서 'Packaging your project'[30]의 내용에 따라 소스 코드 형식과 wheel 형식으로 업로드합니다. 컴파일이 완료된 C 확장을 포함하는 wheel 형식은 설치가 빠르고, 환경 의존에 따른 문제를 줄일 수 있다는 장점이 있습니다.[31]

그럼 먼저, 소스 코드 형식의 배포물부터 만들어 봅니다. sdist 명령어를 실행하면 dist/ 디렉터리에 tar.gz 파일이 생성됩니다.

---

28 URL https://pypi.org/account/register/
29 URL https://test.pypi.org/
30 URL https://packaging.python.org/guides/distributing–packages–using–setuptools/#packaging–your–project
31 소스 코드 형식의 배포물을 만들 때는 클라이언트 환경에서 wheel 형식이 만들어집니다. 그렇기 때문에 C 확장을 포함하지 않는
    .py 파일만 패키징할 때에도 wheel 형식 배포물을 미리 준비해 두면 더 빠르게 설치됩니다.

```
(vevn) $ python3 setup.py sdist
(venv) $ ls dist
pythonbook-1.0.0.tar.gz
```

마찬가지로 wheel 형식으로도 만듭니다. wheel 형식의 배포물을 만들기 위해서는 미리 pip install wheel을 실행해야 합니다. wheel 패키지를 설치하면 setup.py에 dbdist_wheel 명령어가 추가됩니다. 이 명령어를 실행하면 앞에서와 마찬가지로 dist/ 디렉터리에 wheel 형식으로 배포물 pythonbook-1.0.0-py3-none-any.whl이 만들어집니다. 이 파일의 이름은 이름 규칙 {distribution}-{version}(-{build tag})?-{python tag}-{abi tag}-{platform tag}.whl을 따릅니다. wheel 형식이나 이름 규칙에 관한 더 자세한 정보는 'PEP 427 -- The Wheel Binary Package Format 1.0'[32]을 확인하기 바랍니다.

```
(venv) $ pip install wheel==0.33.6
(venv) $ python setup.py bdist_wheel
(venv) $ ls dist
pythonbook-1.0.0-py3-none-any.whl pythonbook-1.0.0.tar.gz

# whl 파일은 실제로는 ZIP 파일
(venv) $ file dist/pythonbook-1.0.0-py3-none-any.whl
dist/pythonbook-1.0.0-py3-none-any.whl: Zip archive data, at least v2.0 to
extract  실제로는 1행
```

■ 배포물 업로드

배포물을 작성했다면 업로드만 하면 작업 완료입니다. 단, 아무리 가벼운 수정이라 해도 동일한 버전으로 다시 업로드할 수 없으므로 주의해야 합니다. 따라서 여기에서는 TestPyPI를 사용해 업로드 순서나 표시 내용, 배포물의 동작을 사전에 확인하는 방법을 소개합니다.

먼저 TestPyPI에 업로드를 하면서 배포물 업로드 순서를 확인합니다. PyPI로의 업로드는 전용 패키지인 twine을 사용합니다. twine 패키지를 설치하고 twine upload 명령어를 실행하면 배포물 업로드를 진행합니다. 이때 -r 옵션을 사용해 ~/.pypirc에 기재된 테스트 환경을 지정합니다.

---

32 URL https://www.python.org/dev/peps/pep-0427/

```
(venv) $ pip install twine==2.0.0
(venv) $ twine upload -r testpypi dist/*
Uploading distributions to https://test.pypi.org/legacy/
Uploading pythonbook-1.0.0-py3-none-any.whl
100%|████████████████████████████████████████
█████████████| 4.11k/4.11k [00:00<00:00, 7.20kB/s] (실제로는 1행)
Uploading pythonbook-1.0.0.tar.gz
100%|████████████████████████████████████████
█████████████| 3.41k/3.41k [00:01<00:00, 2.80kB/s] (실제로는 1행)
```

업로드가 완료되면 https://test/pypi.org/project/{패키지 이름}/에 접속해서 표시 내용을 확인해 봅니다. 만약 수정이 필요하다면 setup.py에 기재한 패키지 버전을 변경한 뒤 수정을 합니다. dist/ 디렉터리에 이전 배포물이 남아있지 않다는 것을 확인하고 다시 한번 업로드를 실행합니다.

표시 내용에 문제가 없다면 업로드한 패키지로 동작을 확인합니다. pip install의 -i 옵션으로 패키지 다운로드 소스의 위치를 지정해서 실행합니다.

```
# 새로운 가상 환경을 준비
(venv) $ deactivate
$ python3 -m venv newenv
$ . newenv/bin/activate

# TestPyPI에서 설치해 동작 확인
(newenv) $ pip install -i https://test.pypi.org/simple/ pythonbook
(newenv) $ python3 -q
>>> from pythonbook import main
>>> main()
pythonbook
```

마지막으로 프로덕션 환경인 PyPI에 업로드해서 동작을 확인합니다. 이것으로 패키지 등록 작업을 마쳤습니다.

```
(newenv) $ twine upload -r pypi dist/*
```

11.4 정리

이번 장에서는 가상 환경 사용법과 패키지 관리 방법, 작성 방법을 소개했습니다.

파이썬에서 개발을 수행할 때는 항상 가상 환경을 사용하고, 패키지는 모두 가상 환경에 설치합니다. 또한, 가상 환경은 오랜 기간 유지보수하는 것이 아니라, 언제든 가볍게 삭제하고 다시 만들 수 있는 상태를 유지하도록 합니다. 이를 통해 개발 멤버의 교체나 테스트, 릴리스 시의 부담을 줄이고 문제를 미리 방지할 수 있습니다.

CHAPTER

12

단위 테스트

단위 테스트unit test란 주로 함수나 메서드 단위로 수행하는
테스트를 가리키며, 여러분이 작성한 코드가 의도한 대로
동작하는지 확인할 때 수행합니다.

이번 장에서는 unittest 모듈을 사용해 파이썬 프로젝트에서 단위 테스트를 수행
하는 방법을 소개합니다. 먼저 unittest 모듈의 기본적인 사용법을 소개하고, 이후
이용 사례별로 테스트 케이스를 소개합니다. 과도하거나 부족하지 않은 테스트 케
이스를 신속하게 만들기 위해서는 숙달이 필요합니다. 실제로 코드를 작성해 가며
읽기 바랍니다.

12.1 단위 테스트 도입

버그가 적고 안정된 프로젝트 개발을 수행하기 위해 테스트 자동화는 필수입니다. 이번 장에서는 표준 라이브러리 unittest 모듈을 사용해 단위 테스트를 수행하는 방법을 소개합니다. unittest 모듈에는 필요한 기능들이 충분히 모여있기 때문에 앞으로 단위 테스트를 도입하고자 할 때 적합합니다. 또한, 외부의 테스트 패키지를 사용한다 하더라도 unittest 모듈이 제공하는 모의 객체mock object나 패치는 그대로 사용할 때가 많으니 반드시 알고 있어야 합니다.

12.1.1 단일 모듈 테스트

작은 모듈 하나로 이루어진 프로그램에서는 다음과 같이 애플리케이션 코드와 테스트 코드를 모아서 기술할 수 있습니다. BookSearchTest 클래스는 같은 모듈 안에서 정의된 booksearch() 함수의 반환값을 확인하는 테스트입니다.

```
booksearch_module.py
import unittest


# 애플리케이션 코드
def booksearch():
    # 임의 처리
    return {}


class BookSearchTest(unittest.TestCase):
    # booksearch() 테스트 코드
    def test_booksearch(self):
        self.assertEqual({}, booksearch())
```

자세한 내용은 뒤에서 설명하겠지만 python3 -m unittest booksearch_module.py를 실행하면 이 모듈의 테스트를 실행할 수 있습니다. 다음과 같이 결과가 출력된다면 테스트는 성공입니다. 출력 결과의 점(.)은 성공한 테스트 케이스 수를 의미하며, -v 옵션을 붙이면 더 알기 쉽게 결과를 보여줍니다.

```
$ python3 -m unittest booksearch_module.py
.
----------------------------------------------------------------------
Ran 1 test in 0.000s

OK

# -v 옵션으로 상세 정보 표시
$ python3 -m unittest -v booksearch_module.py
test_booksearch (booksearch_module.BookSearchTest) ... ok

----------------------------------------------------------------------
Ran 1 test in 0.000s

OK
```

■ 테스트 실행 명령어 간략화

테스트 실행을 자주 반복할 때는 파일 끝에 다음 코드를 추가하는 것도 좋습니다.

```
booksearch_module.py
(생략)

if __name__ == '__main__':
    unittest.main()
```

이 상태에서 python3 booksearch_module.py -v를 실행하면 앞에서와 마찬가지로 테스트를 실행합니다.

```
$ python3 booksearch_module.py -v
test_booksearch (__main__.BookSearchTest) ... ok

----------------------------------------------------------------------
Ran 1 test in 0.000s

OK
```

이처럼 모듈 하나로만 완결되는 프로젝트라면 애플리케이션 코드와 테스트 코드를 모아서 관리할 수 있습니다.

패키지 테스트

대부분의 프로젝트는 여러 모듈을 포함한 패키지로 개발합니다. 그런 프로젝트에서는 테스트 코드를 애플리케이션 코드에서 분리해서 관리합니다. 여기에는 애플리케이션 코드의 변경과 테스트 코드의 변경을 명확하게 구별할 수 있고, 테스트만 독립해서 실행할 수 있으며, 배포물이나 프로덕션 환경에서 테스트 코드를 제외할 수 있는 등의 장점이 있습니다.

📗 디렉터리 구성

이 절에서는 샘플 프로젝트를 준비하고 그 프로젝트에 테스트 케이스를 추가해 나갑니다. 샘플 프로젝트는 서적 검색을 수행하는 패키지입니다. 서적 검색에는 등록하지 않고 사용할 수 있는 'Google Books API'[1]를 사용합니다.

먼저 그림 12.1과 같은 디렉터리 구성으로 샘플 프로젝트 디렉터리와 파일을 만듭니다. 이 구성은 11.3절에서 소개한 것으로, 애플리케이션 코드는 모두 하나의 패키지(여기에서는 booksearch/ 디렉터리) 안에 저장되어 있습니다. 파일 내용은 뒤에서 설명하므로 지금은 빈 상태라도 문제없습니다.

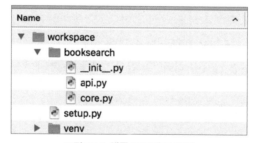

그림 12.1 샘플 프로젝트 구성

이어서 그림 12.2와 같이 테스트 코드를 저장할 test/ 디렉터리와 빈 테스트 모듈을 추가합니다.[2] 애플리케이션 모듈별로 대응하는 테스트 모듈을 준비하고, 필요에 따라 추가 테스트 모듈을 준비하면 좋습니다. 테스트 모듈 이름은 test로 시작하는 것을 권장하

---

1 **URL** https://developers.google.com/books/docs/overview
2 파이썬 표준 라이브러리에는 내부 전용 test 패키지가 정의되어 있습니다. 모듈 이름의 충돌로 인한 예상치 못한 문제를 일으키지 않기 위해서라도 test.py나 test 패키지의 작성은 피하는 편이 좋습니다.

므로 test_+{원래 모듈 이름}과 같이 지정합니다. 만약 애플리케이션이 서브 패키지를 포함할 때는 tests/ 디렉터리 안에도 같은 이름의 디렉터리를 만들고 애플리케이션과 같게 구성해 놓으면 테스트 코드를 편하게 관리할 수 있습니다.

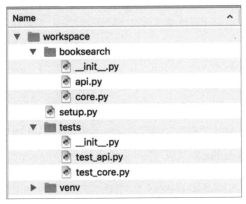

그림 12.2 테스트 패키지 추가 후의 구성

이후 프로젝트가 얼마나 커질지 모르지만 파이썬에서는 프로젝트의 규모나 사용하는 테스트 프레임워크와 관계없이 이 디렉터리 구성을 널리 사용하고 있습니다.

애플리케이션 코드도 테스트 코드도 아직 아무것도 구현하지 않은 상태지만, 이대로도 테스트를 실행할 수 있습니다. 명령어나 결과에 대한 자세한 설명은 뒤에서 합니다만, 다음 명령어를 실행하면 tests/ 디렉터리 안의 모든 테스트 케이스를 실행합니다.

```
$ python3 -m unittest

----------------------------------------------------------------------
Ran 0 tests in 0.000s

OK
```

■ 샘플 애플리케이션 작성

이번 장에서는 이 샘플 프로젝트에 테스트 케이스를 추가해 갑니다. 먼저 테스트 대상이 되는 애플리케이션을 준비합니다. booksearch/ 디렉터리 안의 __init__.py, api.py, core.py 세 개의 모듈을 다음과 같이 작성합니다. 여기에서 booksearch.core.

Book 클래스는 API 응답에 포함된 VolumeInfo 엘리먼트에 대응하는 클래스입니다. VolumeInfo 엘리먼트에 관한 자세한 정보는 Google Book APIs의 API 레퍼런스[3]를 확인하기 바랍니다.

```
booksearch/__init__.py
from .core import Book, get_books
__all__ = ['Book', 'get_books']
```

```
booksearch/api.py
import json
from urllib import request, parse

def get_json(param):
    with request.urlopen(build_url(param)) as f:
        return json.load(f)

def get_data(url):
    with request.urlopen(url) as f:
        return f.read()

def build_url(param):
    query = parse.urlencode(param)
    return ('https://www.googleapis.com'
            f'/books/v1/volumes?{query}')
```

```
booksearch/core.py
import imghdr
import pathlib
from .api import get_data, get_json


class Book:
    """API 응답의 VolumeInfo 엘리먼트에 대응"""

    def __init__(self, item):
        self.id = item['id']
        volume_info = item['volumeInfo']
        for k, v in volume_info.items():
            setattr(self, str(k), v)

    def __repr__(self):
        return str(self.__dict__)
```

---

3 URL https://developers.google.com/books/docs/v1/reference/volumes?hl=ko#method_books_volumes_get

```
    def save_thumbnails(self, prefix):
        """섬네일 이미지를 저장함"""
        paths = []
        for kind, url in self.imageLinks.items():
            thumbnail = get_data(url)

            # 이미지 데이터로부터 확장자 판정
            ext = imghdr.what(None, h=thumbnail)

            # pathlib.Path는 / 연산자로 경로를 추가할 수 있음
            base = pathlib.Pathprefix) / f'{self.id}_{kind}'
            filename = base.with_suffix(f'.{ext}')
            filename.write_bytes(thumbnail)
            paths.append(filename)
        return paths


def get_books(q, **params):
    """서적 검색 수행"""
    params['q'] = q
    data = get_json(params)
    return [Book(item) for item in data['items']]
```

이 패키지는 다음과 같이 키워드를 이용해 서적 검색을 수행합니다.

```
>>> from booksearch import get_books
>>> books = get_books(q='python')


# 실행 시 얻은 데이터에 따라 결과가 달라짐
>>> books[0]
{'id': 'CUIgM3e-I5gC', 'title': 'Core Python Programming', 'authors': ['Wesley
J Chun'], 'publisher': 'Pearson Education', 'publishedDate': '2006-09-18',
'description': ... 실제로는 1행
```

서적 검색 기능 동작을 확인했다면 테스트 케이스를 추가합니다. 테스트 케이스 작성 방법은 사용하는 테스트 프레임워크에 따라 다릅니다. 이번 장에서는 테스트 프레임워크로 표준 라이브러리 unittest 모듈을 사용합니다.

12.2 unittest 모듈 — 표준 단위 테스트 라이브러리

unittest 모듈은 자바의 테스트 프레임워크인 JUnit[4]와 매우 비슷한 프레임워크입니다.[5] unittest 모듈을 사용하면 테스트 러너test runner를 통해 간단히 테스트를 실행할 수 있으며, 테스트 결과도 자동으로 수집 및 출력해 줍니다.

12.2.1 테스트 케이스 구현

unittest 모듈에서는 다음 순서로 테스트 케이스를 만듭니다.

❶ test로 시작하는 이름으로 테스트 모듈을 작성한다.
❷ unittest.TestCase 클래스의 서브 클래스를 작성한다.
❸ test로 시작하는 이름으로 테스트 메서드를 구현한다.
❹ 테스트 메서드 안에서 테스트 대상의 처리를 실행한다.
❺ 테스트 메서드 안에서 하나 이상의 assert 메서드를 사용해, 실행 결과를 확인한다(표 12.1).

표 12.1 주요 assert 메서드 목록

메서드 이름	확인 사항
assertEqual(a, b)	a == b
assertTrue(x)	bool(x) is True
assertIsNone(x)	x is None
assertIn(a, b)	a in b
assertAlmostEqual(a, b)	round(a-b, 7) == 0

※ 공식 문서에서 일부 발췌 **URL** https://docs.python.org/ko/3.8/library/unittest.html#test-cases

각 테스트 케이스는 실행 중 무언가의 예외가 발생하면 실패로 간주합니다. assert 메서드는 인수로 전달한 값이 의도한 상태가 아니면 AssertionError 예외를 발생시켜 테스트 실패를 알려주는 테스트용 메서드 그룹입니다.

---

4 **URL** https://junit.org/junit5/
5 Junit과 비슷한 테스트 프레임워크는 많은 언어에서 사용하고 있으며, 이들 모두를 xUnit이라고 부릅니다.

실제 테스트 케이스를 만들어 봅니다. 다음 코드는 booksearch.api.build_url() 함수의 정상 테스트 케이스입니다.[6]

```
tests/test_api.py
import unittest

class BuildUrlTest(unittest.TestCase):
    def test_build_url(self):
        # build_url()이 테스트 대상 처리
        from booksearch.api import build_url
        expected = 'https://www.googleapis.com/books/v1/volumes?q=python'
        actual = build_url({'q': 'python'})
        # assert 메서드 이용
        self.assertEqual(expected, actual)
```

테스트 대상 함수는 기대한 반환값을 변수 expected, 실제 호출한 결과를 변수 actual에 저장하고 assert 메서드 assertEqual()을 이용해 두 값이 일치하는지 확인합니다. 테스트 실행 후 expected와 actual이 일치하지 않아 assert 메서드가 실패하면 이 테스트 케이스의 결과는 실패가 됩니다. 간단한 테스트 케이스지만 이것이 테스트 코드의 기본 형태입니다. 테스트 대상의 반환값이 인수에만 의존하며, 부작용이 없다면 이 코드를 베이스로 테스트 케이스를 만들 수 있습니다.

한 테스트 케이스에 여러 assert 메서드를 이용했을 때는 assert 메서드가 하나라도 실패하는 시점에 해당 테스트 케이스를 종료합니다. 예를 들어, 빈 딕셔너리를 build_url() 함수에 전달했을 때 테스트를 추가하는 상황을 생각해 봅니다. 이때 다음 테스트 케이스에서는 최초의 self.assertEqual(expected, actual)이 실패하면 추가한 부분의 테스트 코드는 실행하지 않습니다.

```
tests/test_api.py
(생략)
        actual = build_url({'q': 'python'})
        # assert 메서드 이용
        self.assertEqual(expected, actual)
```

---

6 테스트 대상 메서드를 테스트 케이스 안에서 임포트하는 것은 애플리케이션 코드 변경으로 인한 예기치 못한 임포트 에러가 발생하더라도, 다른 테스트 케이스의 실행을 방해하지 않도록 하기 위해서입니다.

```
# 좋지 않은 예시
# 위 행이 실패하면 아래 행이 실행되지 않음
expected2 = 'https://www.googleapis.com/books/v1/volumes?'
actual2 = build_url({})
self.assertEqual(expected2, actual2)
```

이럴 때는 확인할 항목에 따라 테스트 코드를 나누면 한 번의 테스트 실행으로 더 많은 정보를 확실하게 얻을 수 있습니다.

tests/test_api.py
```
(생략)
        actual = build_url({'q': 'python'})
        # assert 메서드 이용
        self.assertEqual(expected, actual)

    # 좋은 예시
    def test_build_url_empty_param(self):
        from booksearch.api import build_url
        expected = 'https://www.googleapis.com/books/v1/volumes?'
        actual = build_url({})
        self.assertEqual(expected, actual)
```

■ 전처리 및 후처리가 필요한 테스트 케이스

단위 테스트에서는 각 테스트 케이스의 독립적인 실행을 보장하는 것, 즉 몇 번을 실행해도 결과가 변하지 않는 것이 중요합니다.

예를 들어, booksearch.core.Book 클래스의 메서드 save_thumbnails()는 인터넷에서 얻은 섬네일 이미지를 저장하는 메서드입니다. 따라서 이 메서드의 정상 여부를 테스트할 때는 테스트 실행 전에 저장 위치의 디렉터리에 섬네일 이미지가 존재하지 않음을 보장해야 합니다. 이런 케이스에서는 각 테스트 케이스 실행 전에 호출되는 메서드 setUp(), 실행 후에 호출되는 tearDown()을 사용해서 테스트 실행에 필요한 처리를 구현합니다.[7]

다음 예시에서는 메서드 setUp()으로 테스트 케이스 실행 전에 빈 임시 디렉터리를

---

7 클래스 레벨에서의 전처리와 후처리를 구현할 수 있는 클래스 메서드 setUpClass()와 tesrDownClass(), 모듈 레벨에서 전처리와 후처리를 구현할 수 있는 함수 setUpModule()과 tearDownModule()도 있습니다.

만들고, 메서드 tearDown()에서 그 임시 디렉터리를 정리합니다. 표준 라이브러리인 tempfile 모듈은 이러한 임시 디렉터리나 임시 파일 작성을 지원합니다.

```python
tests/test_core.py
import pathlib
import unittest
from tempfile import TemporaryDirectory

THUMBNAIL_URL = (
    'http://books.google.com/books/content'
    '?id=OgtBw76OY5EC&printsec=frontcover'
    '&img=1&zoom=1&edge=curl&source=gbs_api'
)

class SaveThumbnailsTest(unittest.TestCase):
    def setUp(self):
        # 임시 디렉터리 작성
        self.tmp = TemporaryDirectory()

    def tearDown(self):
        # 임시 디렉터리 정리
        self.tmp.cleanup()

    def test_save_thumbnails(self):
        from booksearch.core import Book
        book = Book({'id': '', 'volumeInfo': {
            'imageLinks': {
                'thumbnail': THUMBNAIL_URL
            }}})
        # 처리를 실행하고 파일이 작성되었음을 확인
        filename = book.save_thumbnails(self.tmp.name)[0]
        self.assertTrue(pathlib.Path(filename).exists())
```

만약 setUp() 메서드 실행 중에 예외가 발생하면 해당 테스트 케이스를 실행하지 않고 테스트 결과는 에러 처리를 합니다. 이때는 tearDown() 메서드도 호출하지 않습니다.

자세한 설명은 생략합니다. 다만, 확실하게 정리cleanup를 해야 할 필요가 있을 때는 해당 처리를 함수에 모아 addCleanup() 메서드에 전달하면 에러가 발행하더라도 처리를 수행합니다. addCleanup() 메서드에 전달한 클린업 처리는 tearDown()을 호출한 뒤, 가장 마지막에 추가한 것부터 순서대로 호출합니다.[8]

---

8 addCleanup()에 추가한 처리는 tearDown()를 호출할 수 없는 상황일지라도 호출합니다.

테스트 실행과 결과 확인

지금까지 구현한 테스트를 실행해 봅니다.

```
$ python3 -m unittest
...
----------------------------------------------------------------------
Ran 3 tests in 0.899s

OK
```

첫 번째 행의 점(.)은 성공한 테스트 케이스의 수를 의미합니다. 만약 테스트가 실패하면 점(.) 대신 F를 표시합니다. -v 옵션을 붙여 실행하면 좀 더 자세한 정보를 보여줍니다.

```
$ python3 -m unittest -v
test_build_url (test_api.BuildUrlTest) ... ok
test_build_url_empty_param (test_api.BuildUrlTest) ... ok
test_save_thumbnails (test_core.SaveThumbnailsTest) ... ok

----------------------------------------------------------------------
Ran 3 tests in 0.337s

OK
```

■ 테스트 실패 시의 결과

계속해서 테스트가 실패할 때의 출력도 확인해 봅니다. 다음 테스트 케이스를 추가합니다. assert 메서드에 인수 msg를 전달하면 테스트 실행 시 해당 메시지를 표시해 줍니다.

```
tests/test_api.py
class BuildUrlTest(unittest.TestCase):
(생략)
    def test_build_url_fail(self):
        from booksearch.api import build_url
        expected = 'https://www.googleapis.com/books/v1/volumes'
        actual = build_url({})
        self.assertEqual(expected, actual,
                         msg='이 테스트는 실패합니다')
```

그럼 테스트를 실행해 봅니다.

```
$ python3 -m unittest -v
test_build_url (test_api.BuildUrlTest) ... ok
test_build_url_empty_param (test_api.BuildUrlTest) ... ok
test_build_url_fail (test_api.BuildUrlTest) ... FAIL
test_save_thumbnails (test_core.SaveThumbnailsTest) ... ok

======================================================================
FAIL: test_build_url_fail (test_api.BuildUrlTest)
----------------------------------------------------------------------
Traceback (most recent call last):
  File "/Users/<YOUR_ACCOUNT>/workspace/tests/test_api.py", line 24, in test_
build_url_fail 실제로는 1행
    msg='이 테스트는 실패합니다')
AssertionError: 'https://www.googleapis.com/books/v1/volumes' != 'https://www.
googleapis.com/books/v1/volumes?' 실제로는 1행
- https://www.googleapis.com/books/v1/volumes
+ https://www.googleapis.com/books/v1/volumes?
?                                            +
 : 이 테스트는 실패합니다


----------------------------------------------------------------------
Ran 4 tests in 0.397s

FAILED (failures=1)
```

실패한 테스트 케이스에서는 ok가 아니라 FAIL이라고 표시됩니다. 이때 Assertion
Error: 뒤에는 테스트 실행 시 assert 메서드에 전달된 인수와 실패한 이유를 출력합니
다. 또한, assert 메서드에 전달한 메시지도 확인할 수 있습니다.

■ 테스트 실패 시의 결과 제한하기

이 테스트 케이스는 실패하는 것을 알고 있으므로 다음에 진행하기 전에 이를 명시해 둡
니다. 다음과 같이 데커레이터 unittest.expectedFailure를 붙입니다.

tests/test_api.py
```
class BuildUrlTest(unittest.TestCase):
(생략)
    @unittest.expectedFailure
    def test_build_url_fail(self):
```

다시 한번 테스트를 실행하면 이번에는 expected failure가 표시되며 자세한 내용은

보여주지 않습니다. 만약 의도와 달리 성공하게 되면 unexpected success가 표시되므로 신속하게 이상 여부를 확인할 수 있습니다.

```
$ python3 -m unittest -v
test_build_url (test_api.BuildUrlTest) ... ok
test_build_url_empty_param (test_api.BuildUrlTest) ... ok
test_build_url_fail (test_api.BuildUrlTest) ... expected failure
test_save_thumbnails (test_core.SaveThumbnailsTest) ... ok

----------------------------------------------------------------------
Ran 4 tests in 0.400s

OK (expected failures=1)
```

데커레이터 unittest.expectedFailure는 복잡한 리팩터링 시 세세한 커밋이 어려울 때 도움이 되는 기능입니다. 하지만 이 데커레이터는 어디까지나 일시적인 대응을 할 때만 사용하고, 가능한 빠르게 모든 테스트가 성공하는 상태로 되돌려야 합니다.

12.2.3 특정한 테스트만 실행하기

몇 가지 테스트 케이스를 구현했으므로 다시 한번 테스트 실행 방법에 관해 자세히 확인해 봅니다. unittest 모듈을 사용한 테스트 뒤에는 테스트 로더test loader라고 불리는 구조가 클래스와 모듈로부터 테스트 케이스를 수집하고, 이를 기반으로 테스트 스위트test suite를 만듭니다. 테스트 스위트란 동시에 실행하는 테스트 케이스의 집합을 의미합니다. 테스트 스위트의 집합 또한 테스트 스위트가 됩니다.

■ 테스트 케이스를 직접 지정

테스트 실행 명령어에서는 다음과 같이 모듈, 클래스, 메서드를 직접 지정할 수 있습니다. 이때 테스트 로더는 그 범위 안에서부터 테스트 스위트를 만듭니다. 모듈은 파일 경로로도 지정할 수 있지만, 클래스나 메서드까지 지정할 때는 점(.)으로 구분합니다. 또한, 이들은 여럿을 동시에 지정해도 문제없습니다.

```
# 모듈 지정
# 실행 테스트 수가 네 개에서 세 개로 감소
$ python3 -m unittest -v tests.test_api
```

```
test_build_url (tests.test_api.BuildUrlTest) ... ok
test_build_url_empty_param (tests.test_api.BuildUrlTest) ... ok
test_build_url_fail (tests.test_api.BuildUrlTest) ... expected failure

----------------------------------------------------------------------
Ran 3 tests in 0.049s

OK (expected failures=1)

# 클래스 지정
$ python3 -m unittest -v tests.test_api.BuildUrlTest
(생략)

# 메서드 지정
$ python3 -m unittest -v tests.test_api.BuildUrlTest.test_build_url
(생략)

# 여러 테스트 지정
$ python3 -m unittest -v tests.test_api tests.test_core
(생략)
```

이 구조를 활용하기 위해서라도 관련된 테스트 케이스는 패키지나 모듈, 클래스를 이용해 모아둡니다. 더 세세한 커스터마이즈를 할 때는 공식 문서 '테스트 코드 구조 잡기'[9]를 참고하기 바랍니다.

■ 테스트 디스커버리

unittest 모듈의 테스트 로더는 클래스와 모듈로부터 테스트 케이스를 수집합니다. 그로 인해 이를 재귀적으로 실행하는 테스트 디스커버리test discovery라는 구조가 있습니다. 이 구조를 사용하면 패키지 안의 모든 테스트 케이스를 일괄적으로 실행할 수 있습니다.

실은 지금까지 테스트 실행에 사용했던 python3 -m unittest 명령어는 테스트 디스커버리를 시작하는 python3 -m unittest discover 명령어와 동일합니다. 이 명령어는 현재 디렉터리를 기점으로 test*.py라는 이름의 모듈로부터 테스트 케이스를 수집합니다. 기점이 되는 디렉터리는 -s 옵션, 테스트 케이스를 수집할 모듈 이름의 패턴은 -p 옵션으로 지정할 수 있습니다.

---

9 URL https://docs.python.org/ko/3.8/library/unittest.html#organizing-test-code

```
# 실행할 테스트 모듈 이름을 지정
$ python3 -m unittest discover -s tests -p 'test_c*.py' -v
test_save_thumbnails (test_core.SaveThumbnailsTest) ... ok

----------------------------------------------------------------------
Ran 1 test in 0.362s

OK
```

지금까지 테스트 실행 환경을 정리하고, 몇 가지 테스트 케이스를 동작시켜 봤습니다. 환경 정리를 했다면 프로덕션 코드와 함께 테스트도 발전시켜 나가기 바랍니다.

12.3 unittest.mock 모듈 — 모의 객체 이용

실제로 테스트 케이스를 작성하다 보면 '이 처리에 대한 테스트를 어떻게 작성해야 하는가?'와 같은 상황을 만나게 됩니다. 대표적인 예가 테스트 환경에 미리 구축되어 있지 않은 데이터베이스나 Web API로의 접근입니다. 가능한 프로덕션 환경과 동일한 테스트 환경을 준비해야 하겠지만 상황이 여의치 않다면 모의 객체를 사용합니다.

12.3.1 모의 객체 기본 사용법

모의 객체mock object는 이름 그대로 임의의 객체처럼 동작하는 편리한 객체로 unittest. mock 모듈에서 제공하고 있습니다. 이 모듈을 사용하면 마치 데이터베이스나 Web API에 접속한 것처럼 처리를 모의로 만들어서 실행할 수 있습니다. 또한, 시간이 걸리는 무거운 처리도 모의 객체로 만들면 테스트 실행 시간 단축도 기대할 수 있습니다.

■ 임의의 값을 반환하는 호출 가능한 객체로서 이용

모의 객체의 인스턴스는 호출 가능한 객체입니다. 기본 모의 객체인 unittest.mock. Mock 클래스를 이용해 모의 객체의 동작을 확인해 봅니다. 인스턴스화할 때 인수 return_value에 반환값을 설정해 두면 해당 인스턴스 호출 시 설정된 반환값을 돌려줍니다.

```
>>> from unittest.mock import Mock

# 인수에 반환값을 설정
>>> mock = Mock(return_value=3)
>>> mock()
3

# return_value는 나중에도 설정할 수 있음
>>> mock.return_value=4

# 호출 시 인수는 반환값에 영향 없음
>>> mock(1)
4
```

이것이 모의 객체의 기본적인 동작입니다. 더 세세하게 동작을 제어하고 싶을 때는 인수 return_value 대신 인수 side_effect를 사용합니다. 인수 side_effect에는 함수, 이터러블, 예외 중 하나를 지정할 수 있습니다.

```
# 함수에서는 인수가 그대로 전달됨
>>> mock = Mock(side_effect=lambda x: x % 2)
>>> mock(3)
1

# side_effect는 나중에도 설정할 수 있음
# 이터러블을 사용하면 호출할 때마다 앞에서부터 순서대로 반환됨
>>> mock.side_effect=[2, 1]
>>> mock()
2
>>> mock()
1

# 예외 클래스나 그 인스턴스에서는 해당 예외가 전송됨
>>> mock.side_effect = ValueError('에러입니다')
>>> mock()
(생략)
ValueError: 에러입니다
```

모의 객체를 사용한 테스트 케이스에서는 모의로 만든 함수나 클래스, 메서드 객체를 사전에 모의 객체로 치환해서 테스트 대상의 처리를 실행합니다. 치환할 때는 이미 소개한 unittest.mock.patch() 함수를 이용합니다.

■ assert 메서드로 호출 여부 테스트

모의 객체에는 임의의 값을 반환하는 기능 이외에 한 가지 중요한 기능이 더 있습니다. 그것은 모의 객체가 가진 assert_not_called()나 assert_called_once()와 같은 assert 메서드입니다. 이 assert 메서드들을 사용하면 모의 객체를 호출한 횟수를 확인할 수 있습니다.

```
>>> mock = Mock(return_value=3)

# 아직 한 번도 호출되지 않았음을 확인
>>> mock.assert_not_called()

# 한 번만 호출되었음을 확인
# 아직 한 번도 호출되지 않았으므로 에러가 발생함
>>> mock.assert_called_once()
(생략)
AssertionError: Expected 'mock' to have been called once. Called 0 times.

# 호출해 봄
>>> mock(1, a=2)
3

# 호출되었으므로 에러 발생
>>> mock.assert_not_called()
(생략)
AssertionError: Expected 'mock' to not have been called. Called 1 times.

# 한 번만 호출되었음을 확인
>>> mock.assert_called_once()
```

같은 형태로 assert_called_once_with()나 assert_called_with()를 사용하면 호출 시 인수가 의도한 대로 되어있는지도 확인할 수 있습니다.

```
# 호출 여부를 확인
>>> mock.assert_called_once_with(1, a=2)
>>> mock.assert_called_once_with(1, a=3)
(생략)
AssertionError: Expected call: mock(1, a=3)
Actual call: mock(1, a=2)

# 호출된 횟수는 확인하지 못하며, 일부 인수만 확인
>>> from unittest.mock import ANY
>>> mock.assert_called_with(1, a=ANY)
```

12.3.2 patch를 사용한 객체 치환

unittest.mock.patch() 함수는 첫 번째 인수로 지정한 이름을 참조하고 있는 객체를 모의 객체로 치환합니다. 첫 번째 인수에 점(.)으로 구분한 문자열을 전달해서 실행 시 검색할 이름을 지정합니다.[10]

patch() 함수는 콘텍스트 관리자로서 with 문으로 사용할 수 있습니다. with 블록 안이 패치에 해당하는 상태이므로 as 키워드에 전달되는 치환 후의 모의 객체에 반환 값 등을 지정합니다. 다음은 대화형 모드에서 임포트한 함수에 패치를 할당하는 예시입니다.

```
>>> from booksearch import get_books
>>> from unittest.mock import patch

# 대화형 모드에서는 __main__ 모듈에서 이름을 지정
>>> with patch('__main__.get_books') as mock_get_books:
...     mock_get_books.return_value = []
...     print(get_books())
...
[]
```

patch() 함수는 데커레이터로도 사용할 수 있습니다. 데커레이터로서 사용할 때는 호출 시 인수에 치환 후의 모의 객체를 전달합니다. 패치는 대상 함수나 메서드를 정의할 때가 아니라, 실행 중일 때만 할당됩니다. 그 밖에는 콘텍스트 관리자로서 이용할 때와 같습니다.

```
>>> @patch('__main__.get_books')
... def test_use_mock(mock_get_books):
...     mock_get_books.return_value = []
...     return get_books()
...
>>> test_use_mock()
[]
```

---

10 patch()로 지정하는 이름에 관한 자세한 내용은 공식 문서 '패치할 곳'을 확인하기 바랍니다. URL https://docs.python.org/ko/3.8/library/unittest.mock.html#where-to-patch

12.3.3 mock을 이용한 테스트 케이스 구현

앞에서 구현한 테스트 케이스 test_save_thumbnails는 실제로 API에 접근해서 섬네일 이미지를 얻었습니다. 하지만 이 테스트에서는 다음 두 가지를 확인할 수 있으면 booksearch.api.get_data() 함수를 모의로 만들어 사전에 얻어둔 이미지 데이터를 반환해도 문제가 없습니다.

- 적절한 URL에 접근
- 얻은 데이터를 파일로 저장

사전에 섬네일 이미지를 얻어두고, 테스트에서는 그 섬네일 이미지를 이용하도록 변경합니다. tests/data/ 디렉터리를 만든 뒤 다음 코드를 실행해서 테스트에서 사용할 섬네일 이미지를 얻습니다.

```
>>> from booksearch import get_books
>>> book = get_books(q='python')[0]

# 실행 시 얻은 데이터에 따라 결과는 다름
>>> book.save_thumbnails('tests/data')
[PosixPath('tests/data/oW63DwAAQBAJ_smallThumbnail.jpeg'), PosixPath('tests/data/oW63DwAAQBAJ_thumbnail.jpeg')]   실제로는 1행
```

얻은 섬네일 이미지를 사용하는 테스트 케이스는 다음과 같습니다. 테스트 대상 메서드 booksearch.core.Book.save_thumbnails()에서는 모듈 레벨에서 임포트한 get_data(즉, 'booksarch.core.get_data')라는 이름으로 모의로 만들 객체를 참조합니다. 만약 이 테스트 케이스에서 @patch('booksearch.api.get_data')로 지정하면 패치가 올바르게 적용되지 않으므로 주의합니다.

```
tests/test_core.py
from unittest.mock import patch
(생략)
class SaveThumbnailsTest(unittest.TestCase):
    (생략)
    # 테스트 대상의 save_thumbnails()가 이용할 참조 이름을 지정
    @patch('booksearch.core.get_data')
    def test_save_thumbnails(self, mock_get_data):
        from booksearch.core import Book
```

```
# 앞에서 얻은 섬네일 이미지 데이터를 모의 객체 반환값으로 설정
data_path = pathlib.Path(__file__).with_name('data')
mock_get_data.return_value = (
    data_path / 'YkGmfbil6L4C_thumbnail.jpeg').read_bytes()

book = Book({'id': '', 'volumeInfo': {
    'imageLinks': {
        'thumbnail': THUMBNAIL_URL
    }}})
filename = book.save_thumbnails(self.tmp.name)[0]

# get_data() 호출 시의 인수 확인
mock_get_data.assert_called_with(THUMBNAIL_URL)

# 저장된 데이터 확인
self.assertEqual(data, filename.read_bytes())
```

그럼 테스트를 실행하고 결과를 확인해 봅니다. API로 접근하지 않아도 되므로 필자의 환경에서는 변경 전에 0.400초 걸렸던 테스트 실행 시간이 0.040초까지 줄어들었습니다.

```
$ pytho3 -m unittest -v
test_build_url (test_api.BuildUrlTest) ... ok
test_build_url_empty_param (test_api.BuildUrlTest) ... ok
test_build_url_fail (test_api.BuildUrlTest) ... expected failure
test_save_thumbnails (test_core.SaveThumbnailsTest) ... ok


----------------------------------------------------------------------
Ran 4 tests in 0.040s

OK (expected failtures=1)
```

12.4 상황에 따른 테스트 케이스 구현

데이터베이스나 Web API로의 접근 이외에도 '이 처리는 어떻게 테스트를 작성해야 하는 가?'와 같은 상황은 매우 다양합니다. 이 절에서는 아래 상황에 대해 unittest 모듈에서 제공하는 해결책을 소개합니다.

- 환경에 의존하는 테스트 건너뛰기
- 예외 발생 테스트하기

- 다른 파라미터로 동일한 테스트 반복하기
- 콘텍스트 관리자 테스트하기

12.4.1 환경에 의존하는 테스트 건너뛰기

무언가의 이유로 오래된 테스트 케이스를 남겨두었거나, 환경에 의존하는 기능을 사용하거나, 많은 시간이 걸리는 등의 이유로 특정한 테스트 케이스를 건너뛰고 싶을 때가 있습니다. 이런 때는 다음과 같이 데커레이터 @unittest.skip() 혹은 @unittest.skipIf()를 사용할 수 있습니다.

```python
tests/test_api.py
import sys
(생략)
class BuildUrlTest(unittest.TestCase):
    (생략)
    # 인수로 테스트를 건너뛰는 이유를 전달
    @unittest.skip('this is a skip test')
    def test_nothing_skip(self):
        pass

    # 실행 중인 파이썬 버전이 3.6보다 높으면 건너뜀
    @unittest.skipIf(sys.version_info > (3, 6),
                     'this is a skipIf test')
    def test_nothing_skipIf(self):
        pass
```

테스트를 실행하면 데커레이터를 붙인 테스트 케이스는 건너뛰고, 인수로 전달한 이유를 표시합니다. 여기에서는 각 테스트 케이스마다 데커레이터를 붙였지만, 테스트 클래스에 데커레이터를 붙이면 그 클래스에 정의한 모든 테스트 케이스를 건너뜁니다.

```
$ python3 -m unittest -v
test_build_url (test_api.BuildUrlTest) ... ok
test_build_url_empty_param (test_api.BuildUrlTest) ... ok
test_build_url_fail (test_api.BuildUrlTest) ... expected failure
test_nothing_skip (test_api.BuildUrlTest) ... skipped 'this is a skip test'
test_nothing_skipIf (test_api.BuildUrlTest) ... skipped 'this is a skipIf test'
test_save_thumbnails (test_core.SaveThumbnailsTest) ... ok

----------------------------------------------------------------------
Ran 6 tests in 0.038s
```

```
OK (skipped=2, expected failures=1)
```

12.4.2 예외 발생 테스트하기

사양에 따라 예외가 발생하는 때는 동작도 테스트로 확인합니다. 예외가 발생하는 것을 테스트할 때는 테스트 클래스 메서드 assertRaises() 혹은 메서드 assertRaisesRegex()를 사용합니다. 두 메서드 모두 첫 번째 인수에 기대하는 예외 클래스를 지정하고, 예외가 발생하는 처리를 with 블록 안에서 실행합니다. 메서드 assertRaisesRegex()는 두 번째 인수에 문자열을 정규 표현으로 전달해서 예외 메시지가 매치하는지도 확인할 수 있습니다.

searchbook.get_books() 함수는 인터넷 접속이 불가능할 때는 urllib.error.URLError 예외를 발생시킵니다. 이를 사양으로서 테스트 케이스에 추가하면 다음과 같습니다.[11]

```
tests/test_core.py
from urllib.error import URLError
(생략)
class GetBooksTest(unittest.TestCase):
    def test_get_books_no_connection(self):
        from booksearch.core import get_books

        # 임시로 네트워크 접속 단절
        with patch('socket.socket.connect') as mock:
            # connect()가 호출되면 정확하지 않은 값을 반환함
            mock.return_value = None
            with self.assertRaisesRegex(URLError, 'urlopen error'):
                # 예외가 발생하는 처리를 with 블록 안에서 실행
                get_books(q='python')
```

이 테스트 실행 결과는 다음과 같습니다.

```
$ python3 -m unittest tests.test_core.GetBooksTest -v
test_get_books_no_connection (tests.test_core.GetBooksTest) ... ok
```

---

11 실제로는 애플리케이션 코드 안에서 의도적으로 발생시킨(raise) 예외만 테스트할 때가 많습니다.

```
---------------------------------------------------------------
Ran 1 test in 0.086s

OK
```

12.4.3 다른 파라미터로 동일한 테스트 반복하기

단위 테스트에서는 임곗값 등 일부 조건만을 바꾼 테스트를 몇 번이고 자주 반복합니다. 그런 경우 서브 테스트를 사용할 수 있습니다. 서브 테스트_{sub test}는 다음과 같이 subTest() 메서드를 사용해 수행하는 테스트로, with 블록 하나가 테스트 케이스 하나에 해당합니다. subTest() 메서드에는 실패 시에 도움이 되는 임의의 키워드 인수를 전달할 수 있습니다. 다음 예시는 파라미터를 바꾸어 가면서 build_api() 함수를 여러 차례 실행하는 테스트 케이스입니다.

```
tests/test_api.py
(생략)
class BuildUrlMultiTest(unittest.TestCase):
    def test_build_url_multi(self):
        from booksearch.api import build_url
        base = 'https://www.googleapis.com/books/v1/volumes?'
        expected_url = f'{base}q=python'
        # 두 번째, 세 번째 테스트는 실패함
        params = (
            (expected_url, {'q': 'python'}),
            (expected_url, {'q': 'python', 'maxResults': 1}),
            (expected_url, {'q': 'python', 'langRestrict': 'en'}),
        )
        for expected, param in params:
            with self.subTest(**param):
                actual = build_url(param)
                self.assertEqual(expected, actual)
```

이 테스트를 실행한 결과는 다음과 같습니다. 실패한 테스트에서는 subTest() 메서드의 인수에 전달한 값이 출력 결과에도 표시되므로 어떤 테스트가 실패했는지 쉽게 알 수 있습니다. 또한, 두 번째 테스트가 실패해도 거기에서 종료하지 않고 세 번째 테스트까지 실행합니다.

```
$ python3 -m unittest tests.test_api.BuildUrlMultiTest

======================================================================
FAIL: test_build_url_multi (tests.test_api.BuildUrlMultiTest) (q='python',
maxResults=1) 실제로는 1행
----------------------------------------------------------------------
(생략)
======================================================================
FAIL: test_build_url_multi (tests.test_api.BuildUrlMultiTest) (q='python',
langRestrict='en') 실제로는 1행
----------------------------------------------------------------------
(생략)
----------------------------------------------------------------------
Ran 1 test in 0.084s

FAILED (failures=2)
```

12.4.4 콘텍스트 관리자 테스트하기

9.3절에서 소개한 콘텍스트 관리자는 특수 메서드 __enter__()와 __exit__()를 구현
해 with 문에 대응시킨 객체입니다. 콘텍스트 관리자는 이 특수 메서드들을 구현해 모
의 객체로 만들 수 있습니다.[12] 모의 객체에서 특수 메서드를 사용할 때는 처음부터 많
은 특수 메서드가 정의되어 있는 MagicMock 클래스를 사용하면 편리합니다.

다음 예시는 get_json() 함수의 테스트 케이스로 urllib.request.urlopen() 함수에
패치를 할당합니다. 콘텍스트 관리자는 urlopen() 자체가 아니라 그 반환값인 점에 주
의합니다.

```
tests/test_api.py
import json
from io import StringIO
from unittest.mock import patch, MagicMock
(생략)
class GetJsonTest(unittest.TestCase):
    def test_get_json(self):
        from booksearch.api import get_json
        with patch('booksearch.api.request.urlopen') as mock_urlopen:
            # 콘텍스트 관리자의 모의(mock) 객체를 준비
```

---

12 특수 메서드는 일반적인 메서드와는 다른 방법으로 시스템으로부터 참조하므로 모든 특수 메서드를 모의 객체로 사용할 수 있는
   것은 아닙니다.

```
# API 응답이 될 JSON 데이터 준비
expected_response = {'id': 'test'}
fp = StringIO(json.dumps(expected_response))

# MagicMock 클래스를 사용하면 __exit__를 추가할 필요 없음
mock = MagicMock()
mock.__enter__.return_value = fp
# urlopen()의 반환값이 콘텍스트 관리자
mock_urlopen.return_value = mock
actual = get_json({'q': 'python'})
self.assertEqual(expected_response, actual)
```

이 테스트를 실행한 결과는 다음과 같습니다.

```
$ python3 -m unittest tests.test_api.GetJsonTest -v
test_get_json (tests.test_api.GetJsonTest) ... ok

----------------------------------------------------------------------
Ran 1 test in 0.057s

OK
```

또한, 콘텍스트 관리자는 이처럼 모의 객체로 만들 수 있지만, 콘텍스트 관리자 중에서도 내장 함수 open()와 관련된 테스트는 매우 일반적이므로 헬퍼 함수 mock_open()을 제공합니다. 헬퍼 함수 mock_open()에 관한 자세한 사용법은 공식 문서 'unittest.mock -- 모의 객체 라이브러리'[13]를 참조하기 바랍니다.

12.5 정리

이번 장에서는 파이썬 프로젝트에서 단위 테스트를 수행하는 방법을 소개했습니다.

여기에서 소개한 unittest 모듈은 손쉽게 도입할 수 있는 것은 물론, 실전적인 프로젝트에서도 문제없이 사용할 수 있습니다. 때에 따라서는 더 많은 기능을 제공하는 다른 테스트 프레임워크를 검토하기도 할 것입니다. 하지만 그 테스트 프레임워크들은 unittest 모듈을 참고로 하거나, 확장한 것일 때가 많습니다. 이런 프레임워크들을 잘 사용하기 위해서라도, 우선 unittest 모듈을 확실하게 익히기 바랍니다.

---

13 URL https://docs.python.org/ko/3.8/library/unittest.mock.html#mock-open

13

파이썬 애플리케이션
개발 실전

이번 장에서는 실제로 파이썬을 사용해 애플리케이션을 개발합니다. 외부 패키지, 버전 관리 시스템, 지속적인 통합을 사용하여 더 실전에 가까운 내용을 다룹니다. 이 책에서는 파이썬이 가진 기능이나 표준 라이브러리를 주로 소개했지만, 높은 품질의 애플리케이션을 신속하게 개발하려면 외부 패키지나 서비스를 잘 사용할 줄 알아야 합니다.

13.1 작성할 애플리케이션

이번 장에서 만들 애플리케이션은 프로그래머 사이에서 코드 리뷰 등에 자주 사용하는 LGTM_{Looks good to me} 이미지를 자동으로 만드는 커맨드 라인 도구입니다. 간단한 도구지만 HTTP 통신의 사용, 이미지 처리, 명령어로 실행과 같은 요소들이 모여있습니다. 커맨드 라인 도구 작성을 활용한 일상적인 작업의 자동화는 기술 영역이나 직종을 불문하고 누구에게나 매우 도움이 될 것입니다.

13.1.1 LGTM 이미지를 자동으로 생성하는 커맨드 라인 도구

이번 장에서 만들 도구의 완성형은 lgtm 패키지로 역자[1]의 저장소에서 다음 명령어로 설치할 수 있습니다. 새로운 가상 환경을 만들고 lgtm 패키지를 설치합니다.

```
# 가상 환경 내에 설치
(venv) $ pip install git+https://github.com/yeonsookim-wt/lgtm#egg=lgtm
```

lgtm 패키지를 설치했다면 lgtm --help를 실행해서 lgtm 명령어를 사용할 수 있는지 확인합니다.

```
# 도움말 표시
(venv) $ lgtm --help
Usage: lgtm [OPTIONS] KEYWORD

   LGTM 이미지 생성 도구

Options:
  -m, --message TEXT 이미지에 추가할 문자열 [default: LGTM]
  --help                Show this message and exit.
```

lgtm 명령어는 인수로 받은 이미지 소스 정보에 기반해 이미지를 얻고, 그 이미지에 메시지(기본값은 "LGTM")를 더한 이미지를 생성합니다. 이미지 파일 소스 정보는 파일 경로, 이미지 URL, 검색 키워드 중 하나로 지정할 수 있습니다.

---

1 저자의 저장소에서 제공하는 샘플 코드의 주석은 일본어로 작성되어 있습니다. 역서에서는 해당 주석을 한국어로 번역한 옮긴이의 저장소(https://github.com/Jpub/fulfillPython)를 이용합니다.

예를 들어, `lgtm book`을 실행하면 검색 키워드 'book'으로 이미지를 검색하고, 취득한 이미지에 문자열 LGTM을 추가해 output.png를 생성합니다.[2] 검색 키워드 대신 파일 경로나 http:// 또는 https://로 시작하는 이미지 URL을 전달하면 지정한 이미지를 사용해 output.png를 만들 수 있습니다. 또한, --message 옵션으로 이미지에 추가하는 문자열을 변경할 수 있습니다.

```
# 'book'으로 이미지 검색을 수행해 output.png를 생성
# 키워드 대신 이미지 경로나 이미지 URL도 지정할 수 있음
(venv) $ lgtm book
```

13.1.2 이용할 주요 외부 패키지

이번 장에서는 몇 가지 외부 패키지를 사용합니다. 사용하는 주요한 패키지는 각각 그 분야에서 대표적으로 사용하는 것들입니다. 모든 패키지들이 매우 편리하므로 간단하게 소개합니다. 다른 도구나 애플리케이션을 만들 때에도 사용해 보기 바랍니다.

■ requests — HTTP 클라이언트 라이브러리

requests 패키지는 HTTP 자원을 간단히 사용하기 위한 패키지입니다. requests 패키지는 다음과 같이 설치합니다.

```
# requests 설치
(venv) $ pip install requests==2.22.0
```

표준 라이브러리로 HTTP 자원을 다룰 때는 urllib 모듈을 사용할 수 있지만, 간단한 GET 요청 하나를 보내기 위한 처리를 하는 데도 다음과 같이 다소 번거롭습니다.

```
>>> from urllib import request, parse, error
>>> import json
>>> query = parse.urlencode({'q': 'python'})

# httpbin은 요청 내용을 반환해 줌
>>> url = f'https://httpbin.org/get?{query}'
```

---

2 이미지 검색에는 'LoremFlickr'를 이용하고 있습니다. 이 서비스에 관한 자세한 내용은 이미지 얻기 처리를 구현할 때 설명합니다.
   URL https://loremflickr.com/

```
>>> try:
...     with request.urlopen(url) as f:
...         res = f.read().decode('utf-8')
... except error.HTTPError as e:
...     print(e)
...
>>> json.loads(res)
{'args': {'q': 'python'}, ...
```

requests 패키지를 사용하면 위와 같은 요청을 다음과 같이 직관적인 API로 수행할 수 있습니다.

```
>>> import requests
>>> res = requests.get('https://httpbin.org/get', params={'q': 'python'})
>>> res.json()
{'args': {'q': 'python'}, ...
```

또한, requests 패키지를 사용하면 GET 이외의 HTTP 메서드도 post() 함수나 put() 함수처럼 이해하기 쉬운 API를 사용할 수 있습니다. requests 패키지와 관련한 더 자세한 정보는 공식 문서[3]를 확인하기 바랍니다.

```
>>> res = requests.post('https://httpbin.org/post', data={'q': 'python'})
>>> res.json()['form']
{'q': 'python'}
```

■ Click — 커맨드 라인 도구 작성 라이브러리

Click 패키지를 사용하면 간단하게 커맨드 라인 도구를 만들 수 있습니다. Click 패키지는 다음과 같이 설치합니다.

```
# Click 설치
(venv) $ pip install Click==7.0
```

다음 코드는 Click 패키지를 사용해서 작성한 커맨드 라인 도구의 한 예시입니다. 여기에서 사용한 다양한 데커레이터에 관해서는 뒤에서 설명합니다만, 어떤 인수나 옵션을

---

3 URL https://2.python-requests.org/en/master/

사용해야 할지 직관적으로 알 수 있을 것입니다.

```
greet.py
import click

@click.command()
@click.option('--words', default='Hello')
@click.argument('name')
def greet(name, words):
    click.echo(f'{words}, {name}!')

if __name__ == '__main__':
    greet()
```

이 도구는 다음과 같이 인수로 전달한 이름을 사용해 인사말을 반환합니다. 또한, --words 옵션을 사용해 인사말을 변경할 수 있습니다.

```
(venv) $ python3 greet.py user
Hello, user!
(venv) $ python3 greet.py user --words Hi
Hi, user!
```

표준 라이브러리인 argparse 모듈로도 커맨드 라인 옵션을 다룰 수 있지만, 이 정도 수준의 이해하기 쉬운 API는 제공하지 않습니다. Click 패키지에는 이외에도 사용자 입력을 대화형으로 얻기, 서브 커맨드 만들기, bash나 zsh에서 사용할 수 있는 명령어의 보완 기능 등을 제공합니다. Click 패키지에 관한 더 자세한 정보는 공식 문서를 확인하기 바랍니다.

■ Pillow — 이미지 처리 라이브러리

Pillow 패키지는 오래전부터 사용해 오던 이미지 처리 라이브러리인 PIL_{Python Imaging Library}[4]을 포크한 것으로 파이썬 3계열을 지원합니다. 다중 플랫폼에서 사용할 수 있으며, 사이즈 변경_{resize}이나 이미지에 문자열이나 도형을 그리는 등의 간단한 처리에는 최적입니다. 덧붙여 표준 라이브러리에는 이미지 처리 전용 패키지는 없습니다. Pillow 패키지는 다음과 같이 설치합니다.

---

4 URL https://click.palletsprojects.com/en/7.x/

```
# Pillow 설치
(venv) $ pip install Pillow==6.2.1
```

다음 코드는 Pillow 패키지 공식 문서에 있는 'Create JPEGthumbnails'[5]를 참고로 섬네일 생성 처리를 함수화한 것입니다. 직접 JPEG 이미지를 준비해서 실행해 봅니다.

```
>>> import os
>>> from PIL import Image
... def thumbnail(infile, size=(128, 128)):
...     outfile = os.path.splitext(
...         infile)[0] + ".thumbnail"
...     try:
...         im = Image.open(infile)
...         im.thumbnail(size)
...         im.save(outfile, "JPEG")
...     except IOError:
...         print("cannot create thumbnail for", infile)
...

# 임의의 JPEG 파일을 지정함
>>> thumbnail('path_to_image.jpg')
```

실제로 섬네일 작성 처리를 실행하는 것은 im.thumbnail(size) 한 행뿐으로, 그 이외는 파일 읽기나 저장을 수행하는 코드입니다. 이처럼 간단한 이미지 처리라면 Pillow 패키지로 구현할 수 있습니다. Pillow 패키지에 관한 더 자세한 정보는 공식 문서[6]를 확인하기 바랍니다.

13.2 프로젝트 작성

이제 실제로 코드를 쓰면서 애플리케이션을 만들어 갑니다. 먼저 프로젝트를 진행하기 위한 환경을 조성합니다. 가장 먼저 소스 코드의 버전 관리 시스템을 도입합니다.

---

5 **URL** https://pillow.readthedocs.io/en/stable/handbook/tutorial.html#create-jpeg-thumbnails
6 **URL** https://pillow.readthedocs.io/en/stable/

13.2.1 Git 이용

소스 코드를 작성할 때는 반드시 버전 관리 시스템을 이용해야 합니다. 소스 코드의 버전 관리를 수행함으로써 코드의 손상 걱정 없이 마음껏 시행착오를 거칠 수 있으므로 개발 효율이 높아집니다.

이 책에서는 버전 관리 시스템으로 Git[7]을 사용합니다. Git은 오프라인 환경이나 로컬에서도 버전 관리를 할 수 있으며, 설령 쓰고 버리는 코드라 할지라도 편하게 사용할 수 있습니다. Git을 조작하기 위해서는 git 명령어를 사용하며, git 명령어가 미리 설치되어 있는 macOS 이외에서는 명령어를 설치해야 합니다. 이 책에서는 git 명령어 설치 방법이나 사용법에 관해서는 설명하지 않으므로 공식 사이트의 'Book'[8]을 확인하기 바랍니다.

그럼 다음과 같이 프로젝트 디렉터리를 만들고, git init 명령어로 Git 저장소를 만듭니다.

```
$ make workspace
$ cd workspace
$ git init
Initialized empty git repository in /Users/<YOUR_ACCOUNT>/workspace/.git
```

■ .gitignore 파일 작성

필자가 프로젝트를 시작할 때는 가장 먼저 Git에서 무시할 파일을 나열한 .gitignore를 커밋함으로써 불필요한 파일이 커밋되는 것을 막습니다. .gitignore를 만들 때는 gitignore.io[9] 서비스를 사용하면 편리합니다. 이 서비스에서는 입력한 키워드와 관련된 프로젝트용 .gitignore 템플릿을 생성할 수 있습니다.

여기에서는 키워드에 'Python'과 필자의 실행 환경인 'macOS'를 지정해서 작성한 것을 그대로 .gitignore라는 이름으로 저장했습니다.[10] IDE나 에디터 설정 파일 등 개인 환

7　URL https://git-scm.com/

7　URL https://git-scm.com/book/ko/v2

9　URL https://www.toptal.com/developers/gitignore

10　gitignore.io에서 'Python'과 'macOS'를 입력했을 때 표시되는 내용은 URL https://www.toptal.com/developers/gitignore/api/macos,python에 접속해서 확인할 수 있습니다. 키워드는 실행 환경에 맞춰 지정합니다.

경에 의존하는 파일이 있을 때는, 해당 키워드를 추가하거나 수동으로 .gitignore에 추가해서 제외할 수 있습니다. 제외할 파일이나 디렉터리의 경로는 직접 확인하기 바랍니다.

```
# 다음 URL의 내용을 .gitignore 파일에 저장함
# 환경에 맞춰 키워드를 바꿔 내용을 수정함
# https://www.gitignore.io/api/macos,python
$ git add .
$ git commit -m 'Added .gitignore'
```

이 방법으로 만들어진 .gitignore에서는 파이썬 모듈을 기반으로 자동 생성되는 .pyc 파일이나 venv/ 디렉터리 등 가상 환경 디렉터리를 무시합니다.

■ GitHub에서의 소스 코드 관리

다음으로 CircleCI라는 서비스를 사용해서 테스트 자동화를 수행합니다. CircleCI가 코드를 얻을 수 있도록 'GitHub'[11]에 저장소를 만든 뒤 소스 코드를 푸시_push_합니다.[12] 이번 장에서 작성하는 소스 코드에는 기밀 정보는 없으므로 만들 저장소는 공개 저장소_public repository_여도 괜찮습니다. 새로운 저장소 <YOUR_ACCOUNT>/lgtm을 만든 뒤 다음 코드를 실행합니다.

```
$ git remote add origin git@github.com:<YOUR_ACCOUNT>/lgtm.git
$ git push -u origin master
```

이것으로 저장소 준비가 끝났습니다. 이제부터는 실제로 코드를 만들어 나갑니다.

13.2.2 패키지 모형 작성

우선 프로젝트에서 사용할 패키지의 모형을 작성합니다. 이 모형은 11.3절에서 소개한 것과 동일한 구성입니다. 다음 내용으로 requirements.txt를 작성합니다.

---

11 **URL** https://github.com/
12 GitHub 계정이나 저장소 작성 방법, 공개 키 등록 방법에 관해서는 이 책에서 설명하지 않습니다. GitHub를 사용해 보지 않았다면 공식 사이트의 도움말을 확인하고 계정을 만들기 바랍니다. **URL** https://docs.github.com/en

```
requirements.txt
Click==7.0
Pillow==6.2.1
requests==2.22.0
```

가상 환경을 만들고 각 패키지를 설치한 뒤 requirements.lock도 작성합니다.

```
$ python3 -m venv venv
$ . venv/bin/activate
(venv) $ pip install -r requirements.txt
(venv) $ pip freeze > requirements.lock
```

◼ lgtm 패키지 작성

최소한의 구성으로 lgtm 패키지를 만들어 갑니다. 패키지용으로 lgtm/ 디렉터리를 만들고, 빈 __init__.py를 작성합니다.

```
(venv) $ mkdir lgtm

# 빈 __init__.py 파일 작성
# Windows에서는 type nul > lgtm/__init__.py
(venv) $ touch lgtm/__init__.py
```

여기에서 작성하는 도구의 진입점entry point인 lgtm/core.py를 다음과 같이 작성합니다. 이 패키지의 cli() 함수가 진입점이 되며, 프로그램 실행 시 가장 먼저 호출됩니다.

```
lgtm/core.py
import click

@click.command()
def cli():
    """LGTM 이미지 생성 도구"""
    lgtm()
    click.echo('lgtm')  # 동작 확인용


def lgtm():
    # 여기에 로직을 추가해 나감
    pass
```

진입점인 cli() 함수를 실행하는 스크립트 main.py를 만들어 둡니다. Click 패키지로 만든 커맨드 라인 도구는 데커레이터 click.command()를 붙여 함수를 호출하면 실행됩니다. cli() 함수는 최종적으로 lgtm 명령어로 실행하며, main.py는 어디까지나 동작을 확인하기 위한 스크립트입니다.

```
main.py
from lgtm import core


if__name__=='__main__':
    core.cli()
```

여기까지 구현한 상태에서 python3 main.py 명령어를 실행하면 lgtm이 표시됩니다. 동작 확인을 한 뒤 문제가 없다면 커밋과 푸시를 합니다.

```
(venv) $ python3 main.py
lgtm
(venv) $ git add .
(venv) $ git commit -m 'Added project prototype'
(venv) $ git push
```

■ 테스트 코드 작성

패키지는 아직 모형 상태이기는 하나 애플리케이션 코드를 작성했으므로 이에 대응하는 테스트 코드도 준비해 봅니다. 단위 테스트는 12장에서 소개한 내용으로 수행합니다. tests/ 디렉터리를 만들고 빈 __init__.py와 다음 test_core.py를 추가합니다.

```
tests/test_core.py
import unittest

class LgtmTest(unittest.TestCase):
    def test_lgtm(self):
        from lgtm.core import lgtm
        self.assertIsNone(lgtm())
```

테스트 코드를 추가했다면 동작을 확인해 봅니다. 문제가 없다면 커밋한 뒤 푸시합니다.

```
# 단위 테스트 실행
(venv) $ python3 -m unittest -v
test_lgtm(test_core.LgtmTest)...ok


-----------------------------------------------------------------------

Ran 1 test in 0.017s

OK
(venv) $ git add .
(venv) $ git commit -m 'Added a test for core module'
(venv) $ git push
```

13.3 지속적인 통합 도입

지속적인 통합Continuous Integration, CI은 소스 코드를 체크인(Git에서는 저장소에 푸시)할 때마다 자동으로 빌드나 테스트를 수행해 소프트웨어가 손상되지 않았음을 보증하는 프랙티스입니다. 만약 테스트가 실패했다면 즉시 수정해야만 합니다. 이 절에서는 CircleCI[13]를 이용해 테스트 자동화를 수행합니다.

13.3.1 CircleCI에서의 테스트 자동화

CircleCI는 지속적인 통합을 지원하기 위한 서비스입니다. 버전 관리 시스템과 연동해 소스 코드의 푸시를 트리거로 빌드나 테스트, 배포 등을 자동화할 수 있습니다. 자동화할 워크플로 정의는 설정 파일 .circleci/config.yml에 기술합니다.

■ 프로젝트 추가

우선 CircleCI에 프로젝트를 추가합니다. 로그인 후 화면 왼쪽 메뉴 'Projects'를 선택하면 사용자의 저장소 목록이 나타납니다. 여기에선 이번에 사용하는 저장소인 lgtm의 'Set Up Project'를 선택합니다(그림 13.1).[14] 그러면 'lgtm'이라 쓰인 화면이 나옵니다(그림 13.2). 이 화면에서는 CircleCI 설정 파일 .circleci/config.yml의 템플릿이 표시되는데, 이번 예시에서는 처음부터 작성하므로 이 템플릿은 사용하지 않습니다.

---

13 URL https://circleci.com/
14 CircleCI 계정이 없다면 로그인 시 GitHub 계정을 사용합니다.

그림 13.1 프로젝트 추가

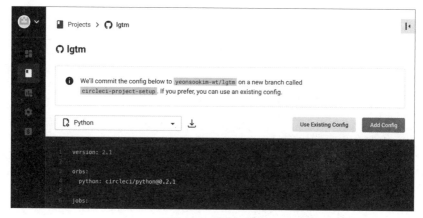

그림 13.2 저장소 설정

📋 config.yml 추가

CircleCI에서 테스트를 실행하기 위한 설정 파일을 추가합니다. 다음과 같이 .circleci/config.yml을 작성합니다. 이 설정 파일에서는 의존 관계를 해결하는 작업$_{job}$인 setup_sependencies, 테스트를 실행하는 작업인 test를 정의하고, 이 두 개의 작업을 순서대로 실행하는 워크플로 all을 정의합니다.

```
.circleci/config.yml
version: 2
jobs:
  setup_dependencies:
    docker:
      - image: circleci/python:3.8.1
```

```
    steps:
      - checkout
      - restore_cache:
          key: deps-{{ checksum "requirements.lock" }}
      - run:
          command: |
              pip install --user -r requirements.lock
      - save_cache:
          key: deps-{{ cl    Traceback (most recent call
          paths:            last):
              - "~/.local"
  test:
    docker:
      - image: circleci/python:3.8.1
    steps:
      - checkout
      - restore_cache:
          key: deps-{{ checksum "requirements.lock" }}
      - run:
          command: |
              python3 -m unittest -v
workflows:
  version: 2
  all:
    jobs:
      - setup_dependencies
      - test:
          requires:
            - setup_dependencies
```

여기에서 정의한 워크플로 all은 소스 코드의 푸시를 트리거로 하여 실행됩니다. CircleCI 설정 파일에 관한 더 자세한 정보는 공식 문서[15]를 확인하기 바랍니다.

13.3.2 테스트 실행 및 결과 확인

CircleCI 설정 파일을 준비했다면 커밋한 뒤 푸시합니다.

```
(venv) $ git add .
(venv) $ git commit -m 'Added a configuration file for CircleCI'
(venv) $ git push
```

---

15 URL https://circleci.com/docs/2.0/

'Project 〉 lgtm' 화면으로 돌아와 'Use Existing Config 〉 Start Building'을 클릭합니다(그림 13.3). 이후 최초 작업을 실행합니다(그림 13.4). 'Projects'를 클릭하면 실행 작업을 한눈에 확인할 수 있고, Job 목록을 클릭하면 각 작업에 관한 상세 단계도 확인할 수 있습니다(그림 13.5).

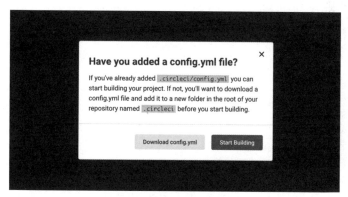

그림 13.3 빌드 실행 버튼

그림 13.4 최초 빌드 실행

그림 13.5 **테스트 결과 상세 정보**

이후 소스 코드를 푸시할 때마다 자동으로 테스트까지 실행합니다.

13.4 애플리케이션 개발

이것으로 애플리케이션 개발 준비를 마쳤습니다. 이제부터는 애플리케이션의 구체적인 로직을 구현해 갑니다.

이번 LGTM 이미지를 자동으로 생성하는 커맨드 라인 도구는 인수로 이미지 소스 정보를 받습니다. 그리고 해당 소스 정보를 기반으로 이미지를 얻고, 그 이미지에 메시지(기본값은 "LGTM")를 추가한 이미지를 생성합니다. 이미지 소스 정보는 파일 경로, URL, 검색 키워드 중 어느 것을 입력해도 동작하도록 구현합니다. 우선 커맨드 라인 인수를 받는 처리부터 구현해 봅니다.

13.4.1 커맨드 라인 인수 얻기

앞에서 설명한 것처럼 Click 패키지를 사용하면 간단히 커맨드 라인 인수를 얻을 수 있습니다. Click 패키지에서는 커맨드로 실행할 함수에 데커레이터 click.command()를 붙일 수 있습니다. 명령어에는 위치 인수로 전달하는 것을 데커레이터 click.argument() 로, --message와 같이 이름을 붙인 옵션으로 전달하는 것을 데커레이터 click. option()으로 지정할 수 있습니다. 명령어에 전달된 인수는 모두 키워드 인수로 함수 호출 시 전달됩니다.

■ 이미지 소스 정보와 메시지 받기

이제 이미지 소스 정보와 메시지를 받을 수 있도록 합니다. 여기에서는 이미지 소스 정보를 위치 인수로 받고, 메시지는 --message 옵션으로 받습니다. 코드는 다음과 같이 구현합니다.

```
lgtm/core.py
@click.command()
@click.option("--message", "-m", default="LGTM",
              show_default=True, help="이미지에 추가할 문자열")
@click.argument("keyword")
def cli(keyword, message):
    """LGTM 이미지 생성 도구"""
    lgtm(keyword, message)
click.echo('lgtm')  # 동작 확인용


def lgtm(keyword, message):
    # 여기에 로직을 추가해 나감
        pass
```

이제 커맨드 라인 인수로부터 이미지 소스 정보와 메시지를 받을 수 있게 되었습니다. 인수 help로 전달한 문자열은 다음과 같이 도움말을 표시하면 확인할 수 있습니다. 또한, 도움말에 기본값이 표시되도록 인수에 show_default=True도 지정합니다.

```
(venv) $ python3 main.py --help
Usage: main.py [OPTIONS] KEYWORD

  LGTM 이미지 생성 도구

Options:
  -m, --message TEXT  이미지에 표시할 문자열  [default: LGTM]
  --help              Show this message and exit.
```

커밋한 뒤 푸시합니다.

```
(venv) $ git add .
(venv) $ git commit -m 'Get command line arguments'
(venv) $ git push
```

■ 테스트 코드 수정

코드를 푸시하면 GitHub에 등록한 메일 주소에 CircleCI가 송부한 메일이 도착할 것입니다. 사실 앞에서 lgtm/core.py를 수정했을 때, 테스트 코드가 오래전의 상태인 채 머물러 있는 탓에 CircleCI에서 수행한 테스트가 실패했습니다.

실패한 테스트는 즉시 수정합니다. 앞의 변경 내용에 맞춰 테스트 코드도 수정합니다.

```
tests/test_core.py
(생략)
    def test_lgtm(self):
        from lgtm.core import lgtm
        self.assertIsNone(lgtm('./python.jpeg', 'LGTM'))
```

테스트 실행 결과에 문제가 없다면 커밋한 뒤 푸시합니다.

```
(venv) $ python3 -m unittest -v
test_lgtm (test_core.LgtmTest)...ok

----------------------------------------------------------------------
Ran 1 testin 0.017s

OK
(venv) $ git add .
(venv) $ git commit -m 'Modified testcases(s) for change of lgtm/core.py'
(venv) $ git push
```

이후 애플리케이션 코드 구현에 따른 테스트 코드의 구현 또는 소스 코드의 커밋 및 푸시는 여러분이 직접 진행하기 바랍니다.

13.4.2 이미지 얻기

이미지 소스 정보를 전달할 수 있게 되었으므로 그 정보를 기반으로 이미지를 얻습니다. 이 도구의 특징적인 기능의 하나로서 이미지 소스 정보는 파일 경로, URL, 검색 키워드 중 어느 것을 넣어도 동작하도록 합니다.

■ 파일 경로로부터 이미지를 얻는 클래스 구현

우선 로컬에 있는 이미지를 사용하는 LocalImage 클래스를 추가합니다. 다음과 같이 lgtm/image_source.py를 구현합니다.

```
lgtm/image_source.py
import requests


class LocalImage:
    """파일로부터 이미지를 얻음"""

    def __init__(self, path):
        self._path = path

    def get_image(self):
        return open(self._path, 'rb')
```

LocalImage 클래스는 메서드 get_image()를 호출해 이미지 파일 객체를 반환합니다. 이번에 이미지를 얻는 데 사용하는 모든 클래스에서 메서드 get_image()를 호출하면 이미지의 파일 객체를 반환합니다. 또한, 4.9절에서 소개한 것처럼 파이썬에는 덕 타이핑 duck typing 문화도 있습니다. 이번 인터페이스는 간단하므로 추상 클래스는 준비하지 않습니다.[16]

■ URL로부터 이미지를 얻는 클래스 구현

계속해서 requests 패키지를 사용해 인터넷에서 이미지를 얻는 RemoteImage 클래스를 준비합니다. RemoteImage 클래스도 앞에서의 LocalImage 클래스와 같은 인터페이스로 구현합니다. requests.get() 함수로 얻을 수 있는 값은 바이트 데이터이므로 호출자에

---

16 개발 대상이 라이브러리이나 프레임워크이고 제공하는 클래스의 서브 클래스화를 사용자에게 요구할 때는 추상 클래스를 정의하는 편이 좋습니다.

반환하기 전에 파일 객체로 변환해 둡니다.

```
lgtm/image_source.py
from io import BytesIO
(생략)
class RemoteImage:
    """URL로부터 이미지를 얻음"""

    def __init__(self, path):
        self._url = path

    def get_image(self):
        data = requests.get(self._url)
        # 바이트 데이터를 파일 객체로 변환
        return BytesIO(data.content)
```

■ 검색 키워드로부터 이미지를 얻는 클래스 구현

마지막으로 검색 키워드로부터 이미지를 얻는 클래스를 구현합니다. 여기에서는 'LoremFlickr'[17]를 사용해 이미지를 얻습니다. 이 서비스는 https://loremflickr. com/<WIDTH>/<HEIGHT>/<KEYWORD>에 접근하면 지정한 크기의 키워드에 해당하는 무작위 이미지를 반환합니다.[18] 여기에서는 https://loremflickr.com/800/600/<검색 키워드>에 접근해서 이미지를 얻습니다.

실제 키워드 검색을 통해 이미지를 얻는 KeywordImage 클래스를 구현합니다. 내부용으로 LoremFlickr를 사용하는 것을 알 수 있도록 _LoremClickr 클래스를 정의하고, KeywordImage라는 이름으로 참조할 수 있게 합니다. 이렇게 하면 이후 LoremFlickr로부터 다른 이미지 검색 서비스로 이전해야 할 때에도, 내부 클래스를 치환하기만 하면 되므로 유지보수성이 향상됩니다. _LoremFlickr 클래스는 실제로는 URL로부터 이미지를 얻으므로 RemoteImage 클래스를 상속해서 최소한의 구현만 해줍니다.

```
lgtm/image_source.py
(생략)
```

---

17 URL https://loremflickr.com/

18 이미지는 'Flickr'에 크리에이티브 커먼 라이선스에 등록되어 있는 사진입니다. 라이선스의 종류가 왼쪽 위, 작자가 왼쪽 아래 표시됩니다. URL https://www.flickr.com/

```
class _LoremFlickr(RemoteImage):
    """키워드 검색으로부터 이미지를 얻음"""
    LOREM_FLICKR_URL = 'https://loremflickr.com'
    WIDTH = 800
    HEIGHT = 600

    def __init__(self, keyword):
        super().__init__(self._build_url(keyword))

    def _build_url(self, keyword):
        return (f'{self.LOREM_FLICKR_URL}/{self.WIDTH}/{self.HEIGHT}/{keyword}')
KeywordImage = _LoremFlickr
```

▨ 이미지를 얻는 클래스 이용

lgtm/image_source.py 사용자에게는 어떤 이미지 소스 클래스를 사용하는지 알려주고 싶지 않습니다. 이를 위해 get_image() 함수를 준비합니다. 이 함수는 커맨드 라인 인수로부터 받은 이미지 소스 정보를 얻고 내부에서 적절한 클래스를 사용해 이미지를 얻은 다음 그 이미지의 파일 객체를 반환합니다.

```
lgtm/image_source.py
from pathlib import Path
(생략)
# 컨스트럭터로 이용하기 위해
# 단어를 대문자로 시작해 클래스처럼 보이도록 함
def ImageSource(keyword):
    """최적의 이미지 소스 클래스를 반환함"""
    if keyword.startswith(('http://', 'https://')):
        return RemoteImage(keyword)
    elif Path(keyword).exists():
        return LocalImage(keyword)
    else:
        return KeywordImage(keyword)


def get_image(keyword):
    """이미지 파일 객체를 반환함"""
    return ImageSource(keyword).get_image()
```

이제 get_image() 함수에 커맨드 라인 인수를 전달하기만 하면 이미지 파일 객체를 얻을 수 있습니다.

13.4.3 이미지 처리

이미지 데이터를 파일 객체로 얻게 되었으므로 계속해서 메시지의 문자열을 이미지에 표시합니다. 문자열 표시는 Pillow 패키지의 ImageDraw 모듈[19]을 사용합니다.

■ 문자열을 이미지 위에 그리기 위한 최소한의 구현 예시

ImageDraw 모듈을 사용해 이미지에 문자열을 표시하는 코드는 다음과 같습니다.

```
>>> from PIL import Image, ImageDraw

# 로컬 환경에 있는 임의의 이미지 경로를 지정
>>> file_path = 'path/to/your/image'

# 파일 경로 문자열을 전달하거나
# 파일 객체를 전달해도 문제없음
>>> image = Image.open(file_path)
>>> draw = ImageDraw.Draw(image)

# 왼쪽 위에 "LGTM" 표시
>>> draw.text((0, 0), 'LGTM')
>>> image.save('output.png', 'PNG')
```

이 코드를 실행하면 왼쪽 위에 흰색으로 작게 LGTM이라고 그려진 output.png가 생성됩니다. 이번 도구에서 구현하는 내용은 이를 베이스로 최적의 폰트 크기와 좌표를 계산하도록 한 것입니다.

■ 문자열을 중앙에 적절한 크기로 그리기

메시지를 표시할 때는 눈에 띄도록 가능한 큰 폰트로 이미지 중앙에 배치합니다. 구체적으로는 상수 MAX_RATIO로 이미지 전체에 대해 메시지를 표시할 수 있는 영역의 크기를 결정하고, 해당 크기 안에 들어갈 때까지 폰트 사이즈를 1포인트씩 줄여가면서 최적의 크기를 선택합니다. 또한, 폰트 크기를 확정한 뒤, 화면 중앙에 위치하도록 좌표를 계산합니다.

위 내용을 save_with_message() 함수로 구현한 lgtm/drawer.py는 다음과 같습니다.

---

19 **URL** https://pillow.readthedocs.io/en/stable/reference/ImageDraw.html#imagedraw-module

lgtm/drawer.py

```python
from PIL import Image, ImageDraw, ImageFont

# 이미지 전체 크기 대비 메시지 표시 가능한 영역 비율
MAX_RATIO = 0.8

# 폰트 관련 상수
FONT_MAX_SIZE = 256
FONT_MIN_SIZE = 24

# 폰트 저장 위치는 실행 환경에 따라 달라짐
FONT_NAME = '/Library/Fonts/Arial Bold.ttf'
FONT_COLOR_WHITE = (255, 255, 255, 0)

# 아웃풋 관련 상수
OUTPUT_NAME = "output.png"
OUTPUT_FORMAT = "PNG"


def save_with_message(fp, message):
    image = Image.open(fp)
    draw = ImageDraw.Draw(image)
    # 메시지를 그릴 수 있는 영역 크기
    # 튜플 엘리먼트별로 계산함
    image_width, image_height = image.size
    message_area_width = image_width * MAX_RATIO
    message_area_height = image_height * MAX_RATIO

    # 1포인트씩 줄이면서 최적 폰트 크기를 구함
    for font_size in range(FONT_MAX_SIZE, FONT_MIN_SIZE, -1):
        font = ImageFont.truetype(FONT_NAME, font_size)
        # 그리기에 필요한 크기
        text_width, text_height = draw.textsize(message, font=font)
        w = message_area_width - text_width
        h = message_area_height - text_height

        # 폭, 높이 모두가 영역 안에 들어가는 값을 선택
        if w > 0 and h > 0:
            position = ((image_width - text_width) / 2,
                        (image_height - text_height) / 2)
            # 메시지 표시
            draw.text(position, message, fill=FONT_COLOR_WHITE, font=font)
            break

    # 이미지 저장
    image.save(OUTPUT_NAME, OUTPUT_FORMAT)
```

13.4.4 각각의 처리 호출

여기까지 구현한 처리를 진입점부터 실행해 봅니다. `lgtm()` 함수를 다음과 같이 구현합니다.

```
lgtm/core.py
from lgtm.drawer import save_with_message
from lgtm.image_source import get_image
(생략)
def lgtm(keyword, message):
    with get_image(keyword) as fp:
        save_with_message(fp, message)
```

`lgtm()` 함수 안에서는 `get_image()` 함수를 사용해 이미지를 얻습니다. 그리고 얻은 이미지와 인수로 받은 메시지의 문자열을 `save_with_messages()` 함수에 전달하고, 이미지에 메시지를 표시한 뒤 저장합니다. 또한, `get_image()` 함수는 파일 객체를 반환하는 함수입니다. 파일 객체는 9.3절에서 소개한 콘텍스트 관리자이기도 하므로 with 문을 사용해 파일 객체가 뒤늦게 닫히는 것을 방지합니다.

이것으로 LGTM 이미지를 자동으로 생성하는 처리를 완성했습니다. `lgtm/core.py`의 `cli()` 함수로부터 동작 확인용 처리 `click.echo('lgtm')`을 삭제하고 동작을 확인해 봅니다. `python3 main.py book`을 실행 후 이미지 가운데에 크게 LGTM이라고 쓰인 이미지 `output.png`가 출력되었다면 성공입니다(그림 13.6). 표시하는 문자열은 `--message` 옵션으로 변경할 수 있습니다.

```
# 결과 이미지는 얻은 이미지에 따라 다름
(venv) $ python3 main.py book
```

그림 13.6 **동작 확인 시 출력된 이미지**

13.5 명령어로 실행하기

마지막으로 python3 명령어가 아닌 lgtm 명령어로 실행할 수 있도록 합니다. 파이썬 프로그램을 명령어로 실행하기 위해서는 setup.py를 준비해서 설치해야 합니다.

13.5.1 setup.py 작성

다음 setup.py를 준비해서 설치하면 lgtm 명령어로 실행할 수 있습니다. setup() 함수의 인수 entry_points가 이 패키지를 lgtm 명령어에서 실행하기 위해 필요한 항목입니다. 기타 인수는 11.3절에서 사용한 것입니다.

```
setup.py
from setuptools import find_packages, setup

setup(
    name='lgtm',
    version='1.0.0',
    packages=find_packages(exclude=('tests',)),
    package_data={'lgtm': ['data/*']},
    install_requires=[
        'Click~=7.0',
        'Pillow~=6.2.0',
        'requests~=2.22.0',
    ],
    entry_points={
        'console_scripts': [
            'lgtm=lgtm.core:cli'
        ]
    }
)
```

■ **entry_potins** ─ 스크립트 인터페이스 등록을 수행하는 인수

setup() 함수의 인수 entry_points에서는 console_scripts 키를 사용해 스크립트 인터페이스의 등록을 수행합니다. console_scripts 키에 스크립트 인터페이스를 등록하면 해당 인터페이스를 호출하기 위한 스크립트가 설치 중 동작합니다. 이 스크립트로 인해 python3 명령어를 실행하지 않아도 작성한 프로그램을 실행할 수 있습니다.[20]

setup.py를 준비했다면 이번 장에서 만든 프로그램은 완성입니다. 커밋과 푸시를 잊지 않도록 합니다.

13.5.2 동작 확인하기

실제로 설치해서 lgtm 명령어를 실행시켜 봅니다. 개발 중 동작 확인에서는 12.2절에서 소개한 -e 옵션을 붙여 설치하면 코드 변경이 즉시 반영되어 편리합니다. 앞에서와 마찬가지로 현재 디렉터리에 output.png가 생성됩니다.

---

20 venv를 사용하면 작성된 스크립트나 venv/bin/lgtm에 배치됩니다. 만약 내용에 흥미가 있다면 해당 부분을 확인하기 바랍니다.

```
(venv) $ pip install -e .
(생략)

# lgtm 명령어가 등록됨
(venv) $ lgtm
Usage: lgtm [OPTIONS] KEYWORD
Try "lgtm --help" for help.

Error: Missing argument "KEYWORD".
(venv) $ lgtm book
```

이것으로 LGTM 이미지를 자동으로 생성하는 커맨드 라인 도구를 완성했습니다. 만든 LGTM 이미지는 꼭 코드 리뷰 등에서 사용해 보기 바랍니다. 사용한 저장소는 GitHub 의 yeonsookim-wt/lgtm[21]입니다.

---

column

entry_points를 사용한 플러그인 메커니즘

인수 entry_points의 용도는 스크립트 인터페이스 등록뿐만이 아닙니다. 인수 entry_points를 사용하면 이 패키지를 사용하는 다른 모듈에 진입점 정보를 전달할 수 있습니다. 이 인수는 플러그인 메커니즘 등에서도 사용합니다. 파이썬에서 플러그인 메커니즘을 사용해 기능 확장을 수행하는 방법에 관해서는 'Dynamic Discovery of Services and Plugins[a]'을 참조하기 바랍니다.

a   (URL) https://setuptools.readthedocs.io/en/latest/setuptools.html#dynamic-discovery-of-services-and-plugins

---

13.6 정리

이번 장에서는 파이썬을 사용해 실질적인 애플리케이션을 개발했습니다. 개발한 애플리케이션 자체의 규모는 작지만 외부 패키지, 버전 관리 시스템, 지속적인 통합 등 실제 개발 현장에서 빼놓을 수 없는 핵심 내용을 포함하고 있습니다. 또한, 커맨드 라인 도구 개발은 실질적이면서도 작은 규모로 시작할 수 있기 때문에 학습 목적으로도 최적입니다.

이 책에서 지금까지 다룬 내용을 참고해서 파이썬으로 다양한 도구를 만들어 보기 바랍니다. 그 과정에서 파이썬 또한 자연스럽게 손에 익는 도구 중 하나가 될 것입니다.

---

21   (URL) https://github.com/yeonsookim-wt/lgtm. 일본어 버전의 코드를 확인하고자 할 때는 (URL) https://github.com/rhoboro/lgtm을 참조하기 바랍니다.

ㅅ

ㅇ

진솔한 서평을 올려 주세요!

이 책 또는 이미 읽은 제이펍의 책이 있다면, 장단점을 잘 보여 주는 솔직한 서평을 올려 주세요.
매월 최대 5건의 우수 서평을 선별하여 원하는 제이펍 도서를 1권씩 드립니다!

- **서평 이벤트 참여 방법**
  - ❶ 제이펍 책을 읽고 자신의 블로그나 SNS, 각 인터넷 서점 리뷰란에 서평을 올린다.
  - ❷ 서평이 작성된 URL과 함께 review@jpub.kr로 메일을 보내 응모한다.

- **서평 당선자 발표**
  - 매월 첫째 주 제이펍 홈페이지(www.jpub.kr) 및 페이스북(www.facebook.com/jeipub)에 공지하고,
  - 해당 당선자에게는 메일로 개별 연락을 드립니다.

독자 여러분의 응원과 채찍질을 받아 더 나은 책을 만들 수 있도록 도와주시기 바랍니다.